华侨大学政治与公共管理学院丛书

■ 蔡振翔 主 编
■ 双文元 著

本书为福建省软科学研究计划项目"城镇化过程中的空间生产理论视域下泉州市农村居民点空间分异、转型与演变机理研究（编号：2016R0057）"项目成果

转型时期我国农村土地保障功能研究
——以新疆昌吉市和福建南安市为例

经济日报 出版社

图书在版编目（CIP）数据

转型时期我国农村土地保障功能研究：以新疆昌吉市和福建南安市为例 / 双文元著 . —北京：经济日报出版社，2018.1

ISBN 978-7-5196-0289-5

Ⅰ . ①转… Ⅱ . ①双… Ⅲ . ①农村－土地制度－关系－农民－社会保障－研究－昌吉市②农村－土地制度－关系－农民－社会保障－研究－南安 Ⅳ . ① F321.1 ② F323.89

中国版本图书馆 CIP 数据核字（2018）第 006751 号

转型时期我国农村土地保障功能研究：以新疆昌吉市和福建南安市为例

作　　者	双文元
责任编辑	李彩娟
出版发行	经济日报出版社
地　　址	北京市西城区白纸坊东街 2 号 A 座综合楼 710
邮政编码	100054
电　　话	010-63567683（编辑部）　010-63567692（发行部）
网　　址	www.edpbook.com.cn
E － mail	edpbook@126.com
经　　销	全国新华书店
印　　刷	北京市金星印务有限公司
开　　本	710×1000 mm　1/16
印　　张	17.75
字　　数	293 千字
版　　次	2018 年 5 月第一版
印　　次	2018 年 5 月第一次印刷
书　　号	ISBN 978-7-5196-0289-5
定　　价	62.00 元

《华侨大学政治与公共管理学院丛书》总序

蔡振翔

为了更好地交流研究成果，促进学术的进步与繁荣，华侨大学政治与公共管理学院研究决定，编辑出版《华侨大学政治与公共管理学院丛书》。经过一段时间的紧张筹备，《华侨大学政治与公共管理学院丛书》第一辑、第二辑一共八种学术专著，在 2017 年年初的几个月时间里，由经济日报出版社陆续出版，并且在社会上产生了比较大的影响，得到不少专家学者的好评，使我们深受鼓舞。经过一段时间的精心策划，《华侨大学政治与公共管理学院丛书》第三辑一共七种学术著作（内含六本学术专著，一本学术论文集）又将隆重推出，与广大读者见面。

作为一门综合类的学科，中国的公共管理学科起步于 20 世纪 80 年代，是在政府职能转变与机构改革的时代背景下，借鉴西方发达国家有关学科的经验而缓慢发展起来的。当时学术界普遍认为，公共管理学科能够促进公共利益的有效实现，能够促进政府公共决策的科学化系统化民主化。最初出现的是各种各样的公共管理研习班，进入 90 年代，一些高等院校陆续地开设了公共管理专业或者一些有关的课程，到了本世纪初期，中国的公共管理学科得到快速的发展，学科体系逐渐成熟。因此，尽管中国的公共管理学科目前仍然存在着学科理论体系有待进一步完善，学科队伍建设有待进一步加强，学科专业范围有待进一步界定等诸多问题，但是总的说来，中国的公共管理学科时间不长却发展很快、专业方向涵盖面宽、办学方式灵活，基本上形成了自己独特的学科体系与方法论，具有着很好的发展前景。

华侨大学政治与公共管理学院的历史悠久，前后经历过几个不同的发展阶段，具有几个不同的名称。在 2001 年，当时的人文社会科学系申报公共事业管理本科专业获得批准，次年开始招生。在 2004 年，当时的人文与公共管理学院申报行政管理本科专业获得批准，次年开始招生。到了 2006 年，当时的人文与公共管理学院获得行政管理二级学科硕士学位授予权和公共管理（MPA）专业学位授予权，次年开始招生。到了 2009 年，土地资源管理本科专业转入当时的人文与公共管理学院。2012 年，当时的公共管理学院申报城市管理本科专业获得批准，次年开始招生。包括 MPA 研究生在内，目前政治与公共管理学院的在校生将近 1500 人，建立了比较完整的公共管理学生培养体系。

我一直认为，一个学院的生存与发展，一共有三个关键问题。首先是环境。作为大学，通常有两大任务，一是培养人才，二是学术研究。学院工作也是如此，只不过是更加具体化而已。华侨大学政治与公共管理学院拥有政治学与公共管理两大学科，这样的学科背景，导致我们特别推崇据说是出自明代顾宪成的那幅名联："风声雨声读书声，声声入耳；家事国事天下事，事事关心"，把它作为座右铭，希望政管学院的师生都能有忧国忧民的人文关怀、自由开放的精神风貌，树立起应有的人生观和价值观；其次是制度。也就是说，一定要建立起一套规范的教学、科研及其管理制度。政管学院在学校有关规章制度的基础上，结合学院教学、科研及其管理工作的实际情况，陆续出台的十几份配套的规定或者措施，有的直接照搬学校的规定，有的比学校的宏观要求更加细化更有可操作性，有的比学校提出的要求还要更高一些，以便鼓励教师从事教学、科研和服务工作的积极性；最后是目标。换句话说，学院在做好日常性程序性的工作外，既要有着长期的发展战略，又要制定近年应当达到的几个具体目标并且设法做到。可以说，经过全院师生的不懈努力，在教学、科研和管理等方面，政管学院都取得了十分可喜的成绩。

特别值得一提的是，长期以来，政治与公共管理学院重视对学生综合素质的培养，重视对学生专业知识的学习，重视对学生专业技能的训练，使得学生在走出校门时，具备了比较高的适应能力，可以应付遇到的各种困难与问题，而这一切，有赖于政管学院拥有一支结构合理、富有创造力、以中青年占据绝大多数的教师队伍，使得科学研究工作一直保持着良好的发展态势，各级各类科学研究项目、论著、奖项在全校一直位居前列，形成了通过科学研究的深入开展，进而提高教学质量教学水平的政治与公共管理学院特色。

也正是因为这样，政治与公共管理学院的公共管理学科在发展过程中，慢慢地形成自己的重点与特色。归纳起来，主要有三个研究方向：第一，在作为公共管理专业基础的行政管理研究方向，关注的重点是国家治理中的政府管理问题，通过定量和定性的方法，对公共危机管理、环境治理、城市治理等领域展开具体研究；第二，在作为公共管理专业优势的社会保障研究方向，关注的重点则是社会养老保险、医疗保险等问题；第三，作为公共管理专业特色的侨务政策与闽台区域治理研究方向，立足于闽台地域特色，服务于区域发展，关注华侨华人的桥梁与纽带作用。政治与公共管理学院的大量成果，都与上述三个研究方向密切相关。

与《华侨大学政治与公共管理学院丛书》的前两辑一样，《丛书》第三辑收录的学术新著，同样具有观点新颖、内容丰富、论证翔实的特点，同样体现出政管学院的研究水平、研究重点及其研究特色。当然，《丛书》中恐怕还是会有这样或者那样的缺点与错误，敬请海内外专家学者予以批评指正。

蔡振翔

2016 年 10 月 22 日晚八时初稿于山阳馆

2017 年 10 月 5 日晚九时改定于山阳馆

【作者简介】

　　蔡振翔，华侨大学政治与公共管理学院院长、教授，兼任台湾民主自治同盟第八届、第九届中央委员会委员，福建省第十一届、第十二届人民代表大会常务委员会委员等职。

目　录

图 目 录

表 目 录

第一章 绪 论

1.1 研究背景及研究意义

由于我国社会经济发展不平衡导致了二元结构，农村人口长期被排斥在社会保障体系之外，来自土地的收益成为农民最主要的生活来源。在我国农村社会保障不完善的情况下，在工业化进程加快以及农村剩余劳动力艰难转移的过程中，农村之所以没有出现大的问题，没有产生"拉美化"现象（即拉美国家在工业化过程中，无地农民涌向城市，在城市周围形成大规模的贫民窟，社会犯罪和黑社会现象严重，导致社会不安定等现象），其主要原因在于中国农村的土地采用了经营权与所有权相分离的土地家庭承包制度。中国的土地家庭承包制度所起的作用功不可没。这种制度使土地具有了重要的保障功能，所谓农地的"保障功能"，就是对于广大农民来说，农地是"衣食之源，生存之本"；土地本身所具有的承载功能、养育功能和资源功能，转化为农民的就业保障、生活福利和伤病养老保障的可靠手段。这种制度在维持农民基本生活，维系农村、农民和农业三者公序良俗，维护农村社会乃至全社会的稳定，减缓工业化过程中的社会阵痛方面发挥着不可替代的作用。

农村的土地经营制度为我国城市化和工业化做出了巨大贡献。但不可讳言的是，目前这种制度存在的负面效应已明显暴露出来，日益严重地影响社会的发展。主要表现为：

（1）农民进城造成土地被抛荒。

土地抛荒现象普遍存在于全国各地，并呈逐年递增的趋势。全国范围内不论是生产条件、自然条件好的地区还是差的地区，均有土地抛荒现象存在。发达的东部地区如江、浙等省的一些水利、交通等基础设施和自然条件较适宜种植农作物的地区也有大面积的抛荒。在中西部地区，大中城市的郊区或城乡结合部的耕地，正在由季节性抛荒向常年性抛荒发展。究其原因主要由主观思想造成，如觉得种地划不来、打工更能赚钱、城市条件好等，这部分土地上的农民背井离乡，造成土地资源的大量浪费。以四川省大竹县为例，观音镇是大竹县以农业为主的山后乡镇，距大竹县城 57 公里。到 2014 年 8 月底，全镇可供耕种的耕地面积 26393 亩，实际耕种面积 23125 亩，耕地撂荒 3268 亩，占耕地面积的 12.4%。撂荒耕地面积比 2000 年初增加了 3000 余亩，并且呈逐年增加的趋势。事实上，像这样的情况远不止观音镇一个地方，在全县所有乡镇都不同程度地存在着耕地撂荒现象。根据大竹县农业局 2014 年 6 月开展的耕地撂荒情况调查数据，截至 2014 年 6 月 30 日，全县农村耕地撂荒总面积达 39361.5 亩，占耕地总面积的 4.5%。在全县撂荒的近 4 万亩耕地中，因外出务工造成的撂荒 27996.3 亩，占耕地撂荒总面积的 71.12%；因种粮效益低造成的撂荒 7717.8 亩，占耕地撂荒总面积的 19.61%；因农田基础条件差和自然灾害造成的撂荒 3416.5 亩，占耕地撂荒总面积的 8.68%。以观音镇为例，截至 2014 年 8 月底，全镇外出务工人员 8500 人，占农村劳动力总数的 49.7%，在家务农者普遍存在年龄偏大、文化偏低、接受新技术新事物偏弱"三偏"现象。因外出务工而形成撂荒 2326.6 亩，占到了全镇撂荒面积的 71.2%。[①]

（2）经营水平和经营条件不适应现代化农业发展要求。

在现行承包土地分配机制下，许多承包户的经营水平和经营条件与其土地经营规模不相适应：一方面，许多经营水平高、经营条件好的农户，所承包土地的面积却不能增加或很难增加；另一方面，许多经营水平低、经济条件差的农户，所承包土地的面积却不比别人少。这样，为数众多的土地被束缚在低水平的经营轨道上，数额众多的种田能手却不能在农业生产上尽其所能。这是对极为珍贵的土地资源的极度浪费，也是对潜力巨大的先进生产力要素的禁锢与废弃。现代农业发展的要求是规模经营，家庭联产承包责任制按照平均主义原则分配，造成各承包户土地零碎分散，土地经营规模狭小。按平均主义原则维持人地对应关系，随承包户人口变动和随之而来的分家立户调整承包地的结果，只能使每户经营规模愈来愈小，每户土地愈益零碎。这样狭小的且愈来愈小的土地经营规模，极其零碎、分散的土地资源配置，

---

① http://www.chinairn.com/news/20141020/151639212.shtml 目前农村耕地保护耕地撂荒现象突出，2014 年 10 月 20 日

耕地资源按人口平均分配，根本不能适应现代化农业发展的要求。

（3）土地保障职能与土地流转需求之间的矛盾。

尽管当前农村经济有了一定的发展，农村二、三产业转移了部分剩余劳动力，但农地利用"超小型稳态结构"的存在，使这种转移更加助长了农业兼业化的趋势，而对农地的流动和集约化利用无多大帮助，农地的流转、出让承包地的速度远小于劳动力转移的速度。这种情况既表明现行农地制度存在着某些缺陷和弊端，又反映了现有生产力水平下农地的保障功能还在起作用的客观现实，揭示了农地保障功能的本源。这种农地的保障功能，就其社会经济属性而言，本是农业社会自然经济的产物，是农村社会生产力水平低下、农业结构单一的反映，也是农民在生产上的"资源依赖型"和生活上的"追求温饱型"的集中表现。绝大多数农民仍把农地视为"活命田""保险田"和农业以外就业的"退路"，因而宁肯种"粗放田""应付田"，甚至不惜任其暂时"抛荒"，也不愿轻易转让和放弃土地。造成了土地保障职能与土地流转需求之间的矛盾。

（4）农业生产绝对效益和比较效益走低，弱化了土地的保障功能。

农用生产资料价格居高不下，农产品价格低，农业生产出现了投入与产出倒挂的现象，农民种地的绝对收益下降，甚至出现亏本，农民来自第一产业的收入不断下降，土地的经济功能在不断弱化大大削弱了农民的积极性。同时，随着城乡收入差距拉大和农业产业结构的调整，农村的劳动力结构发生了巨大的变化，已有大量的青壮年农民进入城市二三产业就业，1个月的收入有可能超过在家种田1年的收入，土地上的收入相对二、三产业的收入大大下降了。这种强烈的收入反差刺激使得农民对种地缺乏兴趣，由此带来了土地保障功能弱化。

1.2 研究综述

1.2.1 国外研究进展

1.2.1.1 对国外农村养老保障的研究

从历史上看，土地是农民的传家宝和命根子。无论是自耕或租赁土地都非常强调土地占有和经营关系的稳定，除非极端情况，农民绝不会放弃土地和土地经营。即使现代社会，土地保障仍是农村家庭保障最本质和最显著的标志，是农民最后一道生活安全保障。既然土地是农民安身立命的根基，因此土地在农民的生活中具有重要意义。

放眼世界，由于西方国家与我国的社会制度不一样，它们不存在城乡二元结构，它们的城乡养老保障体系基本是统一的，因此对于农村养老保障制度研究甚少。从目前的研究成果来看：从生存公平的角度，Case&Deaton 认为农民应当享受与城市居民相同的福利保障待遇，这才符合国民一致性原则，应建立统一的养老保障制度。[1] Posel[2]&Jensen[3] 认为无论是建立城镇和农村两种并行的独立的养老保障制度，还是建立统一的养老保障制度，都应该在基本保障水平、保障方式上相同，政府应从财政补贴上给予支持。Attanasio&Bovenberg 分别对德国、日本、美国、加拿大农村社会养老保险制度与城镇社会养老保险制度进行了比较，并得出各国的农村和城镇社会养老保险制度和福利保障待遇基本相同的结论。[4][5]

1.2.1.2 对国外土地保障的研究

经济学家 Scott（1976）在研究东南亚一些地区的农村土地制度时，得出"小规模土地是农民的决策基础是生存伦理"的结论。[6] 20 世纪 90 年代，Vikas Rawal（1995）对印度南部偏远地区的村落进行了研究，他认为如果印度在 20 世纪 70 年代就开始实行土地改革的话，到现在起码土地对于人们的社会保障已经起到了一定的作用了，最直接的作用就是以前没有土地的农民到现在应该会有一块或者几块属于自己的土地，可以凭土地收入得到基本生活、

[1] Case，A. Deaton，A.（1998），"Large cash transfers to the elderly in South Africa，The Economic Journal，Sept，108（2）：1330-1361.

[2] Posel，D. Casale，D.（2003），"What has been happening to internal labour migration in South Africa，1993—1997'，South African Journal of Economics，71（3）：455-479.

[3] Jensen，R.（2003），"Do private transfers displace the benefits ofpublic transfers？ Evidence from South Africa"，Journal of Public Economics，88（3）：89-112.

[4] Attanasio，O. P. & Brugiavini，E. A. Social security and households saving. Quarterly Journal of Economics，2003，3：1075.

[5] Bovenberg，Lans，Anja，vail，der，Linde，（1997），"Pension Policies and the Aging Society"，Organisationfo，. Economic Cooperation andDevelopment. The OECD Observer，Apr/May.

[6] Rozelle Scott，Brandt，Loren，Jikun Huang，Guo Li. Land Rights in China：Facts，Fictions，and Issues. "China Economic Review，No. 47，2002.

医疗等保障。农民可以直接从政府获得土地，在相关单位登记就能够得到自己的土地，还可以在土地交易场所买土地。总之，无论是通过哪种方法农民都可以获得自己想要的土地，使当地的经济得到发展，同时也满足了自己的心愿，也就可以维持生活、保障医疗等。该调查得到的结论与中欧、东欧以及俄国关于土地的政策是完全不同的。①

1.2.1.3　对我国农村社会保障研究

约翰逊（1997）对我国的农村老年人现有的养老保障进行了仔细认真的分析，提出现阶段我国的老年人口压力非常大，如果单纯依靠社会养老，这样是不可能很好地解决我国农村老年人的养老问题。他认为最佳方法是由政府分担一部分压力，另外一部分压力由子女来分担。由于我国传统的孝道文化对农村老人养老起着非常重要的作用，家庭养老是主要的养老方式。家庭养老的方式是适应农村的养老方式，然而这些年来，随着城镇化浪潮的到来，农民子女纷纷外出打工，政府负担老人的压力瞬间增大。农民的土地租出去可以换来一部分的租金用于养老，土地转租出去在养老方面起到了一定的作用。但是只靠土地远远不够农民养老，因此当局需要把各项有关于养老的制度建立好、完善好、落实好。近几年来关于土地流转的问题层出不穷，如各种非法强占并使用农民的土地，违规胡乱使用农民的土地。他指出必须制止违法胡乱使用土地的现象，否则就无法保障农民的养老。所以也要政府加强保护农民土地的力度，农民的利益才会落到实处，农民才可以得到相对应的保障。②

2013年，伦敦经济学院亚洲研究中心的阿萨·胡塞恩写了《农村社会保障的现状与趋势》，书中讲述了现在我国乡村社会保障存在的问题和有关的对策研究，着重分析了当前这个特殊时期我国农村社会保障的情况。③我国农民最重要的收入来自土地，除土地之外其他所有收入的总和与土地的收入基本相等。所以土地对农民来说是无可替代的，土地对农民的养老保障作用也不是其他方式可以替代的。当我国农村的老年人在年老的时候，通常会把自己

① WORLD BANK, INDIA：ACHIEVEMENTS AND CHALLENGES IN REDUCING POVER-TY, at v（1997）.
② D. 盖尔·约翰逊（D. Gale. Johnson）. 经济发展中的农业、农村、农民问题［M］. 商务印书馆 . 2013
③ 阿萨·胡塞恩，崔存明，王立志. 中国农村社会保障的现状与趋势［J］. 国外理论动态，2006（12）：49－54

的土地租出去，所以转租土地的收益成为老年人养老的一个很重要的收益。因此必须完善土地流转的制度，农民到老年时就可以获得相关的政策法规的保护。政府的政策要保护农民的土地以及土地流转，但是因为我国在改革开放初期的土地政策为家庭联产承包责任制，对于土地的承包是有一个期限的，一个人不可能永久性地占有土地，土地可以转租出去，但是期限是严格按照法律规定。有些学者提出将社会保障中的各项政策都引进到农村来，这是不科学的，首先是农民交不起昂贵的各项社会保障费用，然后就是在农村完完全全实施各项政策会加大政府的财政负担，所以应该在农村推行社会保障政策，然而不可能是全部，所以农民最主要的保障还是土地保障。

美国学者盖尔·约翰逊（D. Gale. Johnson）在研究土地社会保障作用时认为可以将土地所有权交给农民以补充农民养老金的不足。文中利用代际转移模型和跨时期转移模型证明了目前家庭养老的脆弱性，并提出土地可以成为农村老年人稳定的投资方式。他认为，赋予农民永佃权，或进一步在农民中实行土地私有化，土地就可以促进在农户内部的代际转移和跨时代转移，它至少可以在很大程度上满足老年人对养老保障的迫切需求。[①]

1.2.1.4　国外研究述评

国外对于土地保障功能的研究目前还比较少，一是由于我国社会制度、管理制度与国外不同，国外城镇与农村没有明显的界线，这就无所谓农村社会保障，也就没有土地保障这一说法了。二是国外已经形成统一的社会保障制度。研究者对我国农村的社会保障进行研究，也是站在认同土地保障是农村社会保障有益补充的角度来说的，并对我国农村土地保障提供了建议，以防止土地流转兼并。从我国现实情况来看，的确如此。

1.2.2　国内研究进展

目前在市场经济条件下，土地是农民的一笔宝贵财产，可以说是一笔有形的财产。现在的土地制度对农民来说，不再是虚拟而不确定的"集体所有制"，而是"30年不变"乃至长久不变的家庭承包制。国家已从法律层面上把土地的财产权赋予了农民。以种地为生的农民，他们承包的土地应该是他们家庭中价值最高的一笔财产。土地依然是绝大多数农民、特别是大龄农民

---

① 　D. 盖尔·约翰逊. 经济发展中的农业、农村、农民问题［M］. 商务印书馆，2004.9

的最基本的就业岗位。土地是农民基本生活保障的最后一道防线。在市场经济条件下，土地是农民抵御市场风险最稳定的经济基础。对于种养专业户和纯农户来说，来自土地的收益则是他们经济收入的主要来源；对广大农民来说，土地是实现口粮和蔬菜自给的基础，是他们最后的一道生活保障线；对于一些连基本的社会保障都没有的老年农民来说，农业收入则是他们度过晚年时光的可靠而有效的经济来源。总之，长期以来在我国农民以土地作为自己的基本生活保障；在农村社会保障不健全的情况下，土地是农民基本生活的重要和最根本的保障。

1.2.2.1　土地社会保障功能价值的研究

对于土地是否具有社会保障功能，学术界尚存有争议。主要观点有两种：

一是认为我国农村土地除了具有为社会提供食物的经济职能以外，还兼有就业岗位、收入来源和社会保障等社会职能，即社会保障功能；土地是农民的社会保障，实际上是指它具有双重功能，既有生产资料的功能，也有农民生存保障的功能，这里所说的社会保障功能是指在国家没有完整地建立农民的社会保障体系之前，农民的生老病死实际上主要依存于土地。无论对土地的经营是亏损还是赢利，农民都不可能将自身的社会保障转移到其他地方去。

另一种观点则认为，土地不具有社会保障功能，社会保障的本质是国民收入再分配；土地收益的风险性、土地收益的"负效益性"以及土地流转的艰难性说明土地不具有社会保障的功能；对劳动者失去劳动能力和农村低收入家庭，土地也不能提供保障。

学者秦晖（2002）指出东部富裕地区农民的社会保障，在很大程度上不太依靠土地，土地在那里更多的是资本；而西部贫困地区土地也无法提供社会保障，土地在那里更多地成了负担。[①] 无论历史还是现实，无论现实中的富裕地区还是贫困地区，土地社会保障论都是难以成立的。原劳动和社会保障部农村社会保险司司长赵殿国直言反驳"土地社保论"，他认为"农村的土地是农民的生产、生活资料，只起到保障生存的作用。现代意义上的社会保障中，土地并不承担这种功能。"[②] 孔喜梅、杨启智（2004）认为在现有生产情

---

① 秦晖. 中国农村土地制度与农民权利保障 [J]. 探索与争鸣，2002 (7)：15 – 18
② 王世玲. 劳动保障部官员反驳"土地社保论". 21 世纪经济报道. 2006 年 12 月 1 日. 第 005 版

况下，农村土地根本无力承担农民的社会保障功能，它只能是农民最基本的生存保障，是农民的"活命田"和"保命田"。在现有的生产情况下，农村土地根本没有能力承担农民的社会保障，连农民最基本的生活，在其遭遇自然灾害或者疾病、伤残等不幸时，也是无力承担的。现在农民基本无保障，将其社会保障归结在土地上，是无法解决问题时对问题的回避和不正视。因此，他们对土地保障说法表示质疑。① 不过绝大多数学者，对土地的保障功能取赞同态度。下面列举二三以供参考。

杜润生：土地对农民来说，不仅是当前生产的主要依据，而且是被当作以后家庭的福利保险。②

费孝通：在中国乡土社会中，土地是农民的命根子。③

王梦奎：家庭小规模土地经营并不是理想的和最有效率的经营方式，但这是现阶段我们可以做出的最佳选择，是保证农民生计和社会稳定的基础，即使进城务工或者转入非农产业，只要还没有稳定职业和在外定居，土地仍然是农民最终的退路和保障。④

童星、赵海林：土地在充当农业家庭经营中最重要的生产要素的同时，也成为农民最基本的保障依据，从而形成了以土地为基础、以家庭保障为核心的农村保障体系。⑤

钱忠好：一般的土地经营总收益分为两个部分，生产性收益和非生产性收益。非生产性收益是指农户从事土地经营所带来的社会保障、劳动享受等非生产性的效用，只要农民群体不能真正享受社会保障体制的"普照之光"，只要非农产业农民不能提供稳定的就业机会，并使农民形成稳定的收入预期，农地经营的非生产性效益就不会消失，并仍将会对农户土地供求产生重大的影响作用。⑥

---

① 孔喜梅，杨启智. 质疑农村土地的社会保障功能 [J]. 中国土地. 2004（1-2）. 47-48
② 杜润生. 谈股份合作制 [J]. 上海农村经济，1994（5）：3-8.
③ 费孝通. 乡土中国 [M]. 中华书局，2013
④ 王梦奎. 现代化进程中两大难题：城乡差距和区域差距 [Z]. 2004 年中国高层发展论坛，2004
⑤ 童星，赵海林. 影响农村社会保障制度的非经济因素分析 [J]. 南京大学学报（哲学·人文科学·社会科学版），2002，39（5）：13-19
⑥ 钱忠好. 农地承包经营权市场流转：理论与实证分析——基于农户层面的经济分析 [J]. 经济研究，2003（2）：83-91

万厦、海平、利痕：土地在农民生活中扮演着生产资料、经济基础、社会保障和繁衍发展等多种角色。土地是农民最重要、最基本的生产资料和经营载体。它扮演着农民经济来源和社会保障的双重角色，失去了土地就意味着生活没有了保障。①

赵锡斌、温兴琦、龙长会：土地是农业最基本的生产资料和生产要素，对现阶段的中国农民有重要的保障功能，而农民对于祖祖辈辈耕耘的土地已建立了难以割舍的感情。②

陈希勇：土地作为一种重要的生产资料，在我国农村社会和农业产业中始终扮演着最为重要的角色。土地为农民的社会保障提供了条件，而非农民的社会保障本身。在农村，土地具有生活、就业、养老等多方面的社会保障功能，它同社会保障一样，可以保障农民的基本生活，维护农村社会乃至全社会的稳定。只是对于不同的农民群体而言，其侧重点不同而已。③

1.2.2.2　土地社会保障功能的变迁研究

在土地社会保障功能产生与发展的变迁方面，国内学者从三个阶段做了分析。姜长云④、吴华军⑤、钱文艳⑥（2002）分析了改革开放前土地社会保障功能的产生，及其在失业、养育方面的表现，同时指出受传统土地集体统一经营和分配的影响，土地社会保障的供给不足。20世纪80年代，家庭承包经营的土地分配形式和土地产出效率的提高增加了土地的保障能力，在农村社会保障没有建立的条件下，土地成为农民生活保障的主要形式。大部分学者研究土地社会保障功能主要集中在90年代以后，集中分析了"土地延包30年"政策实施后，城市化、农村社会保障和农业现代化发展对土地社会保障功能的影响，在土地制度改革和农村社会经济发展的不同方面提出了相关改

① 万厦，海平，利痕. 城市扩展中政府应如何帮助失地农民实现身份转变 [J]. 理论前沿，2003，(21)：30-31
② 赵锡斌，温兴琦，龙长会. 城市化进程中失地农民利益保障问题研究 [J]. 中国软科学，2003 (8)：158-160
③ 陈希勇. 农村土地社会保障功能：困境及其对策分析 [J]. 农村经济，2008 (8)：85-88
④ 姜长云. 农村土地与农民的社会保障 [J]. 经济社会体制比较，2002 (1)：49-55
⑤ 吴军华. 浅析中国农村土地政策及与农村社会保障的关系 [J]. 广西农学报，2002 (2)：29-33
⑥ 钱文艳. 建国后土地与农民社会保障问题的历史演变 [J]. 安徽史学，2002 (3)：80-83

革措施。

一些学者把我国土地制度与土地保障功能研究相结合，来研究土地社会保障功能的变化。① 认为新中国建立以来我国农村土地保障随着土地制度的变迁大致经历了三个阶段：

第一阶段（1949—1952 年）在农村进行土地改革，废除了封建土地所有制，把土地分配给农民，实行耕者有其田；

第二阶段（1952—1956 年）在农村开展合作化运动，把个体农民土地所有制变成了劳动群众集体所有制；1958 年后又演变成以队为基础，三级所有制度；

第三阶段（1979—至今），农村全面推行家庭联产承包责任制，普遍依据人口多少把土地平均分配给农民，实现了土地所有权与使用权的分离，调动了亿万农民的积极性，取得了较大成功。

在每次农地制度变迁中土地对农民而言所承载的功能是不一样的。自 20 世纪 50 年代农村土改至今，土地对于农民兼具生产资料及社会保障双重功能，从土改后个体农民拥有土地所有权，到合作化人民公社时期农民以交出土地为代价换取低水平的保障，再到 80、90 年代土地又成为农民的"衣食父母"。

在 1998 年之后的第二轮土地承包之后，土地的社会保障功能发生了较大的变化。延长承包期赋予了土地承包权某种程度的用益物权属性，土地是农民最基本的生活保障和就业保障，农民从事非农产业的机会增加了。非农收入增加，其风险和不确定性也增加，非农收入水平的提高明显影响了土地对农民的效用。非农收入水平越高，土地对农民的效用就越低，农民愿意转移从事非农职业。但农民还是力图占有一份土地以做"退路"。特别是在经济紧缩时期，大量劳动力回流，土地分配的分散有效地起到了吸纳和稳定劳动力的作用。

一些研究者和学者还探讨了在城市化过程中，对征地农民和失地农民的保障问题。我国农民的土地保障一直跟随着我国的土地制度和社会经济发展的步伐，但是始终没有彻底走出困境。②③④

① 杨鹿村，冯春阳. 我国征地制度下对失地农民保障和补偿问题研究［J］. 商，2013（13）：157 - 158
② 刘昶亮. 城镇化进程中失地农民利益保障制度研究［D］. 中共湖北省委党校，2015
③ 杨云霞，王琼. 城市化进程中失地农民权益保障研究［J］. 湖南财政经济学院学报，2015，31（6）：122 - 127
④ 程丽芬. 我国失地农民的社会保障问题研究［D］. 吉林大学，2008

1.2.2.3 土地社会保障功能的结构研究

基于对农村土地变革和农村社会保障的认识,王克强(2003)等人认为农村土地的社会保障功能为农村土地总效用、就业效用、直接受益效用即经济功能、财产继承效用、地产增值效用等内容。[1][2]

由于农村社会保障缺位,土地提供了一种综合性的保障。根据不同农民群体和不同研究角度,有学者认为土地保障功能的具体内容为:提供给农民最低生活保障、养老保障、医疗保障和失业保障四种保障[3][4];并阐述了土地社会保障功能在这些方面的具体表现。一些人认为我国农村土地有就业岗位、收入来源和社会保障等社会职能内容。农村土地的社会保障功能对于不同的农民群体而言,土地的三项社会功能排序依其重要性的不同而有所不同。[5][6][7][8] 还有人认为土地的社会保障功能使农民的后代对土地有继承权,土地还可能由于价格上涨对其所有者具有增值功能。[9][10]

还有学者对土地社会保障的供给主体、保障对象、保障内容及影响因素进行了分析。楼喻刚、蔡永飞(2002)认为土地社会保障功能是由国家制定的土地政策认定的。[11] 祝果毅(2003)等对土地保障与社会保障的责任主体

① 王克强. 经济发达地区地产对农户多重效用模型及实证分析——以浙江省海宁市为例[J]. 中国软科学,2000(4):6-8

② 王克强,刘红梅. 经济发达地区农地市场中农户土地供给和需求双向不足研究[J]. 经济地理,2001(s1):239-243

③ 郭贯成,吴群. 土地社会保障功能探析[Z]. 中国土地学会2003年学术年会. 2003年8月1日

④ 蔡霞. 中国农村土地的社会保障功能分析[J]. 广西经济管理干部学院学报,2010,22(1):22-26

⑤ 胡沐. 国内农村土地保障相关研究综述[J]. 河北北方学院学报(社会科学版),2012,28(4):56-59

⑥ 韩芳. 中国农村土地养老保障功能研究综述[J]. 河北农业科学,2008,12(9):145-148.

⑦ 郑建君. 农村社会保障的现状及其满意度影响因素分析——基于陕西省汉中市农民群体的实证研究[J]. 哈尔滨工业大学学报(社会科学版),2014(6):10-17

⑧ 谢东梅. 土地保障与农村社会保障制度创新研究[J]. 西北农林科技大学学报(社会科学版),2004,4(5):33-37

⑨ 汪洋. 集体土地所有权的三重功能属性[J]. 比较法研究,2014

⑩ 黄军军. 基于公平补偿的农地社会保障价值研究[D]. 四川农业大学,2013

⑪ 楼喻刚,蔡永飞. 土地征用补偿中应包含养老保障因素. 人口与经济,2002(2):76-78

进行了比较，认为土地保障是一种非正规的社会保障。[①] 在土地社会保障的保障对象认定上，徐琴（2003）等认为土地的保障对象可以界定为当期拥有依靠土地收益保障自身生活权利的集体成员。[②]

1.2.2.4 土地社会保障功能的利弊研究

土地的社会保障功能实际绩效的分析方面，一种观点认为土地对农民的保障作用是明显的。持这种观点的学者认为土地社会保障功能解决了农民的温饱问题和部分人的温饱问题，对农村社会起到稳定的作用，也增强了抵御非农就业风险的能力。其功能表现为均田制的土地制度，它是一种成本较低的方案，不排斥土地的再交易，与土地股份合作制结合，体现出土地作为保障的稳定性和作为生产要素流转的要求。王克强（2005）等人通过分析和计算，得出农村土地的社会保障功能效用达到农村土地总效用的51.2%，就业效用为17.74%，直接受益效用即经济功能为28.70%，财产继承效用为1.25%，地产增值效用为0.77%，让渡土地后重新取得的交易成本为0.22%，认为土地的社会保障功能还是有积极的方面。[③④]

另一种观点认为土地作为农民的基本生活保障，对农村经济的发展具有阻碍作用。主要表现在土地规模效益低，土地作为农民的保障不利于土地利用效率的提高；土地不断调整，不利于土地承包经营制度的稳定，不利于农村劳动力的转移、城镇化发展和农业产业化发展，不利于土地合理流转和合理配置，不利于农村社会保障体制的有效建立；不利于农村计划生育工作的开展。[⑤⑥]

1.2.2.5 土地社会保障功能的改革思路及途径

基于土地对农民保障的不同绩效分析，理论界针对土地社会保障功能的发展趋势提出的观点各异。一种观点主张继续把土地保障作为农村社会保障的核

① 蔡永飞. 能否把土地承包经营权变为养老金卡. 调研世界，2002（4）：36 – 39

② 徐琴. 农村土地的社会功能与失地农民的利益补偿. 江海学刊，2003（6）：75 – 80

③ 王克强，刘红梅. 农村土地对农民多重效用及地区差异性研究——以甘肃、湖北、江苏和上海为例［Z］. 全国中青年农业经济学者年会，2005

④ 刘红梅，王克强. 中国农村土地对农民多重效用的分布及年龄差异实证研究——以甘肃、湖北、江苏和上海为例［J］. 生产力研究，2006（4）：96 – 100

⑤ 双文元，杨红. 土地对昌吉市农民基本生活保障功能分析［J］. 经济视角：下，2008（10）：24 – 27

⑥ 解霄椰. 新疆昌吉地区回族失地农民就业保障现状分析［J］. 当代经济，2016（34）：116 – 117

心；另一种观点主张取消土地的社会保障功能，实行城乡一体化的社会保障；还有一种观点主张稳定土地保障的同时，健全农村社会保障制度，把社区保障、家庭保障和土地保障相结合，共同组成农村社会保障体系。

基于上述三种观点，提出的相关措施主要涉及两个方面：一个方面是加快土地市场化进程，促进农业结构调整，加快产业化经营，提高农业比较利益水平；建立农民合作组织和自我保护组织，节约交易成本。同时，加快农村劳动力转移和农村城市化水平，加大对农民培训的力度，提高农民素质。培养"有文化、懂技术、会经营"的新型农民，提高其生产经营能力，以满足非农就业的要求。总体达到加强农地保障能力的目的。另一方面是加大对农村转移支付和农业基础设施建设投资的力度。在经济发达地区率先建立农民社会保障；鼓励"土地换保障"和"实物换保障"，注重加强农民的保障意识和强制性，主张社会保障立法，以达到加快农村社会保障建设的目的。赵海林等提出通过建立农村土地流转机制，推动农民自治组织体系的建设，建立农村社会保障。

还有学者从制度层面来改革目前农村的土地保障，建立农村社会保障。王国军（2004）提出建立农村社会保障制度的现实条件是体制原因，造成社会保障制度陷入中国农村的基本矛盾之中：压力型体制和村民自治之间存在矛盾，对社会保障的实现有压制作用；管理体制消耗了财政资源，无法提供社会保障，形成恶性循环。① 作者认为，"中国农村的社会保障制度建设具有政治、经济、社会等多种因素交织的复杂性"，"如果没有村民自治作为保障，村民对社会保障制度没有发言权和控制权……可能给当地农民造成灾难性的后果。"认为农村社会保障制度的前提是实现村民自治，自我提供社会秩序的维持，提供公共服务，提高社区资源动员能力，抑制基层腐败，降低制度成本，使社会保障制度能在农村脆弱的基础上成长。并借由村民自治和农业税收压力的减轻，积极实现经济发展和科技进步，形成良性循环。②③④⑤⑥

---

① 王国军. 建立农村社会保障制度的现实条件与必要前提 [J]. 理论导刊, 2004 (6)：44 –47
② 徐唐奇，杨俊，张安录. 农地社会保障功能与现代农业发展的现实矛盾与化解途径 [J]. 农业现代化研究, 2010, 31 (6)：641 –645
③ 李超. 农地生产功能与社会保障功能：矛盾及其化解 [J]. 中国商界, 2009 (2)：173 –174
④ 李夏男. 农地社保功能与生产功能的矛盾及其解决对策 [J]. 现代农业科技, 2010 (22)：392 –394
⑤ 侯修升. 农村土地社会保障功能弱化问题研究 [J]. 农业科技与装备, 2016 (6)：70 –72
⑥ 柳建平，闫然. 中国农村土地制度及改革研究——基于对"土地社会保障功能"的思考 [J]. 兰州商学院学报, 2012, 28 (3)：20 –26

1.2.2.6 农村土地多种功能研究

对于农村土地的多种功能，不同的学者持有不同看法。邓大才（2002）认为这是农村土地的社会特性和经济特性，决定了承包土地有两大功能，即提供食物、提供就业和生存保障、实现公平的社会稳定功能，实现要素报酬、获取最大化利润的经济功能。农地的主要功能就是为社会提供食物，承包土地也不例外，而且还兼有就业和保障生存的功能。承包土地的经济功能和社会功能存在的矛盾：一是经济功能与要求承包土地稳定提供食物的社会功能的矛盾。二是经济功能与就业、生存保障的社会功能的矛盾；三是经济功能要求效率最大化与政府要求承包土地具有相对公平性的社会矛盾，即效率与公平的矛盾。针对以上矛盾，他提出承包土地的经济功能与社会稳定功能的发展阶段及转化与协调：一是推进土地适度规模经营，确保土地生产经营效率最大化，满足承包土地经济功能最大限度发挥的要求；二是大力发展科学技术，提高种植作物的增产潜力；三是大力发展非农产业，为农民提供更多的就业机会；四是提高劳动者的素质，培养农民较高的就业和生存保障能力；五是建立稳定的农村社会保障体系。①

曾芬钰（2005）提出在人地关系高度紧张的情况下，土地不仅是农业最基本的生产资料，也是农民最基本的生活保障，由此决定了耕地配置的公平原则必然高于效率原则。与我国工业化、城镇化相联系的农用土地转为建设用地的过程，应当是农民共享工业化、城镇化成果的过程。我国农村土地征用制度应当体现赋予农民土地保障功能。土地保障是农村社会保障严重短缺情况下应运而生的一种特殊的保障形态。为了促进我国工业化、城镇化以及农业产业化的健康发展，客观上要求必须逐步用社会保障取代土地保障，促使土地由双重功能向单一功能向生产要素功能转变。②

程承坪、张晓丽（2015）认为我国农村土地同时承载了保障功能和经济功能，并且这两种功能难以兼容，导致我国农村低水平的保障和低经济效率并存，农业现代化受到严重影响。故提出政策建议：剥离农村土地的保障功能和经济功能，把农村土地的保障功能分离出来，交由政府去实行；建立城

---

① 邓大才. 承包土地经济功能和社会功能的矛盾与协调［J］. 南京经济学院学报，2002，112（1）：21-23
② 曾芬钰. 我国农村土地双重功能向单一功能演变的必然趋势［J］. 财贸研究 2005.3：12-15

乡一体化的社会保障体系，农村土地只保留经济功能，以便促进农业生产力的提高，形成对农村剩余人口的"推力作用"；同时，要加大城镇化步伐，增加就业机会，形成对农村剩余人口的"拉力作用"，从而助推农业现代化。[①]

1.2.2.7 土地保障功能与社会保障功能关系的研究

从土地保障与社会保障的关系来看，土地保障应该是一种我国国情下的特殊的保障形式，是在建立健全农村社会保障体系之前所采用的一种过渡形式的保障，而不是社会保障的延续。从社会保障的构成要件和组织形式来看，土地保障都不符合社会保障的性质，是农民自发的对社会保障缺失的替代。韩松（2010）认为农地社会保障与农地的农民集体所有具有内在一致性，应当依法明确集体所有土地对农民的社会保障属性。在农民集体土地所有权的制度设计上，要注重集体土地的社会保障功能的实现和保护。土地对农民的社会保障功能不同于社会法上的社会保障制度；农地社会保障作用的局限性，要求建立与土地保障相配套的新型农村社会保障制度。首先对享有土地社会保障的农民建立新型的社会保障，其次对没有取得承包地经营权的征地农民提供新型社会保障，最后对失地农民提供新型社会保障。总之，农民集体所有的土地在本质上是对集体成员的社会保障，其社会保障功能极为重要，又有很大的局限，为了更好地实现集体土地的社会保障功能，应当建立与农地社会保障相配套的新型农村社会保障，并对有关立法予以完善，以促进农地社会保障功能的充分实现。[②]

王瑜、黄蓓、杨翠迎（2011）研究认为，传统农村社会中土地具备着包括生存保障、就业保障和养老保障等多重社会保障功能。然而，随着经济社会的变革和发展，农村土地保障功能变得十分有限并且不断趋于弱化。这个现象从经济的角度解释了农村社会保障体制建设的必要性，并且对农村土地制度改革和农村社会保障制度的政策选择提供了启示。故提出要处理农地社会保障功能与我国农村社会保障体系建设的关系，应该建立一种正式保障制度（农村社会保障制度化）为主、非正式保障（土地保障）为辅的社会保障体系，由此处理好土地与制度化保障之间的关系，即农地社会保障功能弱化

---

① 程承坪，张晓丽. 农村土地制度改革——分离保障功能与经济功能［J］. 学习与实践，2015（11）：27－33

② 韩松. 农地社保功能与农村社保制度的配套建设［J］. 法学. 2010 年第 6 期：63－74

与农村社会保障制度建设。①

蔡少琴、李郁芳（2013）分析了土地保障对农村社会保障的替代性，认为对于我国农村的社会保障而言，土地的经济保障性弱，风险分摊性差，缺乏强制积累财富化解风险的机制，其效用外溢全社会但却没有建立起与受益边界相匹配的供给制度的组织边界，不具备社会保障四方面的基本特征，不具有对社会保障的替代作用。土地不胜农村社会保障之重，却因被动承载保障功能而损失了土地效率和农业绩效，首重保障功能的农地产权制度安排实际上带给农民的是负效用。政府需在土地之外提供社会保障公共品，以剥离土地的保障功能，释放土地的生产效率。②

1.2.2.8 国内研究评价

土地承载的社会保障功能，无论历史上还是现实中都是重要的，只不过在各个不同的社会经济发展阶段所表现出的主要功能强弱不同而已；那些认为土地对农民已失去保障作用的看法至少在现阶段是不成立的，在上面已提到。从以上的叙述中可以看出，国内学者对土地社会保障功能的研究已趋向深入，但尚存在不足之处。首先，土地作为一种要素具有了社会保障的功能，其本质和原因何在，学者们没有对此进行深入地论证，从而缺乏展开论述的立题依据，因而，秦晖（2002）等人对土地是否具有社会保障功能提出质疑。③ 其次，研究土地社会保障是在目前我国农村社会保障不健全、土地公有制等一些相关依托条件下展开的，但并没有解释在土地私有制条件下土地是否同样具有社会保障功能，"没有哪个国家提出土地是社保"，也没有系统说明土地社会保障功能及与其相关依托条件之间的联系及变动，因而对土地社会保障功能的产生和发展及未来变动趋势没有一个系统的认识，提出的改革措施往往缺乏前瞻性和实际意义。再次，由于区域土地资源秉赋的差异，其实际保障能力也有差异，并且关于土地保障能力大小的实证研究只限于局部地区，尚未全面展开。另外，有学者从完善农村社会保障角度出发，开展了一些关于土地保障向社会保障衔接的研究，只是其提出的方案还停留在理论阶段，并没有得到有关方面的关注。

---

① 王瑜，黄蓓，杨翠迎. 农地社会保障功能弱化与农村社会保障制度建设［J］. 农村金融研究，2011（4）：59－62.

② 蔡少琴，李郁芳. 提出土地保障对农村社会保障替代性分析［J］. 商业研究，2013.436（08）：202－207

③ 秦晖. 农村土地问题实质是保障农民公民权问题. 光明网，2006－8－15

1.3 研究的思路及方法等

1.3.1 研究的思路

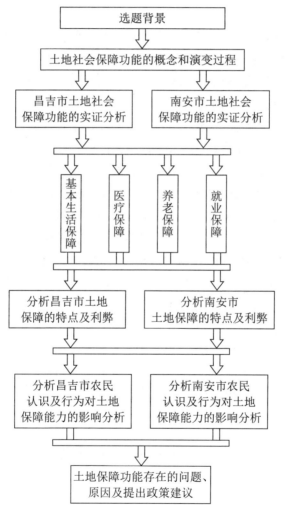

图 1-1 研究分析框架图

本文拟采用从理论到实践的研究思路,首先对农村土地保障的概念和研究进展出发,并对农村土地社会保障发展演变历程进行介绍,而后对昌吉市和南安市土地社会保障功能进行实证研究，利用调查问卷详细分析，从基本生活保障、养老保障、医疗保障、就业保障这四方面展开论述；其次，讨论昌吉市和南安市土地保障的特点及利弊等；再次，分析昌吉市和南安市农民认识及行为对土地保障能力的影响，分析土地保障功能存在的问题并分析其原因，提出相应的建议和对策。

1.3.2　研究的方法

（1）本书采用文献法与实证调研分析相结合的方法，对新疆昌吉市和福建省泉州市农村土地的社会保障现状进行了实证分析和探讨。

（2）本书采用实地调研的形式在昌吉市和泉州市部分农村进行了实地调查，运用抽样调查、典型调查和重点调查的方法，深入田间地头与农民交谈，与村干部座谈，记载访谈记录，填写调查问卷，了解新疆昌吉市和福建省泉州市农村土地的社会保障状况。应用文献研究法、访谈法、实地观察法等，理论研究与实地调查相结合。运用定性分析和定量分析、文字叙述和图表说明相结合的研究方法，对昌吉市、南安市农村土地的土地保障情况进行了解。实地问卷调查资料为基础，运用相关统计分析方法进行实证研究。最后针对转型时期，昌吉市和泉州市农村土地保障的情况，总结出我国农村土地保障存在的问题和农民土地利用方面存在的问题，提出一些建议和措施。

（3）本书采用对比研究方法。比较研究法是对物与物之间或人与人之间的相似性或相异程度进行研究与判断的方法。比较研究法可以理解为是根据一定的标准，对两个或两个以上有联系的事物进行考察，寻找其异同，探求其普遍规律与特殊规律的方法。本文研究了昌吉市和南安市的农村土地保障情况，对两地农（牧）民的土地保障态度和看法进行了详细比较，发现存在的问题并找出原因，提出了相关对策建议。

1.4　数据及资料来源

为了能够全面地把握土地社会保障功能研究方面的研究现状，笔者阅读了大量文献资料，并提炼了国内学者在此领域的理论观点和分析框架。在本研究中，笔者将借鉴学者们的一些研究成果、分析方法和数据资料，同时阅读和借鉴与此领域相关的土地制度和社会保障等文献资料作为理论基础。

数据资料来源方面，将以实地调查数据为主，辅之以《新疆统计年鉴》《昌吉市统计年鉴》《新疆调查年鉴》和《泉州市统计年鉴》《南安市统计年鉴》《统计手册》《统计公报》和政府公报等资料，以及前人相关研究的数据。2015 年 8 月，笔者采用问卷调查的形式，对昌吉市农村土地的社会保障功能进行了比较深入的调研访谈。本次调研主要采用简单随机抽样和分层抽样的方法抽取调查单位，共收回调查问卷 263 份，涉及新疆昌吉市的 6 镇、4 乡、3 个街道办事处 63 个村的 263 户，其中 223 户承包土地并从事农地生产经营活动，30 户承包土地但转由他人耕种，另外 15 户的承包土地已经被征收或征用。另外，2015 年 5 月笔者以昌吉市三工镇作为重点对土地社会保障功能情况进行了重点调查，本次调查共收回调查问卷 60 份，有效问卷 53 份，作为数据上的补充。2015 年 7 月笔者又对昌吉市进行了调查，共收回调查问卷 122 份。以上有效调查问卷 296 份，涉及新疆昌吉市的 8 镇、2 乡、6 个街道办事处 71 个村。

2015 年至 2016 年间笔者利用社会调查等社会实践实践，对泉州地区的南安市进行调研访谈，对全市 23 个乡镇，3 个街道共 62 个村庄发放问卷份 550 份，收回有效问卷 535 份，有效率为 97.27%。

1.5 研究存在的创新及不足

1.5.1 研究可能存在的创新之处

（1）本书选择了农民这个微观层面作为研究的切入点，分析农民土地收益和土地保障情况。

（2）采用实地调研的形式采集一手资料，分析了目前新疆昌吉市农牧民和福建省南安市农民生存状况和土地制度政策运行等情况。

1.5.2 研究的不足

不足之处是由于资金和时间的限制，被调查农民的数量相对较少，也没有对被调查农民进行多年连续跟踪调查；另外对土地社会保障功能和保障能力的分析资料和数据主要以新疆昌吉市和南安市乡镇街道的部分数据为主，而未对两市所有农村的土地社会保障功能状况进行全面调查和描述。

第二章　相关概念与理论

2.1　重要概念的界定

2.1.1　农村土地

对农村土地的涵义存在不同的表述。广义的土地是指地表上下一定幅度的空间及其中的自然物质和经济物所组成的综合体，包含地球特定地域表面及其以上和以下的大气、土壤及基础地质、水文和植被。土地分为原生土地和人工化的自然土地，原生土地是先于人类而存在的自身资源，人工化的自然土地是人类的劳动与自然土地结合后的已利用的土地。本书研究所称的"农村土地"特指农村耕地和园地、林地，不包括草地、荒山荒坡等，因为只有这些土地对农民才具有普遍意义的社会保障功能。在本研究中，昌吉市牧草地面积很大，占总面积的63.67%，但昌吉市是农区，牧民较少，总体上看牧草地的利用还是较少。而南安市农村土地以耕地为主，兼有园地和林地等土地利用类型，2015年初全市耕地面积30288.03公顷。耕地的功能是通过制度实现的。土地制度具有激励功能、配置功能、约束功能、保障功能、利益分配功能等。本研究主要针对在现有的农地制度下的土地社会保障功能。

2.1.2　土地保障

土地保障是指当农民没有充足的财富积累、没有足够的非农就业机会和非农收入、没有健全的社会保障体系时，很大程度上必须依靠土地收获物供给基本生活资料，并以土地收入作为维持最低生活水平和抵御社会风险的主要手段。土地具有社会保障功能是农民在社会保障缺位状态下被迫进行自我保障的一种理性反应。土地的保障功能，是在我国特定的土地产权分配形式下，劳动者通过以土地作为生产资料的生产经营方式，在家庭单位内满足其基本生存需要，实现就业、养老、医疗等需要的自我供给。

该概念中包含两部分内容：一是土地社会保障功能是以农民的财富状况、非农就业状况和农村社会保障状况为前提的；二是农民的基本生活保障和抵御风险依靠土地为载体。由此说明土地的社会保障功能虽然不是社会保障，也不属于社会保障制度，但是它填补了农村社会保障的空白，它同社会保障制度相同的作用都是使生产力不至于在突发破坏性事件（如疾病、失业等）发生时遭到摧毁性的打击。由于土地保障功能等同于土地社会保障功能，下文对二者并没有区别对待。

2.1.3　社会保障

由于不同的政治、经济、文化背景，人们对社会保障的定义也有所不同，有关社会保障的定义存在多种。现代社会保障制度的先驱者贝弗里奇在其著名的《社会保险和有关福利问题》的报告中，认为社会保障是一种公共福利计划，社会保障是为人们在失业、疾病、伤残、老年及家主死亡、薪金中断时，给予生活经济的保障，并辅助其生育婚嫁等意外费用的经济保障制度。《美国社会福利辞典》对社会保障做出解释，社会保障是对国民可能遇到的各种危险如疾病、老年、失业等加以防护的社会安全网。国内有学者将社会保障定义为："社会保障，是社会（国家）通过立法，采取强制手段对国民收入进行分配和再分配形成社会消费基金，对基本生活发生困难的社会成员给予物质上的帮助，以保证社会安定的一系列有组织的措施、制度和事业的总称。"社会保障（social security）是指"政府和社会为了保持经济的发展和社会的稳定对劳动者和社会成员因年老、伤残、疾病丧失劳动能力或丧失就业机会，或因自然灾害和意外事故等原因面临生活困难时，通过国民收入分配和再分配提供物质帮助和社会服务，以确保其基本生活和医疗需要。""从国际经验看，世界 162 个国家和地区制定了社会养老保险制度，其中 70 个国家和地区包含农村，其保障对象为全部农村人口或农民。实际上只要具备了一定的经济发展水平，每个国家和地区均可以建立与之相适应的农村社会保障制度。"

尽管对社会保障的定义众说纷纭，但从中可得到一些共同点：（1）社会保障的责任主体是国家，社会保障需要由国家或政府统一管理；（2）社会保障基金来源于政府财政、单位（或企业）和个人三部分；（3）社会保障是国民收入分配与再分配的一种形式；（4）社会保障目标是为社会成员的基本生活权利提供安全保障，维护社会稳定。

2.1.4 社会保障与土地保障概念的辨析

社会保障的本质是政府通过筹集一部分国民收入对失去收入的人提供帮助，从而将个人面对的风险分散到某一特定人群中去，利用风险分担机制来防范和化解收入风险。国际劳工局编著的《社会保障导论》对社会保障做出的概括是："社会通过采取一系列的公共措施来向其成员提供保护，以便与由于疾病、生育、工伤、失业、伤残、年老和死亡等原因造成停薪或大幅度减少工资而引起的经济和社会贫困进行斗争，并提供医疗和对有子女的家庭实行补贴法"[①]。《中国民政词典》将其解释为："国家和社会依法对社会成员的基本生活予以保障的社会安全制度"[②]。可见，社会保障的责任主体是社会，或者是政府和国家，受益者是遭遇各种风险和困难的社会成员。

土地只是一种生产资料，它的保障性质是建立在土地经营基础上的。土地保障的基本内涵是利用土地自身的产出能力以及土地流转价格给予农民基本的生存保障。从以上分析我们不难看出：土地保障与社会保障是两个不同的概念，二者的供给主体不同，社会保障的主体是政府，而土地保障的主体是农民自己；土地保障没有风险分担机制，更没有互助互济的功能，农民的生存保障完全依附于土地的经营情况，农民必须要自己承担所有的风险；土地保障不具有国民收入再分配的功能，而仅仅是农民租用了一种能够从事生产劳动的生产资料，这种生产资料能否为其带来收入保障，具有不确定性。

就土地保障而言，它不是农民的社会保障本身。这是因为：（1）就责任主体来看，社会保障的责任主体是国家，并由政府统一管理，即是说，土地保障的责任主体是由国家政策认定的。目前，在我国农村土地集体所有的情况下，更确切的说，其责任主体应该是村社。（2）社会保障是一种经济保障，通过社会保障基金的形式而实现，遭遇各种风险的社会成员通过社会保障基金的支付可以非常便捷地将这笔资金转化为生活资料。而土地虽然可以用资金标价，但它只是一种生产资料，不是人们可以直接使用的生活资料。土地

---

① 国际劳工局社会保障司编. 社会保障导论［M］. 劳动人事出版社，1989
② 崔乃夫. 中国民政词典［M］. 上海辞书出版社，1990

要产出生活资料，就必须投入劳动和经过自然过程的转化。因此，土地为农民的生存保障提供了某种条件而非农民的社会保障本身。

从社会保障权利角度来看，获得社会保障的保护是宪法赋予农民的一项权利。我国宪法第 45 条规定："中华人民共和国公民在年老、疾病或者丧失劳动能力的情况下，有从国家和社会获得物质帮助的权利。"社会保障是典型的公共产品，政府应该向全体公民提供平等的社会保障服务，农民享有基本的生存保障，享有国民待遇是其基本权利，这是由社会保障的属性和公民权利决定的。

2.2　研究理论

2.2.1　土地产权理论

土地产权是以土地为财产客体的各种权利的总和，它包括土地所有权、使用权、收益权、处置权和抵押权等，所有权是土地产权的基础。我国土地管理法规定的：农村和城市郊区土地除法律规定属于国家所有以外，属农民集体所有，农民集体所有的土地，可以依法确定给单位或者个人使用；土地承包期限内，个别承包经营者的调整，要经村民大会或村民代表三分之二以上人员同意等。这是确定集体土地产权制度的法律依据。

现行农村集体土地产权制度的基本框架是所有权与使用权相分离。所有权主体是村农民集体，村内若干个农民集体，乡镇农民集体。国家对集体土地产权的行使有严格的限制。主要有农用地转为非农建设用地实行用途管制，国家公共利益需要可以征用集体土地，集体所有的土地不得出让、转让、出租用于非农业建设等。

现行的集体土地产权制度是以传统农业生产经营方式为基础的，以解决吃饭问题为主要目标。农地通过承包给农户使用的方式，调动了农民精耕细作和增加农业投入的积极性。农地使用权在农民集体内按人口和劳动力平均分配承包（两田制），造成地块零散，经营规模狭小，缺乏规范的土地使用权流转和集中机制。而这种土地使用平均分配方式又给农户永佃制的思想，集体耕地承包到户以后，所有权与使用权相分离。土地分包到户后，土地是无偿使用，土地承包使用权的权能却不断扩张，表现在农户对土地使用的任意性和少约束力，农户以自身利益最大化目标为出发点，进行掠夺性生产或弃耕抛荒。

2.2.2 福利国家理论和福利经济学

福利国家理论、福利经济学理论构成了社会保障制度建立和发展的直接的最有力的理论依据。正是在这二者的影响下，世界各国的社会保障制度有了飞速的发展。福利国家论和福利经济学对社会保障制度建立的理论贡献非常重要。它们都主张：第一，建立一种能够更好地提高人们福利的制度，尤其是提高和保障低收入人口群体的福利。第二，国家应当承担起提高公民福利的责任。福利国家论与福利经济学互相影响。首先，作为福利经济学的鼻祖——庇古的福利经济学思想，在很大程度上是受英国改良主义经济学家霍布森·约翰·阿特金森（Hobson John Atkingsin，1858—1940）的"最大社会福利"思想的影响①。而霍布森的经济思想主要是福利国家思想，而不是福利经济学思想。其次，福利经济学的出现，又反过来为后来的福利国家的一系列政策和制度的形成、为福利国家的真正建立，提供了有力的理论依据。

两者强调的提高福利的方式有一定的差别。福利国家理论主要是强调国家的主要责任和目的就是提高全体人民的福利，而不是发动战争侵略他国。在这个大前提下，提高福利的方式和途径是多种多样的。为全体人民谋福利应当是一个国家及其当权者的义不容辞的职责。而福利经济学主要是从理论上论证了改善穷人福利的合理性，一方面不会对富人福利有多大的损害，另一方面却会在更大程度上提高穷人的福利。因为福利经济学证明了，为什么通过转移支付，使收入均等化，就能够增加现有收入总量的福利，增加整个社会的福利。

福利经济是现代西方经济理论的一个重要组成部分。福利又可称为社会福利，它是由国家以及各种社会团体通过各种公共福利设施、津贴、补助、社会服务以及举办各种集体福利事业来增进群体福利，以提高社会成员生活水平和生活质量的社会保险、社会救助和社会保障形成的。福利经济理论论证了国家举办社会福利的必要性以及政府应该采取的政策措施，为国家建立福利经济制度提供了理论依据，同时也为农业保险的实施提供了理论依据，其形成经过了一个由否定社会救济制度到主张国家福利的发展变化过程。

---

① 李珍. 社会保障理论［M］. 中国劳动社会保障出版社，2001：66-67

2.2.3 人权保障理论

人权可分为生存权和发展权。所谓生存权，是指社会中的任何个人都有生存下去的权利，也就意味着当一个人不论任何原因陷入贫困、发生生存危机时，有从国家和社会获得帮助以维持生存的权利。生存权的确立要求政府和社会应尽可能保障社会成员的生存，这是人权的基础。发展权，指社会中的任何人都有满足、完善、发展自己需要的权利。发展权要求政府和社会要创造一切条件满足社会成员的发展需求，这是人权的更高层次。

人权与社会保障的基本关系是：首先，社会保障权是一项基本人权。现代社会保障是以肯定社会保障权利的基本人权属性为前提，由政府作为承担保证这些权利的主要义务载体的社会保障。其次，社会保障是实现其他各项人权的直接的基本的物质基础。再次，社会保障对人权的保障正在由保障生存权逐步向保障发展权的方向转变。

2.2.4 马斯洛需求层次理论

需求层次理论是研究人的需求结构的一种理论，是美国心理学家马斯洛（Abraham H. Maslow，1908—1970）所首创的一种理论。他在1943年发表的《人类动机的理论》（A Theory of Human Motivation Psychological Review）一书中提出了需求层次论。这种理论的构成根据三个基本假设：第一，人要生存，他的需求能够影响他的行为。只有未满足的需求能够影响行为，满足了的需求不能充当激励工具。第二，人的需求按重要性和层次性排成一定的次序，从基本的（如食物和住房）到复杂的（如自我实现）。第三，当人的某一级的需求得到最低限度满足后，才会追求高一级的需求，如此逐级上升，成为推动人继续努力的内在动力。

马斯洛提出需要的五个层次如下：第一是生理需要，是个人生存的基本需要。如吃、喝、住所。第二是安全需要，包括心理上与物质上的安全保障，如不受盗窃的威胁，能预防危险事故，职业有保障，有社会保险和退休基金等。第三是社交需要，人是社会的一员，需要友谊和群体的归宿感，人际交往需要彼此同情、互助和赞许。第四是尊重需要，包括要求受到别人的尊重和自己具有内在的自尊心。第五是自我实现需要，指通过自己的努力，实现自己对生活的期望，从而对生活和工作真正感到很有意义。

马斯洛的需求层次论认为，需求是人类内在的、天生的、下意识存在的，而且是按先后顺序发展的，满足了的需求不再是激励因素等。马斯洛需求层次理论假定，人们被激励起来去满足一项或多项在他们一生中很重要的需求。更进一步的说，任何一种特定需求的强烈程度取决于它在需求层次中的地位，以及它和所有其他更低层次需求的满足程度。马斯洛的理论认为，激励的过程是动态的、逐步的、有因果关系的。在这一过程中，一套不断变化的"重要"的需求控制着人们的行为，这种等级关系并非对所有的人都是一样的。社交需求和尊重需求这样的中层需求尤其如此，其排列顺序因人而异。不过马斯洛也明确指出，人们总是优先满足生理需求，而自我实现的需求则是最难以满足的①。

---

① 亚伯拉罕·马斯洛（Abraham H. Maslow）. 马斯洛论管理（珍藏版）[M]，机械工业出版社，2013

第三章　我国农村土地保障功能研究探析

3.1　农村土地制度的发展演变

土地制度是制约农业和农村经济发展最根本的制度，农村土地产权制度则是农村土地制度的核心。农村土地产权制度合理与否直接关系到能否使农村土地集体所有制得到有效实现，能否合理配置农村土地资源，实现农民与土地的有效结合，调动亿万农民积极性的问题。本节通过回顾我国农村土地产权制度的历史变迁，从中归纳并概括出有益的逻辑启示，发掘其内在的运行规律，以期为未来农村土地制度的变迁方向提供有益的启示。

根据马克思对人类社会历史阶段划分的理论以及我国历史学家的研究成果，可将我国社会经历的历史阶段划分如下：原始社会（原始群时期和氏族制度时期）——奴隶社会（夏商周三代及春秋时期）——封建社会（秦汉至鸦片战争时期）——新中国（全国解放以后）。[1][2]

3.1.1　原始社会

土地氏族公社所有制。土地归氏族公社所有，氏族成员共同劳动，共同享用劳动成果。原始社会基本上可分为三个阶段：原始人群、氏族公社和农村公社。在原始社会早期，脱离了动物界的原始人为了生存而结成群，过着群居生活，这就是原始人群。当时人类认识能力和利用能力十分有限，生产

---

① 段林春，王晓燕. 中国农村土地制度历史变迁分析 [J]. 北方经济，2010，（19）68 – 70.

② 张海丰. 论我国农村土地制度的历史变迁 [D]. 广西：广西师范大学，2008.

力非常低下，为了生存只能相互协作、共同劳动，对于土地认识非常浅显。

随着生产力的进一步发展，原始人类逐渐定居下来，此时原始人群向氏族公社过渡，这是原始社会发展的第二阶段。氏族公社是这个时期的基本社会单位。几个氏族组成一个胞族，几个胞族组成一个部落，若干部落又组成部落联盟。氏族、胞族、部落和部落联盟构成了原始公社的社会组织结构。此时，原始的食物采集逐渐向农业过渡，原始的牲畜驯养慢慢向畜牧业转变。随着生产力的发展，工业、手工业、畜牧业的出现，人们对土地的认识也在增强，出现了土地所有意识和所有关系的萌芽。人口增加，使得部落与部落、部落与氏族之间接触增多，不同部落之间的相互侵占活动范围的事情时有发生，使得人们对于获得食物的土地产生了排他性。总体来说，在部落的范围内，人们共同生产活动，土地归整个部落所有，部落与部落之间有严格的界线，这也就导致了部落之间的一些纠纷与冲突。

在这个阶段，土地是部落共有财产，土地的实际占有、支配和使用都在部落范围内进行。土地由部落控制，再交给氏族公社使用，形成氏族公社占有，氏族公社又把土地交给家庭使用，慢慢变成了家庭公社占有。这就形成氏族公社时期土地公有制条件下的高层占有、支配和使用的土地关系，人们共同劳动，共同生活，均分劳动果实。

随着历史发展，原始社会向奴隶社会过渡时期形成了。血亲集团的聚集逐渐演变为从事农业生产的个体家庭组成的村落形式，以血缘关系为纽带的社会结合转化为地域关系为纽带的社会结合。这就是农村公社，其核心的土地，是公有的生产资料，与家庭经营相结合。生产力的发展，使得畜牧业、农业和家庭手工业出现，并出现了剩余产品。人口增加，使得农村公社土地的家庭经营方式逐渐形成。农村公社时期出现的土地共有私营及所有权与占有和使用权分离的现象，在当时的井田制中表现得很明显。此时，在农村公社土地公有私耕经营方式确立的同时，农村公社的土地公有制与氏族公社时代相比，也发生了一定程度的变化，土地所有制中开始产生了一定的私有成份，作为房屋附属物的菜园已开始被个体家庭所据有，土地制度已经具有了公有制和私有制并存的特征，尽管私有成份比重还较低。这是氏族社会中土地生产关系的发展过程。

3.1.2 奴隶社会（夏商～春秋末年）

奴隶社会是国王所有的贵族土地所有制。这种土地所有制，将土地分为

"公田"（贵族占有）和"私田"（分授给农夫，只有使用权而没有所有权）。一切土地名义上属于国家公有；国王把土地层层分封给各级贵族世代享用，但不得转让和买卖；诸侯要向国王交纳一定的贡赋。

中国最早的土地制度——井田制。中国最早的土地制度出现在西周，叫"井田制"，是我国古代社会的土地国有制度。那时，道路和渠道纵横交错，把土地分割成方块，形状像"井"字，因此称做"井田"。"井田"在西周时盛行，为周王所有，也叫"公田"，分配给领主，领主再强迫庶民去集体耕种，领主不得买卖和转让井田，要向周王交一定的贡赋。井田制是商周时期占主导地位的一种土地制度。

到了春秋末期，井田制开始瓦解、土地私有制产生。秦国的商鞅推行"废井田、开阡陌"的法令，实行土地私有制，土地可以自由买卖。这项变革瓦解了奴隶制的生产关系，促进了封建经济的发展，秦国也因此奠定了强国的基础。

3.1.3　封建社会（战国～鸦片战争时期）

封建的土地制度基本确立后，出现了土地兼并，产生了封建地主阶层。地主将土地租给无地农民，秋后收取粮租。土地过分集中造成社会生产萎缩，地主对农民的剥削加重等问题。一些有远见的统治者出于统治需要，对土地占有状况进行了调整，如东汉末年的"屯田制"，隋、唐实行的"均田制"，以及清初的"更名田制"等，都是确保国家控制一定数量的土地，同时使农民获得一定的土地，以恢复生产，巩固统治。虽然不能从根本上消灭土地兼并，但有助于缓和社会矛盾。

形式：私有制为主体的多种土地所有制。国有称为"官田（公田）"；

私有的土地有以下几种形式：

① 自耕农土地私有制；

② 君主土地私有制；

③ 地主土地所有制（豪强地主、士族地主）。

土地来源：占有公田转私田，获赐，兼并买卖（主要）。

租佃关系：战国产生，汉代普遍。自宋代始，租佃经营成为仅次于自耕农形式的重要经营方式。明清时期，租佃制普及全国，成为农村经济的主要形式。

地租形态：劳役→实物（宋）→货币（明清）。

人身依附关系：东汉豪强地主形成田庄，田庄的劳动者与田庄主形成强烈的人身依附关系。之后依附关系越来越减弱，特别是明清时契约纳租方式确立后，解脱出来的农民，生产自主权提高，促进了农业的发展。

3.1.4 近代以来

1. 清末民初（1840 年~1924 年）

在中国两千多年的封建历史上，大小农民起义连绵不断，绝大多数都是由于土地分配不均造成的。到了近代，中国要推翻旧的封建制度，建设工业化的现代国家，首先要改变农村封建地主土地制度，解决农民的土地问题。辛亥革命推翻了帝制，却没有触动农村封建的土地制度，地主阶级与广大农民的矛盾仍然存在，而且日益尖锐。

（1）太平天国：《天朝田亩制度》农民个体私有，实行平均主义。

（2）辛亥革命：平均地权（理念）。

中国共产党敏锐地看到了这一点：中国革命要想取得成功，争得广大农民支持，就必须解决土地问题，这是中国作为一个农业国家的特殊国情所决定的。

2. 国民革命时期（1924 年~1927 年）

为发动农民反对军阀，中国共产党提出了"耕者有其田"的口号，在当时特定的历史时期有利于开展农民运动、反对军阀统治。

1927 年党的八七会议，井冈山革命根据地的创建，是由大革命失败到土地革命战争兴起的历史性转变。

3. 十年对峙时期（1927 年~1937 年）

为了满足农民的土地要求，1927 年实行了打土豪、分田地的土地政策；1931 年实行土地革命，实现了农民土地所有制。主要形式是依靠贫农、雇农，联合中农，限制富农，保护中小工商业者，消灭地主阶级，变封建半封建的土地所有制度为农民的土地所有制。这一土地制度的实行，巩固了农村革命根据地；使广大贫雇农政治上翻了身，经济上分到土地，生活上得到了保障，调动了他们的革命积极性。

4. 抗日战争时期（1937 年~1945 年）

为巩固农村革命根据地，进行根据地建设，开展了大生产运动（抗战时期中共领导抗日根据地军民开展的以自给为目标的大规模生产自救运动）和军垦屯田。陕甘宁边区和敌后抗日根据地的农业和工商业的产值迅速增长，人民负担大大减轻，军民生活明显改善。大生产运动使根据地度过了严重的经济困难时期，为抗日战争的胜利奠定了物质基础。

5. 解放战争时期（1945 年～1949 年）

为调动广大群众革命积极性，1946 年 5 月中共中央发出《关于清算减租及土地问题的指示》，变减租减息为没收地主土地分配给农民。1947 年《中国土地法大纲》公布施行，《大纲》确立了均分化的农民私有制。第三条规定，土地"所有权归农户所有"。第六条规定，"乡村中一切地主的土地及公地，连同乡村中其他一切土地，按乡村全部人口，不分男女老幼，统一平均分配"，从而彻底实现按人口均分土地的分配形式，帮助人民群众实现了"耕者有其田"的历史夙愿。应该说这是中国共产党战胜国民党最关键的一步，解决了广大农民最关心的土地问题，顺应了民心，最大限度地激发起解放区群众参军参战的积极性，从而加速了国民党政权的覆灭。

3.1.5　新中国成立后的农村土地制度

3.1.5.1　建国后（1949 年～1978 年）

1. 1950 年进行土地改革

为了彻底废除封建土地私有制，实现新解放区农民迫切要求获得土地的愿望，出台了《中华人民共和国土地改革法》，它规定废除封建地主的土地所有制，没收地主的土地，分给无地或少地的农民耕种，借以解放农村生产力，为新中国的工业化开辟道路。此后，在 3.1 亿人口的农村开展了土改运动，实现了从封建土地所有制到农民土地所有制，按劳分配的转变。1952 年底全国基本完成土改，封建剥削土地制度彻底废除，我国存在两千多年的封建土地所有制被彻底被消灭，广大农民翻身解放，农村生产力得到解放。

2. 1953 年～1956 年对农业社会主义改造

农民拥有了土地之后，为避免随着时间推移，土地重新向少数人手里集中，出现两极分化，产生新的地主富农阶层，在土改运动的同时，我国又逐渐推行农村集体化，先从互助组开始，经过初级合作社，过渡到高级合作社。1956 年，我国基本完成了社会主义改造，确立了土地的社会主义公有制。

3. 农民土地所有制到集体所有制的转变

从 20 世纪 50 年代开始到 80 年代初，中国农村的土地归集体所有，农民在集体的土地上劳动，用工分计算劳动量，到年底按每人所挣工分多少分配粮食。这种方式的弊端是，用固定标准计算工分，造成了平均主义，很难调动广大农民的积极性，中国粮食生产也因此长期徘徊不前。

具体可分为四个不同时期：

第一，建立基于农民所有制的农业生产互助合作。

以 1951 年 12 月中共中央颁发的《关于农业生产互助合作的决议（草案）》为标志，全国各地开始普遍发展互助组和试办初级农业生产合作社。这种互助合作主要有三种形式：一是临时性的或季节性的简单劳动互助；二是常年的互助组；三是以土地入股为特点的土地合作社。这种互助合作仍然维持土地的农民所有制。

第二，逐步完成所有制转变的农业生产合作社。

1953 年中共中央发布《关于发展农业生产合作社的决议》，开始由初级社和互助合作向高级农业合作社"阔步迈进"。第一条明确指明，"从临时互助组、常年互助组到实行土地入股、统一经营而有较多公共财产的农业生产合作社，到实行完全的社会主义的集体农民公有制的更高级的农业生产合作社（集体农庄），就是对农业逐步实现社会主义改造的道路"。以 1956 年通过的《高级农业生产合作社示范章程》为标志，合作化运动完成了从初级形式向高级形式的彻底转变，也完成了由土地的农民所有制向集体所有制的转变。

第三，迈向"大集体"的人民公社。

1958 年 3 月中共中央通过了《关于把小型的农业合作社适当地合并为大社的意见》，鼓励"有条件的地方，把小型的农业合作社有计划地适当地合并为大型的合作社"，这是人民公社化的前奏。同年 8 月，中共中央通过了《关于在农村建立人民公社问题的决议》。同年 12 月，中共中央通过了《关于人民公社若干问题的决议》，对人民公社进一步规范化，指出"人民公社是我国社会主义社会结构的工农商学兵相结合的基层单位，同时又是社会主义政权组织的基层单位"。

第四，"三级所有"集体所有制的最终确立。

经历了"三年自然灾害"之后，中央开始纠正一哄而上办人民公社的冒进做法，1962 年 9 月中共中央正式通过了农村人民公社工作条例（修正草案）（俗称"农业六十条"），对人民公社体制进行了适度纠正和调整。其最核心的内容是下放基本核算单位，明确"以队为基础"的核算管理模式。第二条明确"人民公社的基本核算单位是生产队。根据各地方不同的情况，人民公社的组织，可以是两级，即公社和生产队，也可以是三级，即公社、大队和生产队"。第二十一条规定，"生产队范围内的土地，都归生产队所有"，"集体所有的山林、水面和草原，凡是归生产队所有比较有利的，都归生产队所有"，由此强化和奠定了生产队作为土地"集体所有制"所有权人的政策基础。这一规定也奠定了日后中国农村土地所有制的基础，也是追溯当前土地权属的重要历史文件依据。

3.1.5.2　改革开放以来（1978年～2013年）

上世纪80年代初，改革大潮席卷中国，农村也开始土地使用制度的改革，家庭联产承包制首先在安徽凤阳小岗村出现。这种方式是将土地的所有权和使用权分开，集体将土地和生产资料按人口或劳动力比例分给农户经营和使用，承包户向国家和集体交纳税费和公共提留后，剩余的可以归农民自己所有。家庭联产承包责任制极大地调动和解放了生产力。在它实行的二十多年来，中国的农业实现了质的飞跃，农民的收入也有了极大的提高。

家庭承包经营制的确立，并不是一步到位的。

第一，一直以来，包产到户都是受到批判和禁止的。

1979年9月，党的十一届四中全会通过的《关于加快农业发展若干问题的决定》中仍指出，"三级所有、队为基础的制度适合于我国目前农业生产力的发展水平，决不允许任意改变"，但"可以在生产队统一核算和分配的前提下，包工到作业组，联系产量计算劳动报酬，实行超产奖励"。尽管也不许包产到户和分田单干，但《决定》开了一个小口子，允许山区单门独户搞"包产到户"。由此，各种生产责任制迅速推开，到1981年10月，全国农村基本核算单位中，建立各种形式生产责任制的已占97.8%，其中"包产到户"、"包干到户"的占到50%。真正为"包产到户"正名的是1982年1月中共中央发布的《全国农村工作会议纪要》。

第二，家庭联产承包责任制的正式确立。

1983年1月中共中央发布的《当前农村经济政策的若干问题》正式确立了家庭联产承包责任制。到1983年底，全国已有1.75亿农户实行了包产到户，占农户总数的94.5%。文件充分肯定家庭联产承包责任制是长期发展方向。第一条从政治高度指出，"联产承包制采取了统一经营与分散经营相结合的原则，使集体优越性和个人积极性同时得到发挥，是在党的领导下我国农民的伟大创造，是马克思主义农业合作化理论在我国实践中的新发展"，这也标志着人民公社体制的正式解体。第五条指出，"人民公社的体制，要从两方面进行改革。这就是，实行生产责任制，特别是联产承包制；实行政社分设"。到1985年，人民公社政社分开、建立乡政府的工作全部完成，原有的5.6万多个人民公社转变为9.1万多个乡（镇）人民政府，下辖94万多个村民委员会，这标志着人民公社体制的正式终结。

第三，赋予农民长期而有保障的使用权的长期努力。

在1983年确立了家庭承包经营制之后，中国的农村土地制度改革即在所有权和使用权"两权分离"的轨道上，沿着"赋予农民长期而有保障的使用权"的方向长期努力。

其一，体现为延长土地承包期，稳定土地承包关系。1984年1月，中共中央发布了《关于一九八四年农村工作的通知》，提出延长土地承包期，指出"土地承包期一般应在十五年以上"。1993年11月，中共中央、国务院发布了《关于当前农业和农村经济发展的若干政策与措施》，指出"在原定的耕地承包期到期之后，再延长三十年不变"，且规定"为避免承包耕地的频繁变动，防止耕地经营规模不断被细分，提倡在承包期内实行'增人不增地、减人不减地'的办法"。1997年6月中共中央办公厅、国务院办公厅发布了《关于进一步稳定和完善农村土地承包关系的通知》，强调指出，"开展延长土地承包期工作，要使绝大多数农户原有的承包土地继续保持稳定。不能将原来的承包地打乱重新发包，更不能随意打破原生产队土地所有权的界限，在全村范围内平均承包"。同时规定，土地承包关系"大稳定、小调整"，且"小调整限于人地矛盾突出的个别农户，不能对所有农户进行普遍调整"，"小调整的方案要经村民大会或村民代表大会2/3以上成员同意，并报乡（镇）人民政府和县（市、区）人民政府主管部门审批"。

其二，体现为土地承包经营权物权化的法制化过程。1986年4月颁布的《中华人民共和国民法通则》从司法角度对土地使用权进行了规范。第八十条规定，"公民、集体依法对集体所有的或者国家所有由集体使用的土地的承包经营权，受法律保护。承包双方的权利和义务，依照法律由承包合同规定"。1986年6月全国人大常委会通过了《中华人民共和国土地管理法》，这是建国以来第一部土地管理法。《土地管理法》以立法形式对土地所有权和承包经营权进行立法保护。第二章第十二条规定，"集体所有的土地，可以由集体或个人承包经营，从事农、林、牧、渔业生产。土地的承包经营权受法律保护"。2002年8月通过的《中华人民共和国农村土地承包法》进一步强化了土地承包经营权的长期稳定，可以说开启了一个以土地利用为中心的用益物权制度的新阶段。第二十六条明确规定，"承包期内，发包方不得收回承包地"。第二十七条规定，"承包期内，发包方不得调整承包地"。2007年3月通过的《中华人民共和国物权法》真正确立了家庭承包经营权的物权化。第三编"用益物权"第十一章对土地承包经营权进行了规定，第一百二十五条规定，"土地承包经营权人依法对其承包经营的耕地、林地、草地等享有占有、使用和收益的权利，有权从事种植业、林业、畜牧业等农业生产"。

3.1.5.3　十八届三中全会以来

十八届三中全会公报中指出：实践发展永无止境，解放思想永无止境，改革开放永无止境。面对新形势新任务，全面建成小康社会，进而建成富强民主文明和谐的社会主义现代化国家，实现中华民族伟大复兴的中国梦，必须在新的历史起点上全面深化改革，不断增强中国特色社会主义道路自信、理论自信、制度自信。

十八届三中全会通过的《中共中央关于全面深化改革若干重大问题的决定》（以下简称《决定》）公布后，引起了世人广泛关注，其中的土地改革条文明确赋予农民以土地为主的财产权利，是历史的突破。这些突破归纳为九个方面：

第一个突破，以中央文件明确肯定农民的财产权利即产权。

早在 2009 年，赵俊臣在主持 2010 年国家社科基金项目（批准号 10XMZ045）《西部民族地区农地林地流转中的问题与解决对策——以云南省为例》时，提出了农村土地的集体所有权、农户承包权和土地实际经营权（土地使用权）相分离"三权分离"理论。所谓"三权分离"理论，系指农村土地的集体所有权、农户承包权和土地实际经营权（土地使用权）相分离。所谓农地使用权流转，就是拥有农地承包权的农户将土地实际经营权（使用权）转让给其他农户或经济组织，也即保留承包权，转让使用权。通过农村土地承包经营权流转，实现农村土地所有权、承包权、经营权的"三权分离"，既是中国特色土地制度的再次创新，也是农村生产力发展的必然结果。

第二个突破，符合规划和用途管制的农村集体经营性建设用地可以入市。

党的十八届三中全会《决定》指的是农村集体经营性建设用地，而不是所有农村集体建设用地。所谓"农地入市"或"农村集体土地入市"是误读，是不准确的。"入市"这个问题看起来很简单，却有着明确的前置条件和限制条件，前置条件是只有符合规划和用途管制的这部分土地才可以，限制条件则必须是集体经营性建设用地。这是因为农村的集体建设用地分为三大类：宅基地、公益性公共设施用地和经营性用地。也就是说只有属于集体经营性建设用地的，如过去的乡镇企业用地，在符合规划和用途管制的前提下，才可以进入城市的建设用地市场，享受与国有土地同等权利。

第三个突破，赋予承包经营权抵押、担保和入股发展农业产业化经营权能。

《决定》第 20 条规定："稳定农村土地承包关系并保持长久不变，在坚持和完善最严格的耕地保护制度前提下，赋予农民对承包地占有、使用、收益、流转及承包经营权抵押、担保权能，允许农民以承包经营权入股发展农业产业化经营。"在此，《决定》把经营权从承包经营权中单独分离出来，扩大了承包经营权的权能，新增了抵押、担保功能。今后，农民可利用承包经营权获得金融支持。而"允许农民以承包经营权入股，来发展农业产业化经营"，意味着农户与农户、农户与其他主体之间可通过土地股份化，实现联合，推进农业产业化。这一改革举措是对集体经济产权制度和相关法律的重大突破。但承包权作为物权依然不许抵押。这样既能缓解农民的贷款难，又能做到风险可控，即便到期还不上贷款，农民失去的也不过是几年的经营收益，并不会威胁到他的承包权。

第四个突破，提出保障农民集体经济组织成员权利，赋予农民对集体资产股份占有、收益、有偿退出及抵押、担保、继承权。

《决定》第 21 条规定："保障农民集体经济组织成员权利，积极发展农民股份合作，赋予农民对集体资产股份占有、收益、有偿退出及抵押、担保、继承权。"

保障农户宅基地用益物权，关键是能否在《物权法》宅基地占有、使用权基础上，增加收益权。下一步改革的关键是能否改变目前以成员资格无偿分配的制度，使宅基地真正成为商品。推进农民住房财产权抵押、担保、转让，是探索增加农民财产性收入的重要突破，是宅基地制度改革的重大一步。但是，由于宅基地制度的复杂性和特殊性，《决定》加了"选择若干试点"和"慎重稳妥"的限定语。

第五个突破，提出的允许房屋住房财产权抵押担保和转让，一定程度上是为农民创造新的收入机会。

《决定》第 21 条规定："保障农户宅基地用益物权，改革完善农村宅基地制度，选择若干试点，慎重稳妥推进农民住房财产权抵押、担保、转让，探索农民增加财产性收入渠道。"这意味着在试点范围内，农民的宅基地使用权可以随住房财产权一并用于抵押、担保、转让，因为《物权法》规定"以建筑物抵押的，该建筑物占用范围内的建设用地使用权一并抵押。以建设用地使用权抵押的，该土地上的建筑物一并抵押"。这一改革举措同样是对集体经济产权制度和相关法律的重大突破，在于积极探索农民财产权的一种可能实现形式。

第六个突破，建立农村产权流转交易市场，推动农村产权流转交易公开、公正、规范运行。

《决定》第21条提出："建立农村产权流转交易市场，推动农村产权流转交易公开、公正、规范运行。"这意味着农民拥有的土地承包经营权、宅基地使用权、集体资产股份等农村产权可以跨集体经济组织流转和按市场经济法则流转，有利于激发农村产权生机活力、促进农村产权优化配置，也有利于保障农民群众财产权益、促进农村人口优化布局。农村集体产权具有显著的地域差异性和成员封闭性，长期以来土地承包权、宅基地使用权、集体资产股份等大多数集体产权只允许在本集体经济组织内部流转，不允许跨集体经济组织流转。《决定》提出的这一改革举措也是"使市场在资源配置中起决定性作用"在农村改革中的具体实践。

第七个突破，建立兼顾国家、集体、个人的土地增值收益分配机制，合理提高个人收益。

《决定》提出："建立兼顾国家、集体、个人的土地增值收益分配机制，合理提高个人收益。"这里的核心是要改变这三者之间分配不合理的格局。陈锡文具体解读认为，农村土地入市增值收益不能都给失地农民，必须要覆盖政府、土地开发商、大部分市民、失地农民、远离城市农民五个群体的利益才可以确保农村土地流转的公平。要避免土地流转成为少数人的"盛宴"。

第八个突破，允许财政项目资金直接投向符合条件的合作社，允许合作社开展信用合作。

《决定》提出，允许财政项目资金直接投向符合条件的合作社，允许财政补助形成的资产转交合作社持有和管护，允许合作社开展信用合作。这些规定与20世纪50年代中期以后的农业合作化运动中强制改变农业生产资料所有权的制度完全不同。

落实《决定》规定，一是要承认农民专业合作社是新型的市场主体，尽快修改有关法律对农民专业合作社及其成员的财产权利给予了充分保护的条款。二是允许财政项目资金直接投向符合条件的合作社，允许财政补助形成的资产转交合作社持有和管护；三是在允许合作社开展信用合作方面，需要有明确的界定。

第九个突破，鼓励和引导工商资本到农村发展适合企业化经营的现代种养业，向农业输入现代生产要素和经营模式。

《决定》对工商资本下乡持积极态度。第 20 条规定:"鼓励和引导工商资本到农村发展适合企业化经营的现代种养业,向农业输入现代生产要素和经营模式。"第 22 条提出:"鼓励社会资本投向农村建设,允许企业和社会组织在农村兴办各类事业。"

3.2 土地保障功能的表现形式

3.2.1 基本生活保障

土地是农民工作和生活的重要场所和生存基础,为农民提供了基本的衣食保障,这在自给自足的小农经济中表现尤为明显。土地与劳动结合是一种最简单的要素结合方式,在对劳动力的素质要求很低的情况下,就可以有很大的产出。农民无需过多的劳动技能训练。依靠自身的劳动,只需投入少量的农业生产资料就可以获得维持基本生活的土地产品。即使在商品经济比较发达的今天,农民的日常开支仍然主要来源于土地收益。据中国统计年鉴数据(2016 年)显示:2015 年我国农民人均可支配收入 11421.7 元,其中经营性收入 4503.6 元,占可支配收入的 39.43%;有关新疆统计资料显示:2015年农户年总收入中,农村居民人均可支配收入为 9425.08 元,增加 701.25 元,家庭经营收入 5397.48 元,占可支配收入 57.27%,外出劳务收入占 22.61%,而家庭经营收入主要来自于土地经营。

表 3-1 我国农民人均可支配收入(2013—2015)

(单位:元)

	2013 年	2014 年	2015 年
农民人均可支配收入	9429.6	10488.9	11421.7
工资性收入	3652.5	4152.2	4600.3
经营性收入	3934.9	4237.4	4503.6
财产净收入	194.7	222.1	251.5
转移净收入	1647.5	1877.2	2066.3

资料来源:中国统计年鉴(2016)。

表3－2　新疆农村居民全年总收入、可支配收入及构成部分

（单位：元，%）

年份	全年总收入	工资性收入	比重	家庭经营性收入	比重	转移性收入	比重	财产性收入	比重
2005	4604.9	195.51	4.25	4252.96	92.36	33.87	0.73	122.56	2.66
2006	5166.2	254.07	4.92	4737.37	91.7	58.69	1.14	116.07	2.24
2007	6068.79	330.75	5.45	5482.77	90.34	116.55	1.92	138.72	2.29
2008	6769.19	422.82	6.3	5972.82	89.05	115.91	1.73	195.64	2.92
2009	7269.49	461.9	6.35	6444.04	88.64	121.26	1.67	242.67	3.34
2010	8806.87	556.26	6.32	7795.26	88.51	126.53	1.44	328.82	3.73
2011	11590.94	804.73	6.94	9988.44	86.18	147.14	1.27	650.63	5.61
2012	13675.26	1007.94	7.37	11473.81	83.9	170.72	1.25	1022.8	7.48
2013	14986.6	1311.84	8.75	12270.19	81.87	230.09	1.54	1174.48	7.84
2014[#]	8724	1848	21.18	5179	59.37	1468	16.6	229	2.82
2015[#]	9425	2131	22.61	5397	57.26	1687	17.9	247	2.23

注：[#]为可支配收入。

新疆农村居民以往的收入就只限制在家庭经营收入上，收入水平较低且结构单一。随着经济的发展，新疆农村居民的全年人均总收入从2005年的4604.9元增长到了2013年的14986.6元增长了3.3倍左右（表3－2）虽然其他工资性收入、转移性收入、财产性收入等都在增加，但是家庭经营收入还是占主要位置。

3.2.2　医疗保障

农村经济体制改革以来，建立在集体经济基础上的合作医疗制度迅速瓦解，农村医疗卫生体制基本上演变为自费医疗制度，家庭成为农民获取医疗保障的基本单位。家庭提供保障的来源通常有土地、其他经营收入、储蓄和家庭固定资产。对于大多数农村家庭来说。土地是最基本、最重要的生产资料。土地收益是家庭保障重要的甚至是唯一的来源。因此，土地收益对于农民而言是重要的医疗资金来源，从而使土地具有医疗保障功能。

3.2.3　养老保障

　　土地的养老保障功能体现在两个方面：一是对为数较少的孤寡老人（即农村的"五保户"）实行集体养老，集体养老的支出主要来源于集体土地的收入；二是对于为数众多的一般老人，主要实行家庭养老。家庭养老的资金也来源于土地。如果自己有耕种能力，则可通过耕种土地获得养老收入；如果丧失了耕种能力，则可以将土地转移给家庭的其他成员（主要是子女）耕种，由其他家庭成员为其养老。当然，丧失耕种能力的老人也可以将土地出租给家庭以外的人耕种，以土地的租金来维持生活。此外，农民也会在进入老年之前从以前的土地收益中预留一部分作为养老之用。

3.2.4　就业保障

　　我国9亿农民中有5亿左右的劳动年龄人口，农业只需要1亿多，乡镇企业也只解决了1亿多，还有大量的剩余劳动力需要转移。但目前非农就业并不十分看好，而且农民工由于缺少教育和培训，文化素质和知识技能低下，增加了其在非农领域的就业风险。拥有一份土地，农民在从事非农产业遭遇挫折时，就可以退而务农，使自己的劳动价值得以体现。由此可见，土地对于农民具有抵御就业风险的功能。我们国家在工业化进程以及农村剩余劳动力转移过程中，之所以没有出现"拉美化"现象，土地作为失业保障的"调节器"、"安全网"功不可没。

3.3　土地具有保障功能的原因

　　农民问题，曾经是我国革命的根本问题，现在又成为我国经济发展和现代化建设的关键问题。特别是随着我国现代化进程的加快，农民问题也越来越突出。在农民的所有问题中，农民的社会保障问题举足轻重，决不能掉以轻心。目前我国农民的社会保障基本上是缺失的，农民只能依靠土地来进行自我风险的防范和规避，那么土地为什么具有保障的功能呢？本节就来探讨一下土地具有保障功能的原因。

3.3.1　我国深厚的传统思想和悠久文化的影响

拥有悠久历史的中国，传统上是一个乡土社会，农耕文化构成了中华五千年文明的主流。我国传统思想文化根源中对于当今我国农村土地制度影响巨大，其一是重农思想，其二是平均主义的小农意识。这两种传统思想文化亦对土地具有保障功能有着深刻的影响。

农业社会以农为本，我国历代统治者都将农耕作为治国安邦的重大举措，形成重农思想和以农为本的农本思想，此种思想具有乡土性、斥商性、均衡性等特性。由于比较利益的存在与商业机会较少的矛盾，广大农民天然地具有一种斥商性，从事农耕是体面本份的事。这种思想使人对土地有着一种强烈的占有欲望。在自给自足的农耕社会中农民天然地具有一种平均占有社会产品的朴素情结，在中国历史上，往往是"不均"而不是"寡"才是社会动乱的真正根源，"不患寡而患不均，不患贫而患不安。盖均无贫，和无寡，安无倾。"农民拥有土地，以土地为生，土地天然地和农民结合在一起，农民依赖土地，土地保障着农民的生计。

3.3.2　我国长期存在二元经济结构的影响

二元经济结构理论是美国经济学家刘易斯 1954 年提出的，他认为二元经济结构是发展中国家的经济包括"现代的"与"传统的"的两个部门，现代部门依靠自身的高额利润和资本积累，从传统部门获得劳动剩余并取得不断发展，二元经济结构是发展中国家经济发展时存在的一个普遍现象。现代城市工业发展起来以后，在市场经济调节下，不断通过对传统农业部门的影响，促使传统部门向现代化部门转化，最终实现二元经济结构的一元化和国民经济的现代化。我国的二元经济结构是在高度集中的计划经济体制下，政府用行政干预手段将城乡分开，以牺牲农民利益为代价实现国家的工业化。过多牺牲了农民的利益，大大削弱了农业资本积累、技术革新的实力，窒息了农业的发展后劲。也就是说，在工业化过程中，原有的二元经济结构不仅没有得到改变，而且还被加强了。虽然改革开放以后，政府对这一非均衡发展模式进行了一些调整，但并没有从根本上改变其性质。

二元化经济格局直接造成了城乡保障制度差别过大的社会现象。我国是一个发展中农业国家，人口基数大，2016 年年末总人口共有 13.827 亿，其中乡村常住人口 58973 万人，但是，农村社会保障始终处于中国社会保障的边

41

缘，而且还有相当一部分农村人口被排挤在保障体制之外。

1978 年农村实行联产承包责任制以后，农民成为独立自主的单一生产经营单位，农民享受的集体经济保障也由此丧失。农民陷入了不得不依靠单一的传统土地保障的困境。尽管改革开放以后，农民的收入有了明显的提高，但是在保障问题上，由于农村社会保障制度不健全、覆盖面小、保障资金不足、政策实施效果不明显，实际上是出现了后退。在农民的生活中，土地占有非常重要的地位。长期以来，农民的社会保障实质上是以土地为中心的非正规低水平保障，特别是在那些农村经济和农民的收入来源中，农业所占份额比较大的地区。

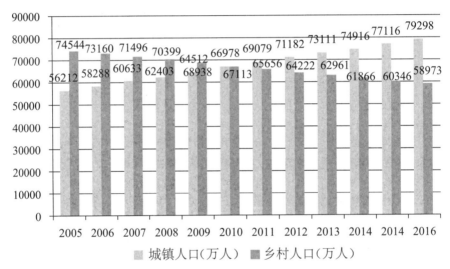

图 3-1   2005—2016 年中国城镇、农村人口对比走势图

3.3.3   我国农村实行平均分配土地、家庭承包经营制度的影响

从 1978 年开始，我国逐步推行改革开放政策。在农村，平均分配土地，实行家庭承包经营制度，农民获得了长期而稳定的土地使用权和生产经营自主权，农业生产经营以家庭为主体。与农业人均资源不足相适应，我国农业经营规模十分狭小，户均经营规模只有 0.5 公顷，农业劳动生产率水平低，这种土地上生产出来的农产品具有很强的自给自足性质，正好能使土地的保障功能得到发挥。一是我国农村土地的分配格局是人人有份，这样能把所有的农民纳入土地保障功能作用的范围中来，土地家庭承包的初始分配时，由

于土地资源禀赋的差异，村村之间每一人头分配的土地数量可能有相当大的差距，但村内则是按照统一的标准进行分配；二是家庭作为农业生产经营的基本单位，血缘纽带组成了一个微型的"团队生产"，基本的亲情和伦理力量维系了这一生产单位成员之间的抚养和赡养的关系追求自身土地效益的最大化；三是农民对土地的耕作和经营，一般都能够产生出至少能够补偿成本的收益以及满足家庭成员基本生存需要的生活资料；四是土地的使用权具有一定稳定性的特点。按照平均分配的土地，在家庭这个生产单元内又无条件地组合在一起作为生产资料共同生产经营。以土地产出作为基本生活、医疗和养老等保障的资源，除了对产出量的要求外，还要求这种保障资源的供给具备稳定的、持续不间断的特点。对家庭而言，影响他们从土地获得持续而稳定的产出的因素有两个：一是农业生产经营本身的原因，如气候、虫害、产品市场价格等；二是农民家庭是否拥有从土地获得收益的基本权能，不管是所有权也好，使用权也好，还是其他权能，必须有一种权能（或多种权能及其组合）赋予农民家庭从土地获取收益的法理基础。从长期来看，第二个条件更为重要。满足这个条件，可以有不同的土地产权安排形式。土地私有是一种选择，土地国有或集体所有但赋予农民永久使用权或其他权能也是一种选择。或者，在不能保证农民家庭对某块土地的长久使用权的情况下，可以有一种替代性的安排，以获得其他土地的相应权能作为补偿。不管土地的所有权在名义上归谁所有，农民家庭只有在事实上获得必要土地权能并持续继承或延续下去，土地对农民家庭才能有保障功能，否则土地保障的链条就会断裂，其保障功能就荡然无存。正是具备了以上这四个前提，所以我国土地就具有了保障功能。

3.3.4　农民家庭收入结构的影响

土地收入成为农民家庭收入的主要来源之一。土地可为农民提供最稳定的农产品及收入保障。虽然农民现在有很多机会进入二三产业，并且也有相当多的农民进城务工，从事二三产业，但是农业经营收入仍然是农民家庭收入的主要来源，土地为农民提供着最稳定的收入保障。

根据我国统计年鉴上的做法，我国农民的收入由工资性收入、转移性收入、财产性收入和家庭经营纯收入四个部分构成。我们把家庭经营纯收入中的生产性纯收入，包括种植业、林业、牧业和渔业收入，界定为农业收入，把工资性收入加上家庭纯收入中的非生产性收入界定为非农业收入，其他的为转移性与财产性收入。1978 年之前，农民的收入几乎全部来自于农业生产种植，实行家庭联产承包责任制后，农民的收入来源开始多样化，农民的收入结构也发生了巨大的变化。

目前，工资性收入占农民收入的比重越来越大。虽然家庭经营收入的比重呈下降趋势，但是它仍然是农民收入增长的主体，工资性收入和经营净收入是农民收入的两大主要来源，近年来工资性收入已成为农民增收的第一大来源。从 2013 年开始，国家统计局对之前分别进行的城乡住户调查进行了一体化改革，统一了城乡居民收入指标名称、分类和统计标准；从 2014 年开始用农民人均可支配收入代替了农民人均纯收入指标。工资性收入和家庭经营收入（或经营净收入）构成了农民收入的主体。如 2015 年全国农民人均可支配收入 11422 元，其中工资性收入和经营净收入分别为 4600 元和 4504 元，占40.3% 和 39.4%。长期以来，农民的家庭经营收入（或经营净收入）一直大于工资性收入。但由于近年来工资性收入的增长均明显快于经营性收入的增长，在 2013 年全国农民人均纯收入和 2015 年农民人均可支配收入中，工资性收入均超过家庭经营收入（或经营净收入），跃居为农民收入的第一大来源。按当年价格计算，从 2013 年到 2015 年，农民人均可支配收入由9429.6 元增加到 11422.0 元，其中工资性收入和经营净收入分别增加了947.5 元和 562.9 元，分别占农民人均可支配收入总增量的 47.6% 和28.6%（见表 3 - 3）。

农民收入统计口径由纯收入向可支配收入的调整，导致工资性收入、经营净收入在农民收入中的比重都出现了下降，但工资性收入降幅更为明显（见表 3 - 3 和表 3 - 4）。

表 3 - 3　我国农民人均纯收入及构成（2010—2015 年）

	指　标	2010	2011	2012	2013	2013※	2014※	2015※
绝对值	农民人均纯收入	5919	6977.3	7916.6	8895.9	9429.6	10488.9	11422
	其中：工资性收入	2431.1	2963.4	3447.5	4025.4	3652.5	3652.5	4600
	转移性收入	452.9	563.3	686.7	784.3	1647.5	1877.2	2066
	财产性收入	202.2	228.6	249.1	293	194.7	222.1	252
	家庭经营纯收入	2832.8	3222	3533.4	3793.2	3934.8	4237.4	4504
较上年增长	人均纯收入		17.88	13.46	12.37		11.23	8.9
	工资性收入		21.9	16.33	16.76		13.68	10.78
	家庭经营收入		13.74	9.66	7.35		7.69	6.29

续表

	指　标	2010	2011	2012	2013	2013※	2014※	2015※
较上年增长	财产性收入		13.02	8.96	17.66		14.07	13.46
	转移性收入		24.38	21.9	14.22		13.94	10.06
占比	人均纯收入	100	100	100	100	100	100	100
	工资性收入	41.07	42.47	43.55	45.25	38.73	39.59	40.27
	家庭经营收入	47.86	46.18	44.63	42.64	41.73	40.4	39.43
	财产性收入	3.42	3.28	3.15	3.29	2.06	2.12	2.21
	转移性收入	7.65	8.07	8.67	8.82	17.47	17.9	18.09

注：本表按当年价格计算，其中带※为对应年份农村居民人均可支配收入数据，对应的指标分别为人均可支配收入、工资性收入、经营净收入、财产净收入和转移性净收入。

表 3－4　近年来农民收入的增量组成

（单元：元，%）

指　标	2011—2013		指　标	2014—2015	
	增量	占总增量比重		增量	占总增量比重
农民人均纯收入	2976.9	100	农民人均纯收入	1992.4	100
其中：工资性收入	1594.3	53.56	其中：工资性收入	947.5	47.56
转移性收入	331.4	11.13	转移性收入	418.5	21
财产性收入	90.8	3.05	财产性收入	57.3	2.88
家庭经营纯收入	960.4	32.26	家庭经营纯收入	569.2	28.57

注：在本表中，2011—2013 年和 2014—2015 年分别以 2010 和 2013 年为基期。

资料来源：根据《中国统计年鉴》相应年份整理。

表 3－5　新疆农村居民不同收入组的收入构成

项　目	全　区	低收入户	中低收入户	中等收入户	中高收入户	高收入户
人均现金可支配收入	8695	1998	4306	6567	10484	24519
工资性收入	2130	1147	1417	2190	2607	3831
工　资	1449	428	863	1484	1903	3089
其他收入	681	719	554	708	704	742
经营净收入	4819	452	2134	3133	5820	15460
第一产业	3196	46	1301	2042	4416	10160

项　目	全　区	低收入户	中低收入户	中等收入户	中高收入户	高收入户
第二产业	224	25	115	139	61	943
第三产业	1399	381	718	952	1343	4357
财产净收入	209	-11	43	105	236	842
转移净收入	1537	410	712	1139	1821	4386
转移性收入	1783	687	845	1280	2101	4840
#养老金或离退休金收入	287	68	127	149	365	890
政策性生活补贴	335	51	88	266	511	943
政策性惠农补贴	815	361	340	491	834	2470
转移性支出	247	277	133	141	280	454
#社会保障支出	191	243	115	119	194	312

资料来源：根据《新疆统计年鉴2016》整理。

以2013年为例，全国农民人均纯收入8895.9元，其中工资性收入和家庭经营收入分别为4025.4元和3793.2元，分别占农民人均纯收入的45.3%和42.6%，工资性收入已经跃居为农民人均纯收入的第一大来源。但在同年农民人均可支配收入（9429.6元）中，工资性收入和经营净收入分别为3652.5元和3934.8元，分别占38.7%和41.7%，工资性收入仍少于经营净收入。

财产性收入的增速在波动中保持较快增长，但对农民增收的影响仍处于辅助地位。近年来农民人均财产性收入或财产净收入的增速波动较大（见表3-3），但2013年以来，农民人均财产性收入或财产净收入的增速已由之前慢于农民人均纯收入，转为快于农民人均可支配收入的增速。2015年财产净收入占农民人均可支配收入的比重为2.2%。从2013年到2015年，农民人均财产净收入由194.7元增加到252.0元，占农民人均可支配收入总增量的2.9%。财产性净收入仍处于农民收入补充来源的地位。从2013年开始，农民收入统计口径由纯收入向可支配收入的转变，导致农民人均可支配收入中的财产净收入较农民人均纯收入中的财产性收入有较大幅度减小，对应指标占农民收入的比重也有较大程度的下降（见表3-3和表3-4）。虽然不排除在少数地区，财产性收入可能成为农民收入的重要来源；但就总体而言，多数地区集体资产存量少；通过推进农村土地征收、集体经营性建设用地入市、宅基地制度改革试点和农村集体产权制度、土地流转机制创新等，释放对农民增收的制度创新红利，都需要经历一个长期渐进的过程。因此，财产性收入难以成为农民收入增长的重要来源。

近年来农民转移性收入增速趋缓但占比仍呈提高态势，对农民增收的影响值得关注。近年来，在农民人均收入中，无论是按老口径的转移性收入，还是按新口径的转移净收入，都呈数量扩大、占比提高的态势，且其增长明显快于农民收入总量的增长。从 2010 年到 2013 年，转移性收入占农民人均纯收入的比重由 7.7% 增加到 8.8%，增加 1.1 个百分点。从 2013 年到 2015 年，转移性净收入占农民人均可支配收入的比重由 17.5% 增加到 18.1%，增加了 0.6%。2015 年，农民人均转移性净收入 2066.0 元，占农民人均可支配收入的 18.1%。按当年价格计算，从 2013 年到 2015 年，农民人均转移性净收入增加 418.5 元，占农民人均可支配收入总增量的 21.0%。转移性收入对农民增收的影响虽然次于工资性收入和经营净收入，但值得进一步重视。

3.4　土地保障功能演变过程

我国的土地保障形式不是正式和正规的一种制度，影响它的因素有很多，主要影响因素有我国的农村土地制度和社会保障制度。它是伴随着我国农村土地制度和社会保障制度在不同时期和阶段的变化而表现不同。一般来说，土地社会保障功能大致经历了三个阶段的变迁，即土地保障 + 国家救助模式──→集体保障 + 国家救助模式──→土地保障 + 国家、社区扶助 + 现代社会保障试点模式。这个变迁过程，是传统社会保障制度逐步走向现代社会保障制度的过程，是农村社会保障制度逐步纳入法制化、社会化、规范化建设轨道的过程。

3.4.1　农村土地保障 + 国家救助模式（1949—1955 年）

解放后，在党和政府的高度重视与组织领导下，伴随着国民经济的恢复和土地改革运动的发展，以农民个体经济为基础、以农村土地保障为主体、辅之以社会救济和优抚安置以及农民之间互助的传统型农村社会保障制度逐步建立起来。这一模式主要有如下特点：第一，该模式建立在以小农土地私有制为基础、以家庭为生产经营单位的个体经济基础之上。第二，农村的社会保障以土地保障这种非正式的制度安排为主，土地保障可以说是这个时期政府和社会给予农民的最大保障。由于农民家庭的绝大部分收入和生活需要来源于自己所有和经营的土地，家庭是最基本的生产经营组织单位，土地保障通过家庭保障形式来实现，因此，这个时期农民的社会保障就是通过土地来保障的，因此就是农村土地保障。第三，国家积极参与到农村社会救灾救济、社会优抚等社会保障事业中来，社区乃至整个国家范围内的社会互济活动也发挥了重要作用。

新中国成立后，国家在农村的重点任务就是进行土地改革和恢复国民经济，即没收地主的土地并把它平分给广大农民，采取一切措施恢复、发展农业生产，增加农民收入，改善农民生活，救助处于生活困境中的灾民和贫苦农民。然而，由于当时我国生产力水平较低、国家财力有限和受以城市为依托建设新中国理念的影响，国家难以拿出较多的资金在农村建立如城市那样的劳动保险制度。因此，对绝大部分农民来说，他们的生、老、病、残、死等人身风险不得不以土地保障为主要载体，而主要由家庭来承担，国家或政府所提供的社会障项目则处于辅助性的地位。国家和政府一般则是在农村遭遇天灾人祸和青黄不接之时，拨粮拨款进行救济，组织生产救灾，或以工代赈，或减免农业税，或号召和动员整个社会进行互助，帮助灾民、贫民度过难关，使他们的基本生活得到保障。可见，这个时期的社会保障制度不仅保障水平较低，而且结构具有单一性，救灾救济和社会优抚几乎就是该时期正式社会保障制度安排的全部内容。同时，限于国家百废待兴的现实，国家根本不可能建立起专门的农村社会保障基金，这就使得国家所采取的各种救灾救济措施不可避免地具有"救急""救火"性质，缺乏制度运行的规范性。

由于当时对农村社会经济状况与发展趋势判断的失误，为了防止由于自然灾害和市场作用引起的农民两极分化，避免土地所有权重新集中在新生富农手中、走上资本主义道路，更重要的是为了解决小农经济同农业现代化和工业化之间的矛盾，随着国民经济恢复任务的完成，我国又开始了第二次土地制度改革，即通过初级社、高级社的逐步升级与调整，实现了对农业的社会主义改造，完成了从农民土地私有制向农村集体公有制的过渡。于是，随着农村生产方式的变化，到1956年农村社会保障的主体就由原来的土地保障演变成为集体保障了。

3.4.2 农村集体保障＋国家救助模式（1956—1983年）

1956年底，农业高级社的普遍建立标志着我国农村集体经济制度的基本确立。为了适应计划经济体制下社会主义工业化建设和保证国家对农产品高征购的需要，农村集体经济历经了从高级社到人民公社的体制剧烈变动，加之受"大跃进"和"文化大革命"的冲击和影响，致使农村社会保障制度出现波折，甚至停滞和倒退，但是，这个时期确立了服从计划经济体制下工业化积累资金需要的，以集体经济为基础，以集体保障为主体的农村社会保障制度框架。这一制度模式的主要特点是：第一，该模式建立在生产资料（土地以及大农具）公有制为基础的、以集体为生产经营单位的农业经济基础之上。第二，集体既是重要的生产经营单位，也是农民收入和消费品分配的重要单位，还是农民生活安全保障的载体，作为农民生活安全保障经济基础的农民家庭收入的绝大部分来自于农村集体可分配物的多少。第三，国家在对农村救灾救济事业注入资金和投放物质的同时，积极引导农村五保供养制度和合作医疗制度建设并形成特色。第四，由于社会保障制度的非规范性，大部分项目缺乏法律基础支持，受政府政策和集体组织负责人主观意志、偏好影响较大。这一模式与建国初期的土地保障＋国家救助模式相比，尽管都属于传统型社会保障制度范畴，但区别在于：其保障的组织单位和载体扩大了，由家庭扩大到集体组织，集体经济组织成为五保供养制度和合作医疗制度普遍推广、社会救济和社会优抚等制度运行的重要基础和载体，集体组织的建立与解体则是制度模式变迁的最关键因素。

由于国家集中主要财力物力用于工业化建设，在农村集体保障方面突出强调集体的责任，而国家责任为辅，因此我国城乡社会保障制度的二元化特征在这个时期得到进一步固化。在广大农村主要是面向灾民、贫困人口和优抚对象的救灾救济、五保供养、社会优抚以及水平较低的合作医疗等集体保障制度，制度的运行既不符合社会化原则，也没有社会保障法律法规予以保障。政府由于受支持农村财力有限的约束，是搞工业化建设还是保障农民生活安全结果，政府不得不把保障农民生活安全的责任推给农村集体组织，甚至以自己的强制力和"暴力潜能"让农村集体经济组织来买单，使农村集体经济组织成为筹集农村社会保障费用的主要承担者。尽管农村社会保障费用的主要承担者是农村集体组织，但是政府也要承担一些责任。

改革开放以后，党和政府对农村土地经营形式进行再次变革，即在土地集体所有制不变的条件下，实行了土地所有权与经营权适当分离下的家庭联产承包经营责任制。在新的经营形式下，一方面，我国农村经济快速发展，农民收入水平大幅度提高；另一方面，随着农村生产方式的变革，农村集体经济组织普遍解体，原来依托集体经济的保障项目显得力不从心。因此，在制度变迁过程中，大部分农民实际上又回到了土地保障方式之中，或者说土地保障再次成为农村社会保障制度框架的组成部分之一，同时农村社会普遍出现了社会保障制度的缺失和不到位。但是，社会是进步的，经济在发展，社会保障方式也只能前进不能倒退。为了适应新的生产方式，自"七五"以来，在国务院的统一部署下，民政部门积极倡导，地方政府和农村基层社区积极支持和参与，我国农村开始了建立现代社会保障制度的探索。

3.4.3 农村土地保障 + 国家、社区扶助 + 现代社会保障试点模式（1984—）

这一模式的主要特点是：第一，该模式建立在以土地集体公有和家庭承包经营为产权结构特征的经济基础之上，农民家庭替代了原来统一组织农业生产和统一分配的集体组织，既成为农业生产经营的基本单位，也是土地保障功能得以实现的基本组织单位。第二，土地保障再次成为农村社会保障制度框架的重要组成部分之一，不过，这种非正式的保障制度安排，随着市场化改革的深入、人口的增长和土地比较收益的下降以及老龄化浪潮的到来，其功能不仅不断弱化，地位和重要性降低，而且以土地作为农民生活保障的形式也越来越阻滞着农村城镇化和农业现代化的进程。第三，在部分富裕地区开始了建立现代社会保障制度的试点，如进行社会养老保险制度试点和恢复重建合作医疗制度以及对最低生活保障制度探索等。但是，对大部分农民和农村地区来说，正式的社会保障制度供给依然严重短缺。

这一时期，整个经济体制改革以城市为重点，国有企业改革是中心环节，各级财政支付了绝大部分改革成本；综合国力的逐步增强和工业化发展进入中期阶段，以农养工的历史使命基本结束，农民收入增加而且收入来源多元化，但其中来自土地的收益所占比重呈下降趋势；农村经济发展为农村社会保障制度建设奠定了日益雄厚的经济基础，而向市场经济转轨则把农民的生产生活置于市场和自然灾害的双重风险之下，农民对现代社会保障的需求日趋强烈。

从1984年到现在，土地保障一直是农村"土地保障 + 国家、社区扶助 + 现代社会保障试点模式"的基础和重要组成部分。不过，这一时期由于家庭收入来源的多元化，与建国初期家庭收入绝大部分来源于土地收入相比较，土地保障的重要性已经明显降低。

社会保障的目标是为绝大多数公民提供最基本的生活保障，在市场经济条件下，威胁大多数人基本生活的风险除了个人必然面对的生老病死之外，主要是经济衰退期或变革期的大规模失业、恶性通货膨胀以及瘟疫、地震等自然灾害。对此，除了国家，没有任何人和任何组织有足够的社会经济条件提供全国性的社会保障制度。同时，社会保障中的机会主义倾向造成的市场失灵也需要政府的力量来矫正。社会保障中的机会主义倾向比商业保险更重，因为社会保障作为一种社会再分配机制，是从全社会收缴社会保障基金来保障收入水平较低的那部分人的最基本的生活，所以高收入阶层和中产阶级参加的积极性较低，他们可能更倾向于参加保障水平较高的商业保险。作为一种"劫富济贫"的分配机制，没有国家的强制力量的干预是不可能的。没有富人参加的社会保障将无法起到收入再分配作用，政府在这里能够做到的是强制每一个符合条件的公民都必须参加。同时，社会保障的共济性就是强调运用"大数法则"以分散风险。因此，当前国家应加大对农村社会保障制度建设的组织与领导以及财力物力支持，弥补现代社会保障制度供给的不足，这才是确保农村社会保障制度良性变迁的关键。

第四章　昌吉市农村土地社会保障功能的实证分析

新疆昌吉市农村土地是否对农民的基本生活、医疗、养老及就业起到了保障的作用？如果起到了作用，保障的程度有多大？本书采用实证分析的方法，分别就新疆昌吉市农村土地对农民的最基本生活、医疗、养老和就业所给予保障情况等做一探讨。

4.1　昌吉市概况

4.1.1　自然地理条件

昌吉市位于天山北麓，准噶尔盆地南缘。地跨东经 86°24′~87°37′，北纬 43°6′~45°20′之间。昌吉市在自治区首府乌鲁木齐市西北 35 公里处。东邻乌鲁木齐市、米泉市，西毗呼图壁县，南与新疆巴音郭楞蒙古自治州和静县相接，北与新疆塔城地区和布克赛尔县、阿勒泰地区福海县接壤。辖区总面积 8215 平方公里，其中市区面积 12.9 平方公里，山区占 40.7%，平原占 32.5%，沙漠占 26.8%，南北长 260km，东西宽 30km。昌吉市属中温带大陆性干旱气候，平均气温 7.2 度，年降水量 183.1mm，年日照时数 2833 小时，平均无霜期 167 天。境内有大小冰川 158 条，面积 60km^2，储水总量 19.88 亿 m^3，为昌吉市的天然固体水库。全市地下水储量 2.15 亿 m^3，地下水动储量 1.2~1.5 亿 m^3，年均实际开采利用 0.35~0.5 亿 m^3。发源于天山北麓高山冰川的三屯河、头屯河两条河流自南向北贯穿全市，年径流量 5.46 亿 m^3。并建有三屯河水库和头屯河水库，库容分别为 3500 万 m^3 和 750 万 m^3，水量供给充沛。矿产资源有煤、石灰石、天然气、硫磺等，其中煤炭资源最为丰富，质优量大，地质蕴藏量 50 亿吨，天然气探明面积 $60km^2$。独特的光热水土条件和丰富的矿产资源，为昌吉市社会经济的发展提供了良好的条件。

4.1.2　社会经济发展概况

昌吉市是新疆昌吉回族自治州首府所在地，是全州的政治、经济、文化中心，是自治区首府乌鲁木齐的卫星城，是天山北坡经济带中的一个重要城市，是自治区西部大开发扶优扶强，在天山北坡经济带中首批推出的重点城市。昌吉市交通便利，312 国道、第二座亚欧大陆桥和乌奎高速公路穿境而过，是通向北疆各地的交通要道。目前已形成初具规模的陆、空并行的立体综合交通运输网络。

图 4-1　昌吉市各乡镇行政区划示意图

2015 年末，昌吉市总户数 129404 户，比上年增加 737 户；总人口 37.14 万人（其中地方人口 34.71 万人，兵团人口 2.43 万人），其中男性 18.58 万人，女性 18.56 万人。常住人口中，非农业人口数 22.94 万人，农业人口 14.20 万人。汉族人口 26.87 万人，占总人口的 72.3%；少数民族人口 10.27 万人，占总人口的 27.7%。其中，回族人口 6.44 万人，占总人口的 17.3%；哈萨克族 2.02 万人，占总人口的 5.4%；维吾尔族 1.12 万人，占总人口的 3.02%。全市户口登记新出生人口 4241 人，比上年减少 343 人，下降 7.5%。当年人口出生率 11.32‰，人口死亡率 6.22‰，人口自然增长率 5.07‰。城乡居民生活进一步改善，收入稳步增长。2015 年，全市在岗职工年平均工资 64566 元，较上年增长 10.5%。城镇居民人均可支配收入 25113 元，增长 6.2%；农牧民人均纯收入 16889 元，增收 890 元。昌吉市城市聚居人口占整座城市的 80%，城镇化率达 68%。

表 4-1　昌吉市人口及民族构成（2015 年）

指　标	2015 年（万人）	占总人口比重（%）
常住人口	37.14	100
其中：男性	18.58	50.03
女性	18.59	49.97
农业人口	14.2	38.2
非农业人口	22.94	61.8
汉族	26.87	72.3
少数民族	10.27	27.7
其中：回族	6.44	17.3
哈萨克族	2.02	5.4
维吾尔族	1.12	3.02

资料来源：公安局统计数（2015 年）。

昌吉市下辖 4 乡 6 镇，6 个办事处，88 个村民委员会。境内有新疆生产建设兵团农六师师部及所辖 101 团、103 团、军户农场、共青团农场，以及中央、自治区、自治州驻市单位 150 多个。昌吉市经济综合实力跃居中国西部 876 个经济百强县市第 23 位，分别荣获全国科技进步示范市、中国优秀旅游城市、国家卫生城市和全国双拥模范城市等国家级荣誉称号。

昌吉市具有巨大的区位优势，它是新疆昌吉州州府城市，国家重点支持的天山北坡经济带，地处天山北坡经济带的核心区域，毗邻新疆首府乌鲁木齐，地理位置显赫，第二座亚欧大陆桥、312 国道、216 国道、吐乌大高等级公路、乌奎高速公路和亚欧光缆都从州内通过，是东联内地、西接中亚、欧洲市场的黄金通道。近年来昌吉市经济发展非常迅猛，是新疆经济发展速度最快的城市之一。

根据昌吉市规划及乌昌都市圈核心城区总体规划，并结合乌鲁木齐未来为"中国西部中心城市"的定位，要将昌吉市建设成"美食文化之都、宜居创业之城"。到 2020 年，乌昌都市圈核心城区（乌鲁木齐市、昌吉市）将达500 万人口，乌昌都市圈核心城区（乌鲁木齐市、昌吉市）规划面积将达1000 平方公里，GDP 将达 1 万亿。

昌吉市 2015 年完成地区生产总值（GDP）390.96 亿元，按可比价格计算，比上年增长 11%。其中：第一产业实现增加值 39.91 亿元，同比增长 5.1%；第二产业实现增加值 200.24 亿元，同比增长 11.8%。其中，工业实现增加值165.6 亿元，同比增长 8.7%；第三产业实现 增加值 150.81 亿元，同比增长11.5%。一、二、三产业结构为 10.2：51.2：38.6。人均地区生产总值 78982 元，增长 8.1%。居民消费价格指数比上年上涨 1.4%，其中食品类价格上涨 0.9%。

农业方面：全年实现农林牧渔业增加值 28.37 亿元，同比增长 4.8%。农林牧渔业总产值完成 51.2 亿元，同比增 5.0%。其中：农业产值完成 17.97亿元，同比下降 7.62%；牧业产值完成 31.3 亿元，同比增长 14.18%；林业产值完成 0.44 亿元，同比增长 0.46%；渔业产值完成 1.07 亿元，同比增长0.91%；农林牧渔服务业产值完成 0.42 亿元，同比增长 1.50%。

工业方面：2015 年完成市属工业总产值 430.08 亿元，其中，规模以上工业企业完成产值 351.7 亿元，占全市工业产值的 81.8%，总量居全州首位。实现工业增加值 104.04 亿元，比上年增长 8.01%，其中，139 家规模以上工业企业实现增加值 88.2 亿元，占全市工业增加值的比重达 84.8%。工业成为全市经济增长的稳定器和主动力。

4.2　昌吉市土地利用概况

4.2.1　土地利用现状

昌吉市地貌类型大体分为南部山地、中部平原、北部沙漠三大部分，整个地势呈南高北低阶梯之势，南北高差 4000 多米。境内最高峰天格尔峰，海拔 4562 米。2015 年末昌吉市土地总面积 821511.69 公顷，农用地 669326.07 公顷，建设用地 14919.21 公顷，土地开发利用率 83.29%。土地利用现状结构详见图 4-2。

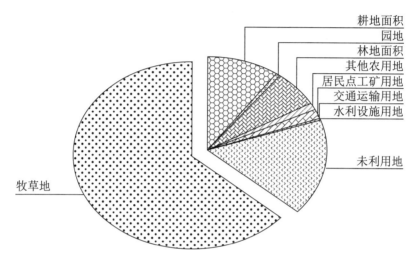

图 4-2 2015 年昌吉市土地利用现状图

资料来源：2015 年自治区国土资源综合统计资料册土地利用状况。

4.2.2 耕地利用现状

4.2.2.1 耕地资源状况

2015 年末，昌吉市耕地面积 80316.93ha，其中灌溉水田 298.45ha、水浇地 78642.41ha、菜地 1376.07ha。该市耕地后备资源丰富，其北部还有 30 多万亩良田有待开发。全市有林地面积 31009.84ha，牧草地 523084.15ha，天然草场 522966.21ha，人工草地 117.93ha。可利用草场面积 819.23 万亩，其他农用地 9581.29ha。土壤有机质含量高，适宜各种农作物种植。该市农产品资源品质较好，是最适宜种植番茄、葡萄、小麦的地区之一。当地生产的各类农作物种子籽粒饱满，发芽势强；番茄酱、啤酒花出口美国、日本、荷兰、澳大利亚等国家和香港地区。

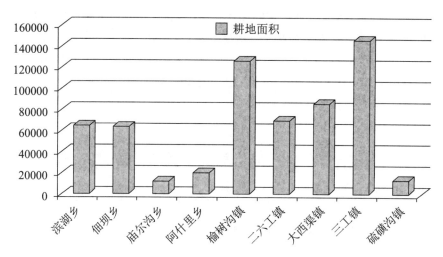

图 4 - 3　2015 年昌吉市各乡镇耕地规模示意图

数据来源：2015 年昌吉市国土局各乡镇土地利用相关资料。

4.2.2.2　耕地利用特点

1. 耕地土壤结构良好，适宜性广泛

昌吉市土壤共分为六大土类，即：（1）灌淤土，主要分布在冲积扇间洼地，约占农区土地面积的 5.53%。（2）灰漠土，分布在地下水位较低的南部戈壁和北部平原，面积最大，约占农区土地面积的 53.55%。（3）潮土，主要分布于地下水位较高的冲积扇缘和冲积平原，约占农区土地面积的26.62%。（4）草甸土，主要分布于地下水位较高而水质较淡的浅平洼地、槽地、河滩地，约占农区土地面积的 0.66%。（5）沼泽地，分布在干涸湖泊一带，约占农区土地面积的 0.83%。（6）盐土，主要分在农区北部及农区内夹荒地，约占农区土地面积的 6.78%。该地区土壤有机质含量高，含量在3.32%~5.51% 之间，土层厚 1m 左右，是种植小麦、玉米、油料、瓜类、棉花和园艺型等农作物的良田沃土，也是进行农业综合高产开发的首选之地。

2. 耕地地域分布差异明显

2015 年昌吉市拥有耕地总面积 80316.93ha，榆树沟镇、大西渠镇、三工镇等耕地面积大，三镇累计占全市的一半多，耕地地域分布差异悬殊。

3. 耕地比重低，人均耕地较少，耕地后备资源较多

2015 年底耕地占总面积的 9.7%，占农用地的 20.41%，人均耕地有 10亩左右。昌吉市耕地后备资源较多，据统计，北部还有 30 多万亩良田有待开发，特别是在唯一纯汉族乡——佃坝乡行政区内有 10 万亩可耕地待开发。

4. 耕地以水浇地为主，农田基础设施相对完善

2015 年昌吉市水浇地面积 78642.41ha，占 97.92%。全市农村道路通达度很高，很多农用机械能直接到达农田。农田水利工程等基础设施相对完善。三屯河、头屯河水基本能灌溉到农区。

4.3　昌吉市农民土地保障问题调查问卷的基本情况

4.3.1　农户问卷调查说明

本调查资料是 2015 年 5 月和 8 月，笔者两次到昌吉市调研取得。两次农户调查共发放调查问卷 350 份，收回有效问卷 296 份。从调查选点和农户访谈对象选择情况来看，有以下几个特点：

（1）调研地点选择具有代表性。调查样本具有新疆人口密集区土地利用的代表性，从而能探讨农民的土地社会保障情况。

（2）样本选择面广。涉及全市 6 镇 4 乡 3 个街道办事处的 63 个村委会，调查地点和问卷数量详见表 4 - 2。

（3）调研季节选择适当，数据可信度较高。入户调查先在五月份进行初次调查，此后又对调查问卷进行了一些修改补充及完善，八月份深入地进行入户调查，此时正好前一年农产品都已经全部出清，农民正在短暂地农闲，有时间进行调查问卷，因此调查数据较为准确，可信度较高。

（4）样本代表性强。采用随机和分层抽样等方法，调查样本既有近郊农民，也涉及远郊农民；不光有经济收入可观的农民，也有收入中等和较低的农民；并且样本考虑了汉族，也有少数民族。

（5）调查方式多样，既有与农民交谈，填写调查问卷，又有和乡镇村干部进行座谈等多样形式。

4.3.2　农户问卷调查基本情况

笔者调研得到的数据是由农民按照研究的目的、内容和要求填报的数据，因此上面所说收入核算操作是由农民完成的。由于各种限制因素的存在，农民在理解笔者意图的过程中存在偏差，实际统计可能不完整，但由于样本量

较大，样本间的部分偏误可以相互抵消。

一个依靠土地谋生的典型农民，土地收成的好坏直接决定了其家庭的生活水平和家人的保障水平。一亩地的收成是有限的，它能养活的人口也是有限的。我们研究农村土地的保障功能，最关心的就是农民的土地收成及其对家庭的影响。这也就是说土地的保障功能主要是来自土地的收成。本书通过间接方法来估算土地的产出，即将土地收成换算成土地总收入，再减去种子、化肥、农药、灌溉和机耕费等农业生产成本，所剩余的收入就是土地收益。

表4-2　调查地点和调查问卷情况汇总

（单位：份）

乡、镇、街道办	村委会	收回问卷	有效问卷	有效问卷合计	乡、镇、街道办	村委会	收回问卷	有效问卷	有效问卷合计
宁边路街道	东上庄一村	10	10	16	建国路街道	南五工一村	8	8	21
	北门村	7	6			六工庙村	6	6	
硫磺沟镇	楼庄子村	5	3	3		南五工二村	7	7	
中山路街道	八工二村	7	7	18	三工镇	长丰村	15	15	51
	北沟一村	6	5			常胜村	10	10	
	小渠子一村	7	5			南头工村	10	8	
二六工镇	二六工村	5	5	42		庙工村	5	5	
	下六工村	6	6			下营盘村	9	8	
	军户村	5	5			二工村	5	5	
	二畦村	3	2		大西渠镇	大西渠村	5	5	24
	十二份村	4	4			玉堂村	4	4	
	三畦村	4	3			新渠村	5	5	
	三工村	4	4			思源村	4	3	
	六工村	5	4			幸福村	4	4	
	广东户村	4	4			龙河村	3	3	
六工镇	下六工村	7	6	41	榆树沟镇	榆树沟村	5	4	18
	西五工村	8	8			四畦村	3	3	
	下三工村	9	8			勇进村	3	3	
	十三村	6	6			曙光村	4	3	

乡、镇、街道办	村委会	收回问卷	有效问卷	有效问卷合计	乡、镇、街道办	村委会	收回问卷	有效问卷	有效问卷合计
	新庄村	7	7			前进村	3	3	
	沙梁子村	7	6			牧业村	2	2	
滨湖乡	滨湖村	5	5	24	庙尔沟乡	庙尔沟村	4	3	16
	五十户村	4	3			金涝坝村	4	4	
	友丰村	5	5			阿克旗村	4	3	
	迎丰村	5	4			吐圈子村	4	4	
	永红村	5	3			红沟村	3	2	
	下泉子村	4	4		佃坝乡	佃坝一村	4	3	17
阿什里哈萨克族乡	阿什里村	2	2	5		二畦一村	3	3	
	阿魏滩村	2	1			西沟村	4	4	
	努尔加村	2	2			土梁一村	4	4	
						东沟村	4	3	
所有调查区域合计		323	296	296					

数据来源：昌吉市农民土地保障问题研究问卷调查表统计整理。

由于土地自身的资源禀赋差异和农民对土地的投入不同，平均每亩土地的收益不尽相同。根据笔者对昌吉市农民调查数据及经营种植业的收益情况，被调查农民（除土地被征用的农民）户均拥有土地 36.53 亩。昌吉农户耕地基本按照平均原则，根据家庭人口划分的，家庭土地分布在多个不同的地块上，各地块的资源禀赋、肥力等都不尽相同，再加上农村的农田水利设施条件差异，土地细碎化特征明显。家庭成年子女成家后，可能要将原有的土地进行进一步的分割，这就更加加剧了土地的分割细碎。据调查显示，75.18%被调查农户的耕地分为 4~6 块（详见图 4-4）。

由于昌吉市各地在自然条件、家庭经营种类、拥有土地规模及土地的投入产出能力等方面存在很大差异，因此各农民的土地总收益和每亩收益差异较大。农村居民收入有其自身特点，使得在收入界定上存在一定困难：一是某些收入难以货币化。由于农村居民收入中粮食等实物收入占相当比重，在价值转化过程中，存在较大的随意性；二是收入的不稳定性。除农作物收成

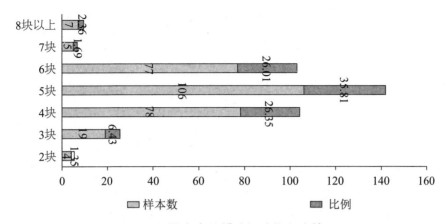

图 4 - 4　样本农民耕地细碎化程度情况

数据来源：昌吉市农民土地保障问题研究问卷调查表统计整理（单位：户,%）。

的季节性及受自然灾害的影响较大等因素外，外出务工人员的增加也加大了收入的不稳定性。

调查中，一般农户家庭（家中劳动力基本上在承包地上经营农业，主要收入来源于承包地上的农业，专业户也计入此类），占样本数的 53.38%；农业兼非农业家庭（主要劳动力在别人工商企业或家庭从事工商业、运输业等非农行业，家庭还从事农业方面经营），比重达 39.86%；非农业家庭（主要劳动力完全从事工商业、运输业等非农行业），比重为 6.76%。被调查农民承包的土地类型以平原居多，占样本量的 83.11%；山地及其他类型土地占 16.89%。

被调查农户整体收入水平较高，全年家庭经济收入超过 10000 元的农户超过总样本的 35.49%（详见图 4 - 5）；

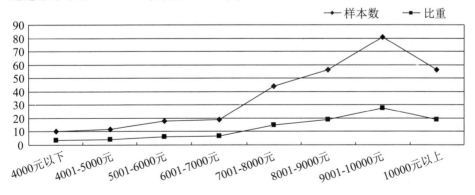

图 4 - 5　样本农民家庭经济收入情况

数据来源：昌吉市农民土地保障问题研究问卷调查表统计整理（单位：户,%）。

表 4-3　不同经营户每亩收益范围及平均每亩收益统计表

（单位：户，元）

每亩收益范围	户数	占比	累计频率	平均每亩收益	每亩收益范围	户数	占比	累计频率	平均每亩收益
400 元以下	11	3.716	3.716	314.005	1200~1299 元	17	5.743	84.459	1237.1811
400~499 元	24	8.108	11.824	453.285	1300~1399 元	14	4.73	89.189	1349.2015
500~599 元	30	10.135	21.959	548.3578	1400~1499 元	9	3.04	92.229	1434.5547
600~699 元	40	13.513	35.472	662.3541	1500~1599 元	5	1.689	93.918	1535.712
700~799 元	20	6.757	42.229	739.9122	1600~1699 元	9	3.041	96.959	1657.2747
800~899 元	33	11.149	53.378	858.4549	1700~1799 元	1	0.338	97.297	1798.533
900~990 元	24	8.108	61.486	953.1428	1800~1899 元	3	1.013	98.31	1838.2707
1000~1099 元	29	9.797	71.283	1003.8206	1900~1999 元	1	0.338	98.648	1983.67
1100~1199 元	22	7.433	78.716	1144.2071	2000 元以上	4	1.352	100	2056.8525

数据来源：昌吉市农民土地保障问题研究问卷调查表统计整理。

根据对调研资料的统计和整理分析得知，被调查农户的平均每亩土地收益为 914.83 元。用 5% 的分位数表示，最低收益 408.75 元，最高收益 1413.74 元，70% 的分位数为 1067.94 元，从平均每亩土地收益分析，平均每亩收益有三个明显的收益平台，分别在 499.17 元、692.31 元和 1000 元，其中 1130.16 元为最大的收益值。

随着农民家庭经营类型的不同（见表 4-4），家庭拥有土地数量和土地收益明显降低，户均土地收益从一般农业经营户的 8645.74 元下降到非农业经营户的 1034.89 元，在家庭纯收入中的比重也由 95.34% 下降到 8.46%。这

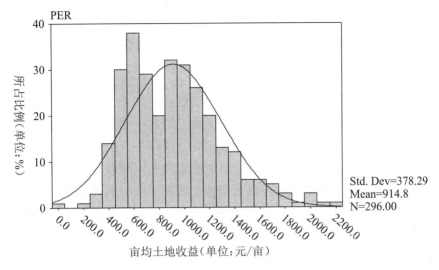

图4-6　样本农民亩均土地收益图

数据来源：昌吉市农民土地保障问题研究问卷调查表统计整理。

说明土地收益在相当一部分农村家庭收入中已不再占举足轻重的地位，昌吉市农民收入来源趋于多元化。

表4-4　不同农民家庭类型土地收益情况表

（单位：亩，元）

家庭类型	不同类型土地的户数统计			不同经营的土地收益统计	
	户数	所占比重	户均土地面积	户均土地收益	占总收入的比重
一般农户家庭	158	53.38%	40.57	8645.74	95.34%
农业兼非农业家庭	118	39.86%	27.46	3732.53	35.25%
非农业家庭	20	6.76%	10.89	1034.89	8.46%
合计	296	100			100

数据来源：昌吉市农民土地保障问题研究问卷调查表统计整理。

通过对于昌吉市的调查，可以有下述基本认识：（1）昌吉市人均耕地较多，投入成本多，单位面积产量较高（小麦：1100公斤/亩，玉米：600公斤/亩，棉花：200公斤/亩），所以单位面积纯收益比较高（小麦：300元/亩，玉米：410元/亩，棉花：700元/亩）；（2）可以说昌吉市农户对土地的依赖和土地投入更高，昌吉市农民对于土地还是有较大的依赖；（3）汉族农民比少数民族农民的收入要高，种植效益更明显。（4）农民的兼业行为较多。

4.4 土地保障能力的一般估算

在我国土地实行集体所有、家庭使用的制度框架下，农民只拥有使用土地和获取收益的权利，而无权进行土地买卖，因此土地对农民的意义主要在于土地是一种生产手段，人们通过耕耘土地，可以生产出各种各样的一定数量农产品，出售农产品获取收入，用于家庭消费和风险储蓄，从而起到食物和收入的保障作用。土地收益可以近似地用农民家庭经营种植业、林业等直接与土地相关的项目收入减去购买种子、化肥、农药、灌溉等生产资料的成本费用来表示。直接衡量土地收益面临很大的困难，其中最大的困难就是准确估算土地收益的成本。原因之一就是农民在土地上的投入的劳动力成本即劳动力价格，由于农民基本上属于自我雇佣，劳动力价格没有一个较为理想的市场参照价格和可靠的标准来进行测量；原因之二就是农民很难精确计量自己的劳动时间等，因此本书在计算生产成本时，没有考虑进去农民的劳动力成本。

4.4.1 土地的基本生活保障程度测算

在此部分，笔者通过三种不同的测算方法，对昌吉市农村土地的基本生活保障程度进行计量。

方法一是将国家和新疆扶贫重点县贫困线作为标准。用被调查农民的土地收益与贫困线比较，探讨昌吉市农村土地对农民的保障强度。

方法二是将农民自报的基本生活消费为标准。用被调查农民土地收益减去被调查农民日常生活消费的差额，考察差额归属哪个保障范围，从而可以得出土地对农民的基本生活保障情况。

方法三是将全部被调查农民平均的基本生活消费水平为标准。将被调查农民所有的生活消费支出合计，除以全部被调查者家庭人口数，得到全部被调查者人均基本生活消费支出，最后把被调查者每户的土地收益与按照平均值标准的每户基本生活消费总支出做比较，分析昌吉市农村土地的基本生活保障能力。

按照我国的统计年鉴的规定，农村居民家庭年人均生活消费支出一般包括八大类，分别是：① 食品消费支出；② 衣着消费支出；③ 居住消费支出；④ 家庭设备、用品消费支出；⑤ 交通通讯消费支出；⑥ 医疗保健消费支出；

⑦ 文教娱乐消费支出；⑧ 其他商品和服务消费支出。由于本书将医疗保健消费归纳到土地的医疗保障功能部分，因此在进行土地的基本生活保障功能的分析中，把医疗保健消费支出删除。

(1) 测算方法一。

由于新疆目前正在试点农村最低生活保障线。从几个试点县的情况来看，最低生活保障线大都是按照民政部门提出的每人每月70元，即每年840元左右的标准确定的，这与目前新疆维吾尔自治区城镇最低生活保障线（每人每月134元左右）差距较大。目前保障线标准新疆还尚未统一。1986年中国第一次制定国家扶贫标准，为农民年人均纯收入206元，到2000年现价是625元；2001年提高到865元，到2010年现价是1274元；2011年提高到2300元；到2015年这个标准的现价为2855元。从2016年昌吉市统计年鉴可知，该市2015年农牧民人均纯收入16889元，再从调查所得到的数据显示，昌吉市农民的土地收益都要大于这个标准，说明昌吉市土地的保障能力超过了国家规定的极端贫困线，该市农民没有极端贫困现象。本书采用国家2015低收入贫困线标准的上限值2855元，来测算昌吉市农民的土地社会保障情况。从调查数据可知，被调查农民最低年人均基本生活消费支出1323.07元，低于1532元国家低收入贫困线标准的上限值。从总体来说，这是个别情况，一般的农牧民其收入都要超过国家标准。

2015年昌吉市提高城乡低保标准，将农村从2072元/年提高到4680元/年。截至年末，累计发放低保金974.179万元。调整救助标准，救助上限由2万元提高到3万元，救助门槛由自付部分5万元降低为3万元，进一步扩大了救助面及救助比例。截至年末，已对3058人次实施医疗救助，救助资金达424万元。统一城市三无人员和农村五保户供养标准，分散供养标准由原来的333元/人/月提高至400元/人/月；集中供养标准由原来的520元/人/月提高至660元/人/月；新增为二级以上失能、半失能残疾老人补助2000元/人/月。全年累计发放五保供养金179.11万元、城市"三无"人员供养金60.06万元，累计发放孤儿基本生活费73.8万元。

长期以来，国家和自治区一直沿用农牧民以户为单位人均纯收入指标做为衡量某地区是否贫困的标准线，以1999~2000年新疆农村住户调查资料为依据，国家制定了目前自治区扶贫开发对象界定的贫困标准。温饱标准（一般贫困线）：在维持简单再生产的条件下，农牧民以户为单位人均年纯收入达到购买温饱所必需的物品和服务的最低费用。2000年，国家温饱标准人均纯收入 635 元，自治区温饱标准人均纯收入 670 元，高于国家标准 35 元。低收入标准（发展线）：农牧民以户为单位人均年纯收入满足温饱生活所需以后，还有从简单再生产向扩大再生产转化、进行脱贫致富的投资费用。2000 年，国家低收入贫困人口人均纯收入标准 865 元，自治区低收入贫困人口人均纯收入标准 870 元，高于国家 5 元。至今为止，新疆自治区的贫困线标准都没有发生变化。根据以上分析可知，昌吉市农民的土地收益都要大于自治区的一般贫困线和低收入标准的发展线。所以昌吉市土地对农民的基本生活保障程度要大于自治区的贫困线标准的。

（2）测算方法二。

以农民自报的基本生活消费为标准。用被调查农户（包括农地经营户和土地转出农户）的土地收益和自报的基本生活消费（不包括养老和医疗支出）的差额计算，差额为正说明能维持最低生活水平，差额为负则不能维持。结果为：有 30.74% 的家庭仍然无法完全依靠土地来维持最低生活水平，69.26% 的家庭则能够以这种方式来维持生活。

若把被调查农户土地收益减去日常生活消费的差额在 0 元以下的视为无保障，差额 0～3000 元以下的视为弱保障，差额在 3001～6000 元视为较弱保障，差额 6001～9000 元以上的视为中等保障，差额 9001～12000 元（含 12000 元）视为较强保障，差额 12000 元以上视为强保障，则有 30.74% 的家庭是没有保障的，26.69% 的家庭仅具有弱保障，4.4% 的家庭具有较弱保障，10.14% 的家庭具有中等保障，3.71% 的家庭具有较强保障，24.32% 的家庭具有强保障（详见表 4－5）。三分之一的被调查农户由于种种原因，基本生活费用超过土地收益，对于这些农户来说，土地已经不能提供保障作用了，从调查数据看，此部分农户以农业兼非农业和非农业家庭居多；69.26% 的被调查农户的土地收益能保障其家庭基本生活消费支出。在这近 70% 的被调查农户中，土地上的收益除了日常生活消费支出外，还有上万元的剩余占 24%，其中原因是昌吉市户均拥有的土地面积较大，户均经营耕地面积 36 亩左右，在正常年份情况下，土地的收益还是比较高，所以土地的保障能力较强。采取这种估算方法的土地收益中包括了劳动成本，把土地收益提升到最大的程度，而把生活消费水平压缩到最低限度。

现实中，农民会发生各种各样的生活生产风险，比如今年新疆发生的干旱等，对昌吉市等地的农业生产和收益产生了非常不利的影响，农民们都会应用一定的应变行为来调整适应自己的生活生产，即压缩日常生活的开销，降低生活水平，加大对土地的依赖和生产投入。因而，以上这种估算方法可以被看作家庭土地保障能力最大化估算。如果再加上家庭医疗和养老等方面的支出，那么土地保障的功能就更加脆弱。

表 4 – 5　被调查农户土地保障强度情况表

保障强度等级	保障强度等级值	户数	占比	累计频率
无保障	小于 0	91	30.7432	30.7432
弱保障	0 ~ 3000	79	26.6891	57.4323
较弱保障	3001 ~ 6000	13	4.3918	61.8241
中等保障	6001 ~ 9000	30	10.1351	71.9592
较强保障	9001 ~ 12000	11	3.7162	75.6754
强保障	大于 12000	72	24.3246	100
合计		296	100	

数据来源：昌吉市农民土地保障问题研究问卷调查表统计整理。

从日常生活消费支出角度分析，不同类型的农户具有不同的特点。一般农业经营户由于家庭生活来源完全依靠农业，因而日常生活消费支出较其他类型农户要少。据调查，一般农业经营户年均日常生活消费 3214 元/户，农业兼非农业户为 4817.28 元/户，而非农业经营户则达到 5383.53 元/户。一般农业经营户只能全部依靠土地来维持最低生活消费，提高土地收成的动机使得农民一方面精耕细作，提高土地收益水平，一方面压缩家庭日常生活支出。

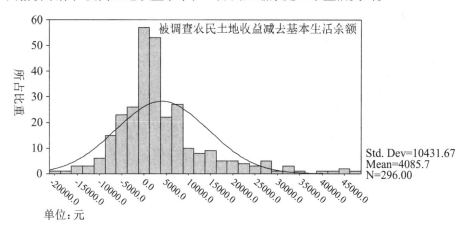

图 4 – 7　被调查农民土地收益与基本生活支出相减后余额示意图

数据来源：昌吉市农民土地保障问题研究问卷调查表统计整理。

从图 4 – 7 可以看出，被调查农民的土地收益在用于基本生活费用之后，剩下余额多位于在 0 附近，也就是收支接近平衡。调查对象中 30% 的农民的土地收益根本不能保障其基本生活支出。

（3）测算方法三。

以全部被调查农民平均的基本生活消费水平为标准。通过把被调查农户年基本生活消费支出合计为 5324633.2 元，除以全部被调查者家庭人口数 1195 人，得到全部被调查者年人均基本生活消费支出 4455.76 元，然后把被调查者每户的土地收益与按照平均值标准的每户总基本生活消费支出做比较，数据计算整理结果详见表 4 – 6。

表 4 – 6　被调查农户土地的基本生活保障强度情况表

保障强度等级	保障强度等级值	户数	占比	累计频率
无保障	小于 0	124	41.892	41.892
弱保障	0 – 3000	47	15.8784	57.7704
较弱保障	3001 ~ 6000	42	14.1891	71.9595
中等保障	6001 ~ 9000	18	6.081	78.0405
较强保障	9001 ~ 12000	19	6.4189	84.4594
强保障	大于 12000	46	15.5406	100
合计		296	100	

数据来源：昌吉市农民土地保障问题研究问卷调查表统计整理。

上述分析的结果显示，近 42% 的被调查农户认为土地是不能保障他们的基本生活，58% 的被调查农户认为土地是能保障他们的，在这其中还有 15% 左右的农户还有较多的收入剩余。

通过将被调查农户的土地收益与其家庭人口按照全部被调查农户的平均生活消费支出的总额进行比较，可以反映出被调查者每家土地收益，按照平均水平支出的话，土地的保障程度是如何的。从表 4 – 6 及图 4 – 8，也反映出昌吉市的土地保障强度基本能保障 58% 农户的基本生活支出，其中有 30% 的被调查农户还有低于 6000 元的剩余。

比较方法三与方法二，方法三得到的土地的基本生活保障能力比方法二要弱，两者相差 11 个百分点，中等保障能力以上的比例，方法三比方法二少了 6 个百分点。这说明不同收入的农户估算的基本生活支出水平不同，可能体现为高收入户估计的基本需求高，低收入户估计的基本需求少，因此计算

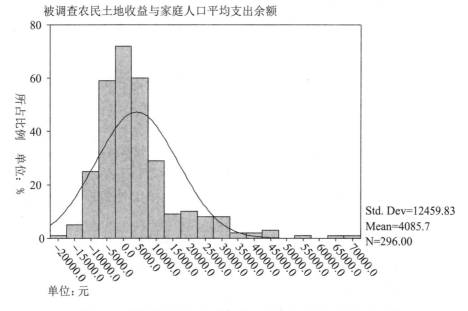

图4-8 被调查农户土地收益与家庭人均基本生活支出
相减后余额示意图

数据来源：昌吉市农民土地保障问题研究问卷调查表统计整理。

的平均的基本生活保障支出要高于低收入户所估算的基本生活支出，因此按方法三分析的保障水平下降了。

通过上述三种不同的测算方法，得到土地对被调查农民基本生活保障强度的结果是有差异的，这说明了不同条件下的保障能力。方法一的标准可以理解为政策评价下的最低生活需求，方法二的标准可以理解为农民自我评价下的基本生活需求，方法三的标准可以理解为当地社会评价下的基本生活需求。

4.4.2　土地的医疗保障能力测算

与全国大多数农村社会医疗保障的发展历程相似，昌吉市农村社会医疗保障也经历了从初步发育（20世纪70年代初的人民公社集体合作医疗）到完全缺失，再到现今新型农村合作医疗的发展过程。以家庭为基本单位的保障成了农村居民获取医疗保障的主要形式，而为家庭提供保障的来源通常有土地、其他经营收入、储蓄等。其中土地对昌吉市大多数农村家庭来说，是最基本最重要的生产和生活资料，是为家庭提供日常开支和应付生活风险的重要来源，甚至可能是唯一来源。因此，土地保障又构成了农民家庭保障的核心。然而，随着农村产业结构的调整、非农业收入的增加，土地保障的重要性日益下降；与此同时，农村社会医疗的匮乏，医疗价格、费用的大幅攀升，致使农村因病致贫、因病返贫的现象大量发生。目前新型农牧区合作医疗工作在昌吉市开展已有一年多的时间，去两家市级医院和部分乡镇卫生院看病就诊的农牧民比过去多了许多，在这些医院"合作医疗"的报销比例能够达到70%。

4.4.2.1 被调查农户医疗费用支出情况

去年，昌吉市共收缴农牧民个人参合资金235.41万元，昌吉市财政补助资金133.4万元，上级补助资金266.3万元。全市有78400多人参加了该市的"新型农牧区合作医疗"，参合率达到了92%，全市农牧民门诊就诊达到5.5万人次，补助金额到94万余元，住院病人达到13000多人次，住院补助金额达到671.7万元，基本上解决了昌吉市广大的农牧民群众长期以来看病难、看病贵的问题。在此部分，笔者得到的医疗费用支出数据是被调查农户参加新星农村合作医疗报销后的数据。

被调查农户医疗费用支出分布特点。在全部拥有耕地的186户居民中，没有医疗费用支出的农户占总户数的10.75%，没有医疗支出户占4.3%。医疗费用支出在1~1000元之间的共218户（详见表4-7），占73.6%。这部分家庭发生的医疗支出额占全部医疗支出总额的55.9%。医疗费用在1000元以上的有58户，占19.6%，而这部分家庭的医疗支出额占总额的44.1%。从调查得到的数据统计整理可知，医疗支出分布特点基本上符合非正态分布规律，即少数户发生的医疗支出占支出总额的比重较高。医疗费用支出在2001~10000元的农户所支付的总医疗费用占全部被调查农户医疗费用的54.89%，但是这些农民占被调查农户的比例为11.48%，1~2000元的农户所支出的总医疗费用仅占41.31%。他们的数量占被调查农户的69.94%。

表4-7 被调查农户医疗费用支出情况统计表

支出范围	户数	比重（%）	户均医疗支出（元）	本组在全部医疗支出中所占比重（%）
无医疗费用	20	6.8	0	0
1~200元	62	20.95	138.6	2.9
201~400元	59	19.93	304.06	6.12

支出范围	户数	比重（%）	户均医疗支出（元）	本组在全部医疗支出中所占比重（%）
401~600 元	51	17.23	520.38	9.1
601~800 元	28	9.46	738.24	7.1
801~1000 元	18	6.08	922.42	5.7
1001~2000 元	23	7.77	1325.57	10.43
2001~5000 元	23	7.77	3411.43	26.85
5001~10000 元	11	3.71	7448.14	28.04
10000 元以上	1	0.30	11000	3.76
合计	296	100		100

数据来源：昌吉市农民土地保障问题研究问卷调查表统计整理。

被调查农民户均医疗费用支出

Std. Dev=1697.74
Mean=987.3
N=296.00

单位:元

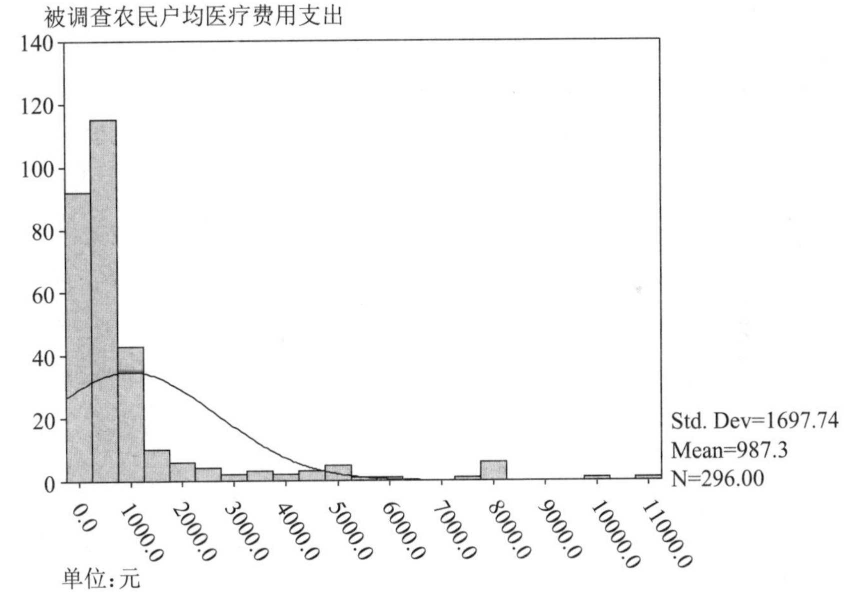

图 4-9 被调查农民户均医疗费用支出情况图

数据来源：昌吉市农民土地保障问题研究问卷调查表统计整理。

不同家庭类型医疗费用的支出也不同。表 4-8 显示，一般农业家庭户均医疗费用支出都小于兼业家庭的医疗支出，但是他们支出的比重占家庭土地收益的近三分之一；兼业家庭的医疗费用支出额较大，但是占土地收益的比重却很少。

表4-8 被调查农户户均土地收益和医疗支出统计

（单位：元）

不同类型土地的户数统计			不同经营的土地收益统计		户均医疗支出及占土地收益的比例统计	
家庭类型	调查人数	所占比重	户均土地收益	占总收入的比重	户均医疗支出	占土地收益的比重
一般农业	158	53.38%	8645.74	95.34%	486.34	28.78%
农业兼非农业	118	39.86%	3732.53	35.25%	721.89	21.38%
非农业	20	6.76%	1034.89	8.46%	612.66	2.53%
合计	296	100		100		

数据来源：昌吉市农民土地保障问题研究问卷调查表统计整理。

4.4.2.2 土地的医疗保障强度

在这部分计算土地的医疗保障程度时，采用两种方法进行测量。

方法一是以被调查户在调查期实际承担的医疗支出为标准。以被调查农户土地收益减去实际发生医疗支出在报销之后的差额，来分析土地对农民的医疗保障情况。

方法二是以全部被调查户平均承担的医疗支出为标准。将全部被调查农民户均所有的医疗支出合计，除以全部被调查者家庭人口数，得到全部被调查者人均医疗费用支出，然后把被调查者每户的土地收益与按照平均值标准的每户总医疗费用支出做比较，从而达到分析昌吉市土地的医疗保障能力的目的。

（1）测算方法一。

土地的医疗保障能力可以通过农户土地收益与当年医疗支出相比较，若差额小于0，则认为土地收益不足以弥补医疗支出，土地无保障能力；大于或等于0则认为有保障能力（详见表4-9）。

从表4-9得知，被调查农户土地对其医疗保障作用还是存在的，其中95.6%的家庭的土地收益能够保障其医疗费用。只有4.4%左右的人土地收益不能保障其家庭医疗费用。另外0～3000元弱保障的有10户，比重为3.38%；较弱保障的有72户，占被调查农户的24.32%；大于6001元以上保障强度201户，比重为67.90%。

表4-9 被调查农户土地的医疗保障强度

（单位：元，%）

保障强度等级	保障强度等级值	户数	比重
无保障	小于0	13	4.4
弱保障	0~3000	10	3.38
较弱保障	3001~6000	72	24.32
中等保障	6001~9000	85	28.72
较强保障	9001~12000	75	25.34
强保障	大于12000	41	13.84
合计		296	100

数据来源：昌吉市农民土地保障问题研究问卷调查表统计整理。

在上述分析中，将被调查农户的土地收益直接减去其家庭医疗费用支出，来考查农民用全部的土地收益对其家庭医疗保障的程度。没有考虑家庭日常基本生活消费支出需求。

（2）测算方法二。

以全部被调查户平均承担的医疗支出为标准。将全部被调查农民户均所有的医疗支出合计，除以全部被调查者家庭人口数，得到全部被调查者人均医疗费用支出，然后把被调查者每户的土地收益与按照平均值标准的每户总医疗费用支出做比较，分析昌吉市土地的医疗保障能力。采用此方法不应含被调查农户的基本生活费用支出。

采用被调查人员的平均医疗费用作为衡量标准，这样有利于考察被调查农民在其被调查人员范围内，他们各自的土地对医疗保障的能力。从表4-10中，得知近64%的被调查农民的医疗是没有保障的。在3000元余额以上的占24.68%。

比较方法二与方法一，方法二得到的土地的医疗保障能力比方法一要弱，两者相差59个百分点，中等保障能力以上的比例，方法二比方法一少了25个百分点。这说明不同收入的农户估算的医疗费用支出水平不同，方法二采用了医疗支出平均值，从而更多地考虑了不同年龄、身体状况下的医疗支出情况，该支出均值相比农户个别年份的实际支出值更能反映农民在不同状态下医疗支出的实际需求，从而体现出对医疗保障的要求。

表 4 – 10　被调查农民土地医疗保障强度

（单位：元,%）

保障强度等级	保障强度等级值	户数	百分比例	累计频率
无保障	小于 0	188	63.5	63.5
弱保障	0 ~ 3000	35	11.82	75.3
较弱保障	3001 ~ 6000	18	6.1	81.4
中等保障	6001 ~ 9000	12	4.1	85.5
较强保障	9001 ~ 12000	21	7.05	92.57
强保障	大于 12000	22	7.43	100
合计		296	100	

数据来源：昌吉市农民土地保障问题研究问卷调查表统计整理。

4.4.3　土地的养老保障能力测算

4.4.3.1　农民的养老支出情况

养老支出包括刚性支出和弹性支出两部分。刚性支出是指用来满足基本生活需求的必要花费，否则就难以维持个体的生存的支出；弹性支出指的是在满足生活基本需要后，用于发展或奢侈享受的支出，这部分是可以调节的，可多花也可少花。由于农民养老支出很难做到准确，参考我国城乡老年人口状况一次性抽样调查中的老年人支出项目，我们将农村老年人的养老支出主要包括生活基本支出和医药费用支出，其中生活基本支出由家庭生活费用与个人生活费用两部分组成（详见表 4 – 11）。

表 4 – 11　农村老年人的养老支出项目表

类别	序号	家庭生活费用	个人生活费用
开支项目	1	饮食费	衣着
	2	房屋修缮等费用	烟酒
	3	水电费	化妆品
	4	公共日用品	人际交往
	5	书报/娱乐	文化娱乐
	6	电话通讯	其他个人开支
	7	其他公共开支	医疗费用

资料来源：根据中国老龄科学研究中心：《中国城乡老年人口状况一次性抽样调查数据分析》整理。

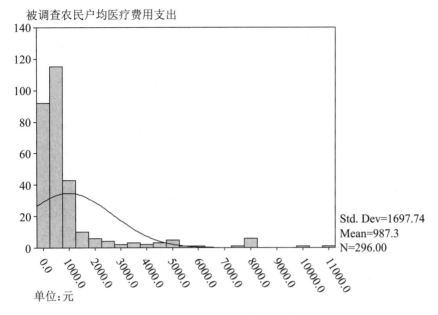

被调查农民户均医疗费用支出

单位:元

Std. Dev=1697.74
Mean=987.3
N=296.00

图 4 - 10　样本农民养老支出图

数据来源:昌吉市农民土地保障问题研究问卷调查表统计整理。

表 4 - 12　被调查农户养老支出情况

支出范围	调查户数	比重(%)	户均养老支出(元)	本组在全部医疗支出中所占比重(%)
无养老费用	102	34.5	0	0
1~200 元	47	15.8	118.4	3.53
201~400 元	45	15.2	365.02	9.42
401~600 元	33	11.2	518.48	10.82
601~800 元	29	5.7	436.17	8.01
80~1000 元	15	5.1	947.73	9
1001~1500 元	15	5	1220.6	11.61
1501~2000 元	5	1.8	2000	6.34
2001~3000 元	8	2.7	2748.75	13.94
3001~5000 元	8	1.3	4262.5	21.62
5000 元以上	1	0.3	9000	5.71%
合计	296	100		100

数据来源:昌吉市农民土地保障问题研究问卷调查表统计整理。

据调查数据统计，所有被调查农户家中有 60 岁以上的老人数为 143 人，占全部被调查家庭总人数的 11.97%。被调查农民养老年户均支出为 532.77 元。调查中 102 户没有养老支出，占总调查量的 34.5%，并且一半的被调查农民的养老支出只有 200 元左右，在目前社会快速转型，各种风险加大的情况下，这点钱根本不能有多大保障作用。养老支出分布特点基本上符合非正态分布规律，即少数农户发生的养老支出占支出总额的比重较高。养老费用支出在 2001～5000 元的农户所支付的总养老费用占全部被调查农户养老费用的 35.56%，但是这些农民占所有被调查农民的比重为 4%；1～2000 元的农户所支出的总养老费用占 58.73%，其数量占所有被调查农民的 61.2%。

4.4.3.2 土地的养老保障强度

本书对土地的养老保障能力测算采用以下三种方法。

方法一：以实际负担的养老支出为标准。将被调查农户土地收益减去实际发生的养老支出的差额，考察差额归属哪个保障范围，从而可以得出土地对农民的养老保障情况。

方法二：以被调查农户的平均养老支出为标准。该方法将全部被调查的农户户均所有的养老支出合计，除以被调查家庭中 60 岁以上人口数，得到全部年内人均养老费用支出，然后把被调查者每户的土地收益减去按照平均值标准的每户老年总养老费用支出并做比较，分析昌吉市土地的养老保障能力。

方法三：以现有基本生活水平计算的人均养老储蓄需求为标准。以被调查农户每户劳动力人口数乘以人均养老储蓄需求，计算每户的养老保障需求，与土地收益相减来分析保障程度。

（1）测算方法一。

土地的养老保障能力可以通过被调查农户土地收益与当年养老支出相比较，若差额小于 0，则认为土地收益不足以弥补养老支出，土地无保障能力；大于或等于 0 则认为有保障能力，详见表 4-13。

土地养老保障能力是将土地收益与家庭养老支出之差为正视为土地具有养老保障能力，它反映的是在不考虑家庭日常消费支出的情况下，土地收益是否能弥补家庭本年度的养老支出。99% 的被调查农民的土地收益能够保障自身家庭的养老支出。

从土地养老保障强度统计表显示，绝大多数的被调查农民的土地对养老费用支出还是有保障的。

表4-13 土地养老保障强度统计表

（单位：户,%）

保障强度等级	户数	占比	累计频率
无保障	3	1	1
有保障	293	99	
合计	296	100	100

数据来源：昌吉市农民土地保障问题研究问卷调查表统计整理。

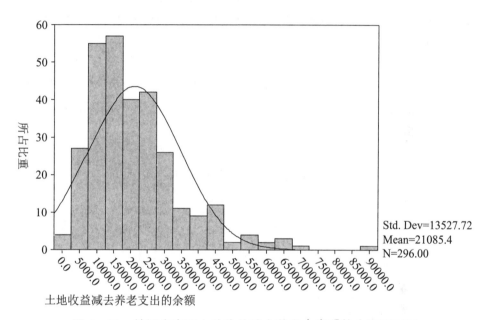

图4-11 被调查农民土地收益减去养老支出后的余额直方图

数据来源：昌吉市农民土地保障问题研究问卷调查表统计整理。

表4-14 被调查农户土地养老保障能力

（单位：元，户,%）

保障强度等级	保障强度等级值	户数	占比	累计频率
无保障	小于0	3	1.0	1.0
弱保障	0~3000	6	2.0	2.0
较弱保障	3001~6000	14	4.8	6.8
中等保障	6001~9000	24	8.1	14.9
较强保障	9001~12000	31	10.4	25.3

保障强度等级	保障强度等级值	户数	占比	累计频率
强保障	大于12000	221	73.7	100
合计		296	100	

数据来源：昌吉市农民土地保障问题研究问卷调查表统计整理。

被调查农户的土地养老保障强度处于 0～3000 元弱保障的有 6 户，所占比重为 2%，3001～6000 元较弱保障的有 14 户，比重为 4.8%，6001～9000元中等保障的有 24 户，占 8.1%，大于 9001 元以上的有 252 户，所占比重为 84.1%。

（2）测算方法二。

以被调查农户的平均养老支出为标准。该方法将全部被调查的农民户均所有的养老支出合计，合计数为157700 元，再把合计数除于全部被调查者 60岁以上人口数 143 人，得到全部老年平均每人养老费用支出 1102.8 元。然后把被调查者每户的土地收益减去按照平均值的全部被调查农民的每户总养老费用支出得到的余额，分析昌吉市土地的养老保障能力。

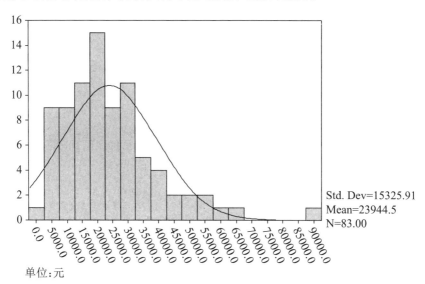

单位:元

图 4-12   被调查农户按平均养老水平计算土地的养老保障能力图

数据来源：昌吉市农民土地保障问题研究问卷调查表统计整理。

表 4 - 15　被调查农户按平均养老水平计算土地保障能力

（单位：元、户、%）

保障强度等级	保障强度等级值	户数	百分比例	累计频率
无保障	小于 0	0	0	0
弱保障	0 ~ 3000	11	3.6	3.6
较弱保障	3001 ~ 6000	7	2.4	6.0
中等保障	6001 ~ 9000	25	8.4	14.5
较强保障	9001 ~ 12000	21	7.2	21.7
强保障	大于 12000	232	78.4	100
合计		296	100	

数据来源：昌吉市农民土地保障问题研究问卷调查表统计整理。

把被调查农民的平均养老支出作为一条尺度，分析每户按照平均养老支出来比较其土地的养老保障程度。从调研数据显示，被调查者农民家庭中有养老支出的，平均每人每年养老费用为 1102.8 元。被调查农民土地收益都能支付其老年人的养老，而且有中等保障强度的占 94%，土地的养老保障能力强。（详见图 4 - 12 和表 4 - 15）

（3）测算方法三：以现有基本生活水平计算的人均养老储蓄需求为标准。

假设条件一：农民从事农业生产劳动的工作期为 20 ~ 60 岁，平均有 40 年的工作期；

假设条件二：农民 60 岁之后就退休，平均存活期为 20 年；

假设条件三：目前养老储蓄税后利率为 3.2%。

在上述假设条件下，先计算被调查农户的人均养老储蓄需求。参照前文，农民退休时的生活标准参照目前被调查户的平均基本生活支出标准，前文计算是 4455.76 元，因此可以得到年人均养老储蓄需求额为 825 元，计算过程如下：

$$\frac{\dfrac{4455.76}{(1+3.2\%)}+\dfrac{4455.76}{(1+3.2\%)^2}+\dfrac{4455.76}{(1+3.2\%)^3}\cdots+\cdots\dfrac{4455.76}{(1+3.2\%)^{20}}}{\dfrac{(1+3.2\%)^{40}-1}{3.2\%}}=824.75$$

以此标准在目前养老实际支出的基础上再加上每户需要的养老储蓄作为农户的养老保障需求标准，用土地收益与其的差值来分析养老保障情况。

表4-16 被调查农户按平均养老水平计算退休后的土地养老保障能力表

（单位：元，户，%）

保障强度等级	保障强度等级值	户数	百分比	累计频率
无保障	小于0	63	21.30	21.30
弱保障	0~3000	44	14.80	36.10
较弱保障	3001~6000	30	10.20	46.30
中等保障	6001~9000	36	12.10	58.40
较强保障	9001~12000	19	6.50	64.90
强保障	大于12000	104	35.10	100
合计		296	100	

数据来源：昌吉市农民土地保障问题研究问卷调查表统计整理。

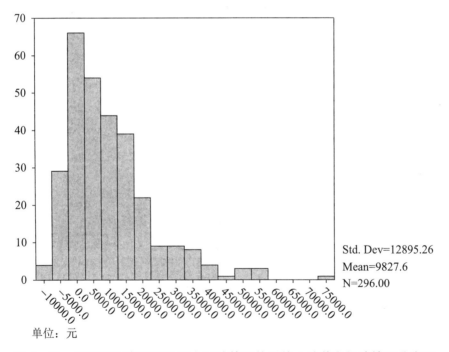

Std. Dev=12895.26
Mean=9827.6
N=296.00

单位：元

图4-13 被调查农户按照平均水平计算退休后的土地养老保障情况分布图

数据来源：昌吉市农民土地保障问题研究问卷调查表统计整理。

从图4-13和表4-16可知，按照目前的土地收益情况计算，昌吉市农民退休后，有21%的农民养老资金不足。具有强保障水平的有104户，占被调查农户的35.1%。

比较以上三种测算方法，得到土地对被调查农民养老保障强度的结果是不同的。这说明了不同条件下的保障能力。

测算方法一是"子养父"的家庭养老模式下的支出分析，反映出农民的实际养老支出情况，不考虑生活、医疗等其他支出的情况下，不能支付养老支出的家庭较少，说明被调查农户总体表现为量入为出的特点。

方法二仍是对"子养父"的家庭养老模式下的支出分析，但通过计算养老支出平均值，从而找到一个能综合各年龄段、不同身体状况的老年人的养老支出，因此支出计算更有代表性。分析表明，不考虑生活、医疗等其他支出的情况下，被调查农户均能支付家里老人的支出。但方法一与方法二的结果分布略有不同，这说明各家庭中老年人的支出水平与支出需求存在明显差异。

方法三是自我积累的养老模式下的支出分析。现代意义的养老保障是自我积累式的，因此本文按昌吉现时的生活需求水平，估算了自我积累的养老模式下的养老储备需求，分析结果显示，21.3%的被调查农户不能满足养老需求，0~3000元弱保障程度的占14.8%，3001~6000元较弱保障程度的占10.2%，6001以上保障水平的占一半多。

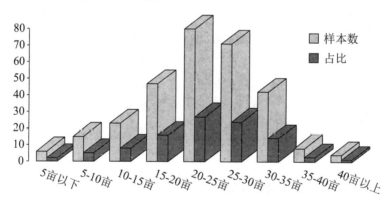

图4-14　被调查农户耕地规模情况

数据来源：昌吉市农民土地保障问题研究问卷调查表统计整理。（单位：户，%）

4.4.4　土地的就业保障功能

自古以来，农民自然而然地和土地结合在一起。土地可以为农民提供稳定的就业机会。只要农民身体健康，农民拥有土地即有了就业保障。对于纯农业经营农户，土地天然地具有失业保障能力。而对于亦工亦农户，拥有一份土地，在从事非农产业遭受挫折时，可以退而务农，使自己的劳动价值得以实现。一方面，由于昌吉市农村劳动力资源丰富，许多有承包地的农民，也处在"吃不饱"的状态。根据调查数据显示，被调查农户每家承包耕地面积以 20~40 亩占绝大比重，户均经营耕地面积 36.53 亩（详见图 4-14）；人均拥有耕地面积 10 亩左右。被调查农户每户均拥有劳动力数量 2-3 人居多，占调查总样本的 86.83%，户均劳动力 2.23 人（详见表 4-17）；

表 4-17 被调查农户家庭劳动力情况

（单位：户、%）

劳动力数	1 人	2 人	3 人	4 人	5 人	6 人以上	合计
样本数	15	181	76	12	9	3	296
占比	5.07	61.15	25.68	4.05	3.04	1.01	100

数据来源：昌吉市农民土地保障问题研究问卷调查表统计整理。

另一方面，城市工商业无法承纳如此庞大的农村剩余劳动力。这些人只能通过细化土地，即所谓"三个人种一个人的地"，来保证就业。如此多的农村剩余劳动力造成了农村中大量的隐性失业。虽然造成农村中大量的隐蔽性失业，但这种土地的就业保障功能对社会稳定有十分重要的意义。隐蔽性失业之所以没有造成社会动荡，就是因为土地对这些人口的吸纳。无论市场条件导致农民货币收入构成怎样变化，耕地的实物产出始终存在。稳定的产出可以维持温饱生活，这对刚刚摆脱贫困的农民来说是至关重要的。对于一些无地和失地的农民来说，土地的就业保障功能就不存在了。在昌吉市城市化和工业化过程中，被调查农户中有一些因征地等原因失去了土地，土地就不能给他们提供就业的机会。

4.4.5 土地保障能力综合分析

前文笔者都是只利用被调查农户的土地收益，单独地对基本生活保障、医疗保障和养老保障进行一一分析，这也只能片面地了解土地的保障能力。在本节，将应用被调查农户的土地收益减去基本生活支出、医疗费用和养老三项费用合计数的结果来分析。

分析拟采用最低标准法与最高标准法。最低标准法是指用被调查农户的土地收益减去前述三项中的最低标准，最高标准法则是用被调查农户的土地收益减去前述三项中的最高标准。

（1）最低标准法：根据上文分析可知，被调查农户土地基本生活保障方面的最低标准是测算土地的基本生活保障方法一，即是采用国家贫困线标准来核算。

被调查农户土地医疗保障能力的最低标准是土地的医疗保障能力测算方法一，即被调查农户实际医疗费用支出的方法。

被调查农户土地养老保障能力的最低标准是土地的养老保障能力测算方法一，即以实际负担的养老支出为标准。

表4-18　被调查农户按最低标准法计算土地保障能力

（单位：元，户，%）

保障强度等级	保障强度等级值	户数	百分比例	累计频率
无保障	小于0	63	21.3	21.3
弱保障	0～3000	49	16.5	37.8
较弱保障	3001～6000	41	13.9	51.7
中等保障	6001～9000	39	13.2	64.9
较强保障	9001～12000	29	9.8	74.7
强保障	大于12000	75	25.3	100
合计		296	100	

数据来源：昌吉市农民土地保障问题研究问卷调查表统计整理。

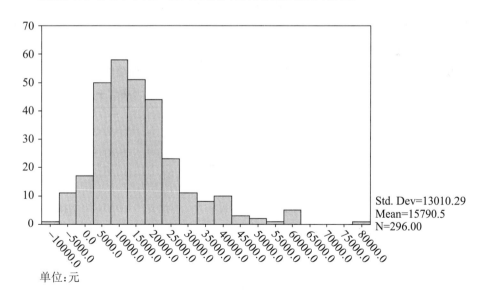

单位:元

图4-15　采用最低标准法的被调查农户土地保障能力图

数据来源：昌吉市农民土地保障问题研究问卷调查表统计整理。

通过采用最低标准法，把被调查农户的土地收益减去按照基本生活、医疗和养老三项最低标准计算得到结果显示：被调查农户中有 21.3% 的土地收益不能支撑其三项费用的支出；90 个被调查者处于 0－6000 元的保障程度；中等保障水平以上的占 48.3%。

（2）最高标准法：被调查农户土地基本生活保障方面的最高标准是测算土地的基本生活保障方法三，采用以全部被调查农民平均的基本生活消费水平为标准。

被调查农户土地医疗保障能力的最高标准是测算方法二，以全部被调查户平均承担的医疗支出为标准。

被调查农户土地养老保障能力的最高标准是测算方法三，采用以现有基本生活水平计算的人均养老储蓄需求为标准。

采用前文计算的基本生活、医疗和养老费用的最高标准计算的最高计算方法，从表 4－19 和图 4－16 可知 96% 的被调查农户，其土地收益根本不能满足家庭的基本生活、医疗和养老费用支出。

应用最高标准计算方法比最低标准计算方法，其保障能力要弱近 75 个百分点，最高标准计算得到的土地保障能力是：绝大多数的被调查农户根本不能依靠土地来进行维持生活，而且就算是采用最低标准来计算昌吉市农村土地的保障能力，也有一半的农户不能得到保障，这也反映了昌吉市农村土地的保障水平中等。

表 4－19　被调查农户按最高标准法计算土地保障能力

（单位：元、户、%）

保障强度等级	保障强度等级值	户数	占比	累计频率
无保障	小于 0	285	96.30	96.3
弱保障	0～3000	0	0	0
较弱保障	3001～6000	11	3.7	100
中等保障	6001～9000	0	0	100
较强保障	9001～12000	0	0	100
强保障	大于 12000	0	0	100
合计		296	100	

数据来源：昌吉市农民土地保障问题研究问卷调查表统计整理。

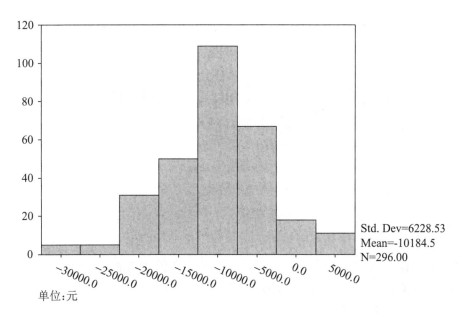

单位:元

图 4-16　采用最高法的被调查农户土地保障能力图

数据来源：昌吉市农民土地保障问题研究问卷调查表统计整理。

从不同的家庭类型来看，在近 53.38 % 的一般农业户中，其家庭收入是靠土地收益获得，而这部分农户的家庭医疗支出恰好又占土地收益较大比重。他们并不十分看好土地的保障能力。在调研中，无论是 53.38% 的收入依靠土地的一般农业收入户还是 39.86% 的兼业农户，都不对土地的保障能力抱过高的希望，他们认为土地根本就没有或较少保障自己家的医疗费用，而认为具有较强保障能力的仅占少数。这说明土地保障的"虚化"现象突出，特别是在农民非农收入渠道增多、土地收益的重要性不断下降的情况下，更多的农户通过选择非农业的方式来满足生活需求。

第五章　转型时期昌吉市农民土地保障功能分析

昌吉市是以农村人口为主体的城市。土地承载着占人口最高比例的农民的生存问题，因此土地与农民具有最直接、最天然的联系。在现阶段，土地对于农民来说不仅是生产资料，更具有一种社会保障功能，这种社会保障功能，不光体现在看得见摸得着的农产品实物上，而且更重要的是给农民提供了心理保障作用。

5.1　当前昌吉市土地保障功能表现

5.1.1　农村土地的保障作用要大于土地的生产作用

土地是一种稀缺的有限的不可再生资源。土地资源的利用，首先考虑的是经济因素。耕地是农业生产的基础性资源。农村耕地种植首先利用其生产功能，为人们提供消费所需求的食物和生活资料，然后才是其经济因素。

当前，昌吉市部分农民（除去一部分设施农业种植的农民和专业经营农业的农民）属于自给性的农户，即农业生产种植仅为了满足自身家庭消费而生产种植。其所追求的目的是：生产是服务于自身消费需求，生产行为具有很强的制约性，即生产的下限是为了满足自身家庭的生存需求，生产的上限是为了实现自身家庭消费能力的最大化。这种自给性的生产行为，尤其是对于粮食作物的生产更是这样。它不是为了交换，获取经济利润。通过昌吉市农民的调查和访谈了解到，农民从事农业生产的直接动机是为了获得最基本的生活资料，保障自身家庭对粮食等农产品的消费需求。土地对于他们的保障作用要大于土地的生产作用。

5.1.2 土地的产出表现为一种实物，剩余部分才是经济收入

农民从自家耕地上收获的农产品，特别是粮食作物，很大的一部分都是先为了满足自家消费，表现出来的土地保障功能是实物形态，而不是一种用金钱来衡量的经济收入。根据昌吉市有关调查数据显示，2015 年农民人均年生活消费 3432.36 元，其中实物消费 635.96 元，食品消费 1210.58 元中，实物消费占 53.80%。这些实物的来源就是他们自家耕种的土地上的收获物。

很多农民的家庭收入主要不是来自农业，他们主要是兼业农户，他们的现金收入来自于非农业，只把农地作为提供家庭粮食、蔬菜等的来源，他们生产的最基本下限就是为了满足自身家庭的生存需求。土地的保障功能主要体现在农产品的实物，只有在有些剩余之后才会考虑卖出这些农产品，换取一些零用钱，这也是为了节省生活开支。无论是自用还是出售，都是农民为了生存所做的一种理性的选择。

5.1.3 土地保障还给农民提供一种心理保障作用

在位于二六工镇政府西南方向，距镇政府 14 公里的军户村调查时，很多村民认为"土地是农民的命根子，走到哪，耕地也不能丢"；一些农民认为土地产出不足以补偿投入，自己耕种，给自己家庭一种心理安稳，只能提供心理上的保障。不管农户拥有土地数量的多少，土地的保障功能是的的确确存在的。一般来说，农民拥有土地数量越多，土地收益越高，土地的实物保障能力就越大；反之，实物保障能力就越小，甚至土地的实物保障作用并不存在，只给予农民一种心理保障。调查中还发现一些农民外出务工将土地撂荒，土地并未给他们提供任何资金来源和现实保障，但是只要土地还在，不论其实际保障能力的大小，农民还是会选择保留土地并将其作为未来的一种生活保障。

5.2 当前昌吉市土地保障功能的特征

昌吉市农民在土地生产经营，土地的保障功能得到体现。虽然，土地的保障功能与社会保障功能不相同，土地保障也异于社会保障，但是农民规避

风险所能依靠的，就只能是以土地为载体的土地保障功能。不过，土地的保障功能所体现出来的特征和社会保障的特征很相似。

5.2.1 形式上的非正规性和法定性，实质上的真实性和可靠性

在我国，目前还没有哪部国家法律和法规，说是对农民实行土地的社会保障制度或政策等提法。虽然土地保障这样的提法没有得到国家法律法规制定者重视，也没有书面的正规性的表达，但是从党中央到广大农村的农民，都认识到了土地的保障功能的的确确是存在的，不是虚无缥缈的东西。《中共中央办公厅 国务院办公厅关于进一步稳定和完善农村土地承包关系的通知》中指出，"在相当长的时期，土地不仅是农民的基本生产资料，而且是农民最主要的生活来源"。1998 年《中共中央关于农业和农村工作若干重大问题的决定》进一步指出，"土地是农业最基本的生产要素，又是农民最基本的生活保障"。

在广大农村，土地成了农村稳定的调节器和农村居民生存保障的重要防线，土地成了缓解农村危机的缓冲器。国家的宏观战略重心倾斜，政府对农村问题重视不够，对农村社会保障的财政投入极少，致使我国农村社会保障体系的建立非常滞后。现阶段农民处于低收入水平，刚刚解决了温饱问题，暂时还无力自己投保建立商业性保险。土地的保障功能得以彰显，这的确也给我国农民提供了一种很原始的牢固的和实实在在的实物保障和心理保障。

5.2.2 实践操作的强制性和公平性

社会保障的强制性来源于国家的社会保障法律和法规，土地社会保障功能的强制性则来源于土地具有社会保障功能所依托的制度环境。虽然，土地社会保障在国家法律层面上"无名分"，但是土地社会保障功能是在土地均分的环境下产生的，在 1982 年的一号文件中明确了"一般是按人劳比例或者按劳力平均分包耕地的规则"，到了 20 世纪 90 年代第二轮承包则转变为"按人口平均承包耕地"，并且制度安排越来越具有强制性。在政策上，对土地社会保障功能的表述也越来越明确。各地在实践中对土地进行强制实行平均分配，采取家庭承包责任制，土地保障功能也就惠及全部农民，明显具有强制性。

在昌吉市，农村土地都是按照人口来平均分配的。土地社会保障功能的公平性也正是体现于此。在农村不管是务农人员还是外出务工人员，也不

管男女老少都可以享有一份土地。土地的保障功能对于广大农民是一种自我保障的形式，这种保障形式在保障的范围、内容和采取的形式等方面不存在根本性的差别。在农村社会里，均分土地具有普遍适应和共同受惠的特征。实现社会的公平分配是社会保障追求的目标。现代社会保障资金分配虽然不是绝对平均，但社会成员在享受社会保障的权利和机会方面明显具有较大的机会均等和利益均等的特征。土地发挥社会保障功能同样追求土地的平均分配，有些地方会根据家庭的人口和全村的人口进行土地的小调整，"三年一小调，五年一大调"，这种不断调整土地就是土地保障功能为了实现其公平性的具体表现形式。但是土地保障的公平性同样不是绝对的平均，因为，一方面，同一集体经济组织的土地在土地质量和产出水平上具有差别；另一方面，不同集体组织成员的土地在面积上同样具有差别。同一集体成员由于家中人口或劳动力的差异，能够分配到的土地面积也不同。最重要的在于，土地虽然平均分配，土地产出水平与劳动者的劳动是密切相关的，劳动者的劳动贡献率高，其土地的保障水平自然就高；反之，则低。这也体现出现代社会保障中某些项目与社会成员过去的劳动贡献挂钩，显示了多劳多得的社会公平性。

5.3　土地社会保障功能的评析

土地是农民工作与生活的重要场所和生存基础，拥有土地是农民与社会其他人群相区别的一个重要特征，是农村家庭的核心禀性，也是农民最后的一道生活安全保障。在现阶段分散家庭经营格局下，土地的社会保障功能远远大于其生产功能，有它有利的方面。但随着土地福利化倾向增强和农村经济社会的发展，昌吉市具有社会保障功能的土地也越来越暴露出其副作用。

5.3.1　有利方面

1. 土地以及其依托的土地制度，是我国农村改革的一种低成本的较优方案

从制度学观点来看，任何一项制度都要花费成本，而且要符合绝大多数人的利益。现行的农村土地制度，是在农村一穷二白的基础上进行，符合了受苦受难的农民的利益，符合了农村的实际情况，充分调动了农民群众的积极性，得到了广大劳动人民的衷心拥护。它避免了全社会范围内因为土地再分配而引起的效率损失，并且它并不排斥土地的再交易，亦不影响资源的配

置效率。整体上看，它使人力资源和生产资料充分结合，使资源效益最大化。土地制度的载体——土地发挥自身的保障作用，使广大人民群众过上了比较稳定和温饱的生活。土地以及其依托的土地制度，是农村改革的一种低成本的和较优方案，得到了广大人民群众的赞同。

2. 土地一直维持着农民的基本生计，为农村社会公平稳定起着重要的作用

中国传统上是一个乡土社会，农耕文化构成了五千年文明的主流。中国传统思想文化根源中的重农思想和平均主义的小农意识，对于我国农村、农民影响非常大。由于自给自足的农耕社会中农民经济地位的相似性、农村结构的同质性和生存条件的单一化，人们天然地具有一种平均占有社会产品的朴素情结，可谓是平均主义的小农意识根深蒂固。解放之后，特别是十一届三中全会之后，我国的农村社会普遍实行了家庭承包制，实现了"耕者有其田"的愿望。无论是在历史上还是当今，土地一直都在维持着农民的基本生计，为农民提供着基本生活保障。平均分配土地，保障了农民的生存权，土地的保障功能，加上家庭储蓄等其他手段，可以有效地保护农民免受不利因素的冲击，这对那些家庭贫困或没有能力挣取非农收入的人们来说尤其重要，对农村社会的公平稳定起着重要的作用。

3. 土地的社会保障功能促进了昌吉市农村劳动力转移和农民收入增长

由于土地具有生活、就业、养老和医疗等保障功能，农村剩余劳动力就能以土地作为最后的生活保障，到附近的城市从事二三产业。提高昌吉市农村地区的劳动力转移率，有利于农村劳动力的跨区域流动，有利于向乌鲁木齐等大中城市流动，促进城市经济大发展，促进社会和谐。他们通过合法的辛勤劳动赚取更高的收入，进一步提高了整个农村人口的收入水平。我们在中山路办事处的小渠子一村调查时，和村里干部及农民访谈得知，该村现有常住人口170户，390人，土地面积3200多亩，劳动力360人，人均收入2900元。2002年随着新区扩容、滨湖河的修建，该村410亩土地被征用，70%的村民瞬间失去了土地。刚刚拿到土地赔偿费的农民兴奋了一阵，不用到地里干活，打麻将、斗地主玩得好快活。但随着土地补偿款的不断减少，村民的恐慌意识与日俱增，影响到了村子的稳定。很多农民都在考虑：世代以土地为生的他们今后的生活来源靠什么？农民失去了土地，就意味着失去了生存的基本条件。他们还是认为土地才是他们最重要的保障。特别对于那些暂时离开农村到城市务工的农民，土地的保障作用能够减少忧患，比较容易进行农村剩余劳动力转移，到城市里打工，以增加他们的经济收入。

承包土地对农民有着极重要的保障功能。农民在非农部门能找到就业机会就暂时离开土地，当找不到工作时就回到土地上劳动，这就相当于土地提供了就业保障；老年人在土地上进行劳动取得基本生活用品，或是以土地为条件取得养老生活用品，相当于取得养老保险；妇女在土地上耕作获得基本生活用品，使丈夫安心在外打工，她也取得了最低生活保障。因此，土地提供的社会保障，在大大减少工业化过程中的社会阵痛方面发挥着不可替代、不可估量的作用。

5.3.2　不利方面

1. 土地的保障功能与其作为生产要素之间的矛盾

土地首先是作为生产要素存在的，是一种人类生存所必需的生产资料。而土地又从其自身从为人们提供着一种保障作用。作为一种生产要素，经营者是逐利的，他们总是让土地这种生产要素向利润最高的方向流动，必然会形成规模经营；作为生产经营主体的农民总是想多经营土地，以实现适度规模经营或者想通过多种地、多增加收入，从而更好地发挥土地的保障作用；从一般所有者来看，土地作为一种资本，所有权主体总想把土地交给最会经营的经营者。因此，发挥承包土地的经济功能，自然会有很多人没有土地，而一部分人通过兼并等方式，拥有比较多的土地，这可能是最有效率的土地配置方式。但同时会导致土地的分配不公，导致部分农民失地、生活困苦，严重影响土地保障功能的发挥。土地的保障功能与其作为一种人类生活所必需的生产要素就发生了矛盾。

2. 土地的社会保障功能阻碍国民经济结构调整

随着农民非农就业机会的增加，和农民收入来源渠道的多元化，在农民的收入来源中，农业或土地收入的相对重要性将会趋于下降；土地经营的要素成本和机会成本趋于提高，农业经营的比较利益趋于减少。因此，土地保障的相对作用也会趋于下降；主要依靠土地保障的局限性，也将趋于增加。在一些农村高度市场化和城市化以后，农户依靠小规模耕地，根本保证不了基本生活，更不能保证养老。特别是，有些农民已经较长时期地离开土地，进入城市或乡村的非农领域，其就业观念和生活方式已经发生了质的变化。其中多数人即使暂时丧失了非农就业机会，也未必把回归农业、经营土地作为一条退路，土地的保障作用将因此失去了意义。

3. 土地的社会保障功能阻碍城镇化的发展

城镇化是国民经济结构调整的基本方向。随着城镇化的发展，一方面，农业用地转为非农用地的规模，将会迅速扩张；另一方面，在那些城郊或小城镇重点发展的地区，土地资产将会迅速增值。但是，当前国家基本上垄断了农村土地的一级市场，在农用地转为非农用地的过程中，比较规范的程序是先征为国有，再由国家或政府将使用权出让给非农用地单位。国家征地时，往往将征地价格压得很低，而国家的土地出让价格却通常很高。在此过程中，政府一转手即可获得高额收益；而作为土地所有者的集体和拥有土地承包权的农民，却所得甚少。

根据有关资料，目前在城市建设征用农用地的过程中，征地收入的分配比例大致是：农民得 5% ~ 10%，集体得 25% ~ 30%，政府及其机构得 60% ~ 70%①。在土地农转非的过程中，也有相当一部分是以不规范的方式进行的。其大致情形是，地方政府与土地开发商合谋，以较低的价格从农村集体（农民）手中征得土地，通过土地开发或直接转手，赚得高额利润。可见，目前在与城镇化相关的土地农转非过程中，相关集体和农民的利益往往受到侵害。从土地农转非中，农民得到的有限利益，甚至远远不能替代农转非的土地所发挥的相应的保障作用。此外，许多农民还会因为失去土地，不得不更大程度地介入先前不太熟悉的非农领域或城镇生活，因而增加了生活和就业风险。

4. 土地的社会保障功能阻碍农业结构调整

土地的社会保障功能与农业结构调整的矛盾。我国农业目前面临的问题是小农经济与大市场的衔接问题，农业的产业化是农业结构调整的重要方面，但目前农民的生存保障完全依赖于土地，即便是依赖于产业化公司，土地保障也是农民的最后生命线。农民不愿意将自己的土地拿出来，进行土地产业化种植。据了解，种植蔬菜或其他大棚，每个大棚（占地一亩）年纯收入平均为 7200 元，比粮食种植高出 10 多倍。但劳动时间和劳动强度明显增加，如种大田作物平均每亩每年需要的劳动工作日为 15 天左右，设施农业则需要200 个工作日（春秋冬三季）。而且设施农业劳动强度大，一般到 65 岁便难以胜任大棚里的劳动，只有纯农业户愿意种植，部分的兼业愿意种植。从一定程度上阻碍了农业结构调整。

5. 发挥土地的保障功能与提高土地利用效率的矛盾

土地不仅是农民社会保障的重要依托，还是重要的农业生产资料。如果

① 张正河，武晋. "论农村生产要素的准城市化" [J]. 农业经济问题. 2001（7）：22

农村的分工分业不发达，农民经营素质的分化程度也不高；那么，发挥土地的保障功能与利用土地的生产资料功能，往往不存在明显的矛盾。但是，随着农业生产力的发展和农民分化程度的提高，二者的矛盾将会越来越大。因此，土地向经营能手集中，土地连片开发、发展农业规模经营，就是提高土地利用效率的必然要求。如果过分强调土地的社会保障功能，势必导致农户的土地不断细分，不利于土地的连片和有效开发，妨碍农户之间的土地流转，延缓土地规模经营的发展，进而有悖于土地利用的效率目标。20世纪80年代以来，在耕地面积不断减少的同时，农村的人口和劳动力却不断增加，导致人地关系不断恶化。由此导致的结果是，从相对地位来看，土地所承担的社会保障功能上升，生产资料功能下降。在有些地方，由于农业经营比较利益低等原因，土地的生产资料功能已经严重退化，甚至基本消失，转变为单纯的保障手段。主要表现是，部分从事非农产业的农户，往往对土地进行粗放经营，或将土地撂荒。据此次对昌吉市的调查和与农民交谈得知，昌吉市很多农民都对土地粗放经营，特别是年轻的农民，大部分青年人对耕种土地毫无热情，由于常年在外打工，他们对农业知识和农作技能已很生疏。在他们的眼里，拥有土地是一件"麻烦事"，一方面种田无利可图，但另一方面为了防范风险，他们又不舍得放弃土地，因而他们常常随便种点农作物，也不精耕细作，任其发展，到收获季节胡乱收割，更谈不上对土地的保养了。还有一些人将土地撂荒，其中常年性撂荒和季节性撂荒占多数，少数人撂荒达2年以上。

6. 发挥土地的保障功能阻滞农业现代化的发展

目前昌吉市农民经营规模较小，商品粮生产效率较低。在生产商品粮时，很多农户都出现了规模报酬递增现象，表明他们还未达到土地规模经济的临界值。虽然商品粮生产的边际收益大于边际成本，但因耕地规模的刚性约束，农户无法追加劳动力和资本等投入。在我们调查过程中，很多农民都想扩大经营规模，多承包一些土地，进一步发挥土地的保障作用，增加土地收益，但是村里已经没有更多的土地进行发包了。

很多农户规模很小，市场应变能力减弱，非理性成分较高，放大了农产品供给的蛛网效应。小规模农户不利于农业技术的推广和创新，阻滞农业现代化的发展进程。因为小规模户面对新技术、新品种带来的风险损失，往往倾向于自己承担，只有极少数的农民才会向保险公司投保。但因资金缺乏，这两方面都难尽如人意。况且我国农业保险落后，才刚刚起步，险种缺乏，服务跟不上，小规模户此道难通。于是新技术、新品种在小规模户中的推广十分困难，削弱了农业技术创新的拉动力。同时，因资金缺乏，小规模户难以购置较大型的农机具，不利于推动农业现代化进程。

7. 耕地质量对土地保障有影响

耕地，是农民赖以生存的生命线。耕地质量的划分由所调查家庭根据村委会和兵团一些连队的标准和自身耕作实际经验决定，由好到次，分为一类地、二类地、三类地、四类地四个等级（见表5-1）。

表5-1　土地质量与承包费及户数

土地类型	一等地	二等地	三等地	四等地
承包费/亩	266 元	246 元	226 元	160 元
家庭数量/户	45	152	62	37

通过调查所知，村委会或连队根据土地质量的好坏，划分出等级不同的耕地，并制定出不同的"承包费"（"利费"）。表5-1显示，前三类地的利费间每亩相差二十元，一类地的承包家庭约占到30%，二类地在包地家庭中所占比例最高，达到50%，承包三、四类地的家庭数量较少。由于一、二类地的"承包费"（"利费"）较高，有些家庭没有那么多积蓄，也筹集不到资金，所以只能选择种植三、四类地，这种家庭的比例总和达到20%左右，而因为三、四类地的耕地质量相对较差，这也就必然影响到所种植作物的产量，从而最终会导致这些家庭的收入相对较低。所以对于农民的土地保障产生影响。

总之，对于昌吉市农村土地对于广大农民来说，承担着社会保障功能，总体来看，其有利的方面大于不利的方面。

第六章 转型时期昌吉市农民认识及行为对土地保障能力的影响

昌吉市农民于 20 世纪 80 年代中后期就基本解决了温饱问题，当前正处于全面小康建设阶段。昌吉市作为乌鲁木齐的卫星城市，承接着其经济社会发展的后花园，同时它又是一个多民族集聚地。昌吉市正在由传统的农业社会向工业社会的转变，由传统的农村社会向现代农村社会转变，由封闭社会向开放社会转变，尤其是市场经济机制正在逐渐完善，经济快速发展，社会变化日新月异。处于转型和变革时期的社会大环境下，昌吉市农民有了更多的选择，农民的行为发生微妙的变化。但是，从整体上来说，昌吉市农民种植行为尚未改变传统色彩，尤其耕地种植方面还处于一种半自给半商品化状态，耕地依然肩负着众多生产、经济和社会功能。

6.1 农民土地利用的特点

昌吉市农民土地利用具有典型的半自给半商品化的种植特点。农民生产出来的农产品除了一部分自身家庭消费外，另外一部分剩余特别是粮食，在留足家庭来年生产和家庭消费外，才会考虑销售出去，获取一些经济利润。即农民土地利用首先是满足生活等方面的消费需求，也就是先实现土地的保障功能，再考虑生活生产风险和经济能力，农民力求在次优水平上实现自身利润最大化。

6.1.1 农民生产具有半自给半商品化特点

昌吉市各乡镇人均耕地存在较大差异，户均耕地规模较大。对于土地上生产出来的农产品，农民兼有生产者和消费者双重身份，而且用于自身家庭消费的占了较大比例。土地的生产功能较大，农民的家庭生活需求占最重要地位，农产品不可能完全商品化和市场化，农民生产是一种半自给半商品化生产。

6.1.2 农民非农兼业行为普遍，收入来源多元化

由于靠近首府乌鲁木齐，昌吉市近年来经济快速发展，农民比较容易获得相关的非农就业机会。特别是昌吉市交通非常便利，目前从市区的亚中广场车站每天都有班车往还各个乡镇，而且通讯非常方便，人们获取相关信息更加方便快捷，获取信息的成本较低。昌吉市农业经营的绝对收益低，相对收益也低，农民为增加家庭收入，在进行农业经营的同时，普遍都会到非农产业进行发展。"种田为吃饭，打工为赚钱"的想法影响非常大。调查中，一般农业家庭占53.38%，农业兼非农业及非农业占46.62%，很多年轻的农民都认为自己要想赚钱的话会"外出打工、做点小生意"。一些年纪较大的农民则想在家里"搞点畜牧养殖，多养点猪、羊等"。他们都认为，从事非农兼业才能谋求更大发展。在这些调查中，非农兼业人员主要从事贩卖水果蔬菜、建筑行业及交通运输等方面，并且他们的非农收入所占的比重正在逐步上升。

6.1.3 种植种类比较单一，劳动生产率较低

昌吉市农民受教育程度较低，调查中发现，很多农民都是小学毕业，对农业市场的认知和新事物的接受能力还很弱。农业生产方面主要依靠自身经验的积累和邻里间学习，所以农民一般都是"你种什么，我也跟着种什么"，种植种类比较单一，一般都是种植小麦、玉米、葡萄等，新技术的应用和新品种的推广，还具有一定的障碍和时滞。由于昌吉市农民家庭资金有限，农业种植方面，大型机械化应用还是很少，一些远郊的农民还在使用驴、马、牛等牲畜来进行生产，劳动生产率不高。

6.2 农民对土地保障功能的认知分析

6.2.1 不同年龄的农民对土地保障功能的认识

目的引导行动，思想影响行为。不同年龄的人，对待同一事物，有不同的认识。根据调查资料，我们将不同年龄的农民分组，以便分析他们对土地

保障功能的认识，探讨他们的耕地种植行为。首先，将农民按年龄分为：29岁以下、30～39岁、40～49岁、50～59岁和大于60岁五个年龄段进行分析。根据296份被调查农民资料归纳整理的详细情况见表6-1。

表6-1　不同年龄的农民对土地保障功能认识

（单位：人，%）

土地保障功能表现形式	被调查人年龄										
	29 岁以下		30～39 岁		40～49 岁		50～59 岁		60 岁以上		合计	
	调查人数	比重	调查人数	比重	调查人数	比重	调查人数	比重	调查人数	比重	调查人数	比重
最低生活保障	35	11.82	77	26.01	98	33.11	63	21.28	13	4.39	286	96.62
提供就业机会	21	7.09	65	21.96	103	34.8	65	21.96	13	4.39	267	90.2
养老保障	30	10.14	74	25	95	32.09	58	19.59	13	4.39	270	91.22
医疗保障	26	8.78	76	25.67	84	28.38	53	17.9	10	3.38	249	84.12
直接经济效益	31	10.47	80	27.03	102	34.46	60	20.27	13	4.39	286	96.62
其他（征地补偿等）	35	11.82	80	27.03	103	34.8	65	21.96	13	4.39	296	100

数据来源：昌吉市农民土地保障问题研究问卷调查表统计整理。

（1）被调查农民还是很赞同土地的保障功能。

从上表可知，在全部被调查的296个农民中，有96.62%的人认为土地具有基本生活保障功能；90.2%的人认为土地能提供就业机会，给他们一种就业保障；91.22%和84.12%的人分别认同土地能够给他们提供养老和医疗保障；更多的人想到的是土地能直接产生经济效益和获得征地补偿等其他的功能。

（2）相比起来，年龄大的农民更多考虑的是养老和就业，以保障自身家庭的基本生活，土地的保障作用显著。

年龄在 50～59 岁的被调查人数 65 人，60 岁以上被调查的农民 13 人，它们占被调查者的 26.4%。随着年龄的增大，50、60 岁的农民越发看中土地的养老、就业等方面的保障作用。养老保障功能由中青年农民的 91.28% 上升到年龄大的农民的 100%，就业保障功能由中青年的 86.7% 上升到老年农民的 100%。农民由于受自身技能、年龄因素等限制，他们依然将土地作为风险缓解、就业和养老的重要保障，以防在非农行业破产之后，还有一块土地可以解决温饱问题，实现进退自如，因此他们不愿放弃土地。农民的忧患意识较为强烈，图稳定防风险仍然是很多农民在决策时很重要的基础前提。

6.2.2 不同性别的农民对土地保障功能的认识

性别不同，对土地保障功能的看法也各异。样本数据表明，女户主的家庭并不是很多，平均占样本家庭总数的 6%。在传统的男权乡土文化下，妇女为户主的家庭基本上是寡居或离异的家庭。

表 6-2 不同性别的农民对土地保障功能的认识

性别	土地保障功能表现形式									
	最低生活保障		提供就业机会		养老保障		医疗保障		直接经济效益	
	调查人数	比重	调查人数	比重	调查人数	比重	调查人数	比重	调查人数	比重
男	150	50.68	135	45.61	122	41.22	107	36.15	94	31.76
女	146	49.32	161	54.39	174	58.78	189	63.85	202	68.24

从以上表格可知，昌吉市的性别不同的农民对于土地保障功能看法不同。总体来看，调查中的女性比男性对土地社会保障功能认识深刻，无论是提供就业机会，还是养老保障、医疗保障等。而男性就对于就业、养老等保障就有点认识较浅。这可能是由于受传统观念的影响，男性在外打拼，其对土地的保障功能看得比较轻，认为自己可以在外面从事非农产业，也能找到就业机会，赚钱进行养老和医疗保障。

6.2.3 不同区域的农民对土地保障功能的认识

1. 近郊与远郊的农民对土地保障功能的认识分析

土地具有位置固定性和不可移动性，农民每家每户拥有有限的土地面积，所以处于不同地理位置土地的农民对土地的经营种植，影响也不同。

农民土地与城市的远近，往往令其家庭农业种植经营、利用方式等方面有很大的差别。在城市近郊的农民，更容易受城市环境的影响。由于靠近城市，非农就业机会多，信息和交通成本较之远郊农民要少很多。下面通过被调查农民处于与城市不同的距离来分析他们对土地保障功能的认识差异。（详见表6-3调查数据）

表6-3　近郊与远郊的农民对土地保障功能认识

	土地保障功能表现形式										
	最低生活保障		提供就业机会		养老保障		医疗保障		直接经济效益		其他（征地补偿等）	
	调查人数	比重	调查人数	比重	调查人数	比重	调查人数	比重	调查人数	比重	调查人数	比重
近郊	84	28.38	76	25.68	88	29.73	85	28.72	90	30.41	94	31.76
远郊	195	65.88	200	67.57	197	66.55	189	63.85	202	68.24	202	68.24

数据来源：昌吉市农民土地保障问题研究问卷调查表统计整理。

远郊农民对土地的依赖性要大于近郊农民，对土地的直接经济效益和征地补偿等其他方面作用都很看重。在近郊总共94个调查对象中，认为土地具有基本生活保障的占89.36%，土地能提供就业机会的占80.85%，养老和医疗保障的比例分别为：93.62%和90.43%。然而在远郊的202个被调查农民则认为土地能给他们提供生活方面的保障为96.53%，提供就业机会的为99%，养老和医疗保障作用的分别为97.52%和93.56%。距离城市远近不同，农民对土地的认识也不同，从远郊农民认为土地具有基本生活保障的比例97%到近郊农民的89%，减少了8个百分点；对土地提供就业机会的，从近郊的80.85%提高到远郊的99%，增加的比重为18.15%。

农民住地和土地与城市的远近，令他们的种植类型、生产结构和土地利用方式有很大的差别。一般来说，远郊的农民拥有的土地面积较城市近郊的农民土地面积会多点。据调查样本显示，昌吉市近郊的农民，象建国路社区的一些地方，他们所拥有的户均土地面积为10亩左右；远郊的地方，象庙尔沟乡的一些地方，户均拥有25亩左右。两者相差一倍多。

2. 近郊与远郊的农民生产经营目标认识不同分析

我国实行家庭承包责任制，农民对自己的生产经营目标有决定权。农民土地距离城市远近不同，他们对其生产经营目标的认识也不同。从这方面，根据反映不同距离的农民生产经营目标的认识，来分析农民对土地的更深层的认识和行为。可将农民的生产经营目标分为完全靠农业、以农为主兼非农业及以非农业为主，农业为辅三种类型。（详见调查数据表6－4）

表6－4　近郊与远郊的农民生产经营目标认识对比表

	完全靠农业	以农为主兼非农业	以非农业为主，农业为辅	合计
近郊	46.81	40.43	12.76	100
远郊	56.77	39.58	3.65	100
全部调查户	51.68	38.52	6.41	100

数据来源：昌吉市农民土地保障问题研究问卷调查表统计整理

（1）被调查农民的生产经营目标对农业的依赖性还是很强的。从上表可知，一半多的农民都考虑将农业作为自己家庭生产经营目标。占被调查农民的三分之一强才考虑以农业为主，兼顾非农业。更少的人才会以非农产业为主，农业次之。在当今市场经济条件下，昌吉市正在由传统的农业社会向工业社会转变，由传统的农村社会向现代农村社会转变，由封闭社会向开放社会转变。在这转型时期，各类风险增加了。农民是一个特殊的经济主体，它更是一个弱势群体。在预防各种社会风险时，农民首先追求的是保持家庭生产和生活的稳定性，在这基础上，农民才会考虑别的选择和机会。

完全靠农业来进行生产经营，农民才能依靠土地，才能获得土地的保障功能，才能维持自己家庭的生产生活的稳定。以农为主，兼顾非农产业和以非农业为主、农业为辅，这也反映了一部分农民在非农行业经营失败后，还有一条生活的后路。正是由于土地能提供最基本的生活保障，能提供就业的机会，能有点小病就得到治疗，能给老年人提供些养老保障，更能直接提供些经济收益，保障自己家庭的安全。土地的保障功能完全在此彰显出来。也正是由于土地的保障功能存在，这部分农民才会有该种生产经营目标。

（2）远郊和近郊农民对自己的生产经营目标存在明显的不同。远郊农民由于非农业就业机会稍微小点，加上各种成本的影响，完全依靠土地来生产经营的比重近郊的农民高20.96个百分点。远郊农民只有2.36%的被调查农民会有以非农业为主、农业为辅的生产经营目标，这也反映了远郊农民更多关注土地，更多关注对土地的依赖性，关注家庭的稳定。

（3）近郊和远郊农民对生产经营目标的不同，说明他们在土地利用上来规避各种生产和生活风险的程度不一样。由于近郊农民的非农就业机会比远郊农民多，近郊农民选择的机会也就多点，他们对土地的专注程度不及远郊农民，但是远郊和近郊农民都以土地作为自己生活生产的最后保障。原因之一是，当前农村社会保障体系缺失，农民面对各种风险，只好求助于土地，这一原始和最牢靠的东西来规避风险；原因之二是，农民在实现自身利益最大化时，采用的一种次优的选择方式。很多农民都选择"一手抓粮保安康，一手抓钱奔小康"。

6.3　农民对耕地征用的态度分析

6.3.1　不同年龄的农民对耕地征用的态度分析

城镇化和工业化是现代城市发展中的关键一环。昌吉市目前正在处于全面城镇化和工业化阶段。在此阶段，经济要发展，社会要进步，人民生活水平要提高，就必然会占用大量的耕地，以支撑经济社会的发展。2000年至2007年昌吉市共计征收土地17428.56亩，其中耕地就达13232.94亩。2007年昌吉市征收耕地696亩。农民对耕地征收有不同的理解和认识。这些理解和认识，从侧面上能进一步反映农民对耕地利用和土地保障功能的认识。况且由于土地征用，他们能得到一笔比他们在土地种植方面更多的钱，以保障他们家庭生活等方面，这也是从侧面来说明土地有一定的社会保障功能。

（1）被调查农民普遍认为当前补偿标准低，难以满足他们的生活生产需求。被征地农民对现阶段执行的征地价格提出异议，普遍反映征地价格偏低。在目前的征地补偿条件下，只有39.86%的农民愿意让自己的土地被征收，60.14%的人不愿意或以无所谓的态度来对待土地征收。

（2）农民不愿意被征地的意愿随着年龄的增长越加强烈。被调查农民中，在目前征地补偿标准下，56.76%的不愿意被征地的农民中，有72.62%是年龄大的农民。40岁以下的农民有27.38%不希望被征地。这一方面说明征地补偿低，另一方面也说明了农民特别是年龄大的农民对土地有一种习于依赖的不可割舍的情怀，土地在他们心里占有重要的地位。

表 6 – 5　不同年龄的农民对征地的意愿

事项		被调查人年龄											
		29 岁以下		30～39 岁		40～49 岁		50～59 岁		60 岁以上		合计	
		调查人数	比重	调查人数	比重	调查人数	比重	调查人数	比重	调查人数	比重	调查人数	比重
在现行征地补偿条件下征地意愿	愿意	27	9.12	35	11.82	43	14.53	13	4.39	0	0	118	39.86
	不愿意	5	1.69	41	13.85	57	19.26	52	17.57	13	4.39	168	56.76
	无所谓	3	1.01	4	1.35	3	1.01	0	0	0	0	10	3.38
若大大提高征地补偿条件下征地意愿	愿意	35	11.82	76	25.68	74	25	57	19.26	4	1.35	249	83.1
	不愿意	0	0	2	0.68	29	9.8	8	2.7	9	3.04	48	16.21
	无所谓	0	0	2	0.68	0	0	0	0	0	0	2	0.68

数据来源：昌吉市农民土地保障问题研究问卷调查表统计整理。

（3）征地补偿对农民被征地的意愿影响很大。从表 6 – 5 中得知，当土地补偿标准大大提高后，愿意被征地的农民高达 83.1%，比现行征地补偿标准时占比 39.86% 增加了一倍多。调查数据也显示，在提高了征地补偿标准的同时，不同年龄段的农民愿意被征地的比例也明显上升了。调查中有 35 个 29 岁以下的农民都愿意被征地，比例达 100%；30～39 岁被调查的 80 个农民有 76 人希望被征地，比例为 95%；40～49 岁被调查的 85 人，有 74 人希望被征地，比例为 87.06%；65 个 50～59 岁的被调查人员中，有 57 人愿意被征地，比重为 87.69%，13 个 60 岁以上的被调查农民有 4 人愿意被征地，比重为 30.77%。

（4）征地补偿对年轻农民的影响要大于对年老的农民。原因可能是征地补偿标准提高后，年轻人能够用此钱，出外从事非农工作，这也是他们的一笔原始积累。所以他们非常容易受征地补偿标准的影响。而年老的人，还不太容易受补偿标准的影响，这也反映了老农对土地有深深的眷恋之情。

（5）虽然征地补偿标准提高了，但是年龄大的农民还是很不愿意让土地被征用。虽然年龄大的农民从现行补偿标准下，都不愿意被征地，但到提高补偿标准后 30.77% 愿意被征地，更加说明了年龄大的农民对土地保障功能和情怀不能割舍。

对于被调查农民不愿意被征地的原因，我们进一步从不同年龄这个角度来分析。从表 6 – 6 我们可得知，40.2% 的人认为征地之后就没有了生活方面的保障，担心未来的生产和生活风险。土地给他们提供的是很牢靠的一种实物和心理上保障作用。访谈中，当问及为什么不愿意放弃土地时，一位农民说，只要自己还能干得动，有一块土地，随便种些粮食等东西，可能保证全家人不被饿着。土地在自己的地上，别人既偷不走，又抢不掉。

表6-6 不同年龄的农民不愿被征地的原因

（单位：人，%）

	被调查人年龄										
	29岁以下		30-39岁		40-49岁		50-59岁		60岁以上		合计	
	调查人数	比重	调查人数	比重	调查人数	比重	调查人数	比重	调查人数	比重	调查人数	比重
在征地后生活没有保障	5	1.69	26	8.78	34	11.49	46	15.54	8	2.7	119	40.2
虽补偿条件提高，但仍较低	26	8.78	48	16.22	57	19.26	12	4.05	0		143	48.31
耕地越来越少，种地可能高收益	4	1.35	5	1.69	9	3.04	6	2.03	2	0.7	26	8.78
给子孙后代留下一些土地	0	0	1	0.34	3	1.01	1	0.34	3	1	8	2.7

数据来源：昌吉市农民土地保障问题研究问卷调查表统计整理。

从以上分析可以看出，耕地的保障功能在近期是无法取代的。特别是由于农村社会保障体系尚未建立，农民生产和生活风险加大，农民只能依靠土地来规避一些风险。虽然补偿标准提高了，但是近50%的农民认为，钱不值钱了，物价水平又在涨，还是很难保证自己的生活，所以他们不愿意让自己的土地被征用。

年龄稍微大的农民，还是想给自己的子孙后代留下一些土地，有这样想法的人占2.7%。这从另一方面说明，这些农民希望土地能被后代继承，保障他们后代的生活等。在调查访谈中，我们听到农民这样说，虽然自己一辈子都是依靠土地来活命，生活还是很清贫，希望自己的后代能主动跳出农村，实在不行，也就只能给他们留下一些土地了，有了地，想干啥都行。

近10%的被调查农民希望自己种地的收益能更高。这些人认为，只要自己有能力掌握比较好的种植和管理方面的经验和技术的话，耕地在逐年减少，国家支农的政策也会越来越多,那么自己种地还是有希望的。特别是中年人对农业生产前景抱有较大的希望。

6.3.2 不同教育水平的农民对土地保障功能的认知

观念决定思想,思想提出决策,决策支配行动,行动影响结果。我国实行家庭承包制,农民对自己的土地有了一定的支配权。那么农民的文化素质将直接关系其对土地的认识,影响他们的耕地种植行为。结合实地调查情况,可将被调查农民的文化程度分为四大类:没上过学、小学、中学和高中及以上。通过对不同文化程度来了解农民对土地保障功能的认识。(详见表6-7)

表6-7 不同文化程度的农民对土地保障功能的认识

土地保障功能表现形式	被调查农民的文化程度									
	没上过学		小学		中学		高中及以上		合计	
	调查人数	比重	调查人数	比重	调查人数	比重	调查人数	比重	调查人数	比重
最低生活保障	23	7.77	52	17.57	107	36.15	90	30.41	272	91.89
提供就业机会	23	7.77	48	16.22	98	33.11	62	20.95	231	78.04
养老保障	20	6.76	53	17.91	91	30.74	77	26.01	241	81.42
医疗保障	21	7.95	47	15.87	85	28.72	60	20.27	213	71.96
直接经济效益	23	7.77	57	19.26	117	39.53	98	33.11	295	99.66
其他(征地补偿等)	23	7.77	57	19.26	118	39.86	98	33.11	296	100

数据来源:昌吉市农民土地保障问题研究问卷调查表统计整理。

(1)农民文化程度越高,对土地的保障功能更清晰。近92%的被调查农民都认为土地能够提供基本生活保障。受教育文化程度低的人就只会把土地作为一种低级的生活保障和就业机会等,文化程度高的人想法也多,不光考虑土地的生产等基本功能,还会考虑其经济功能,他们对土地的依赖性较弱。

(2)不管文化程度高低,被调查农民都非常关心土地的直接经济效益和征地补偿。耕种土地,能够产生直接的经济效益,可以增加家中的经济收入,防范生产和生活风险,也能够稳定自己的家庭。地上种植的农产品,先可以满足自己家庭消费，有了剩余还可以作为商品出售，获得直接的经济收益。征地补偿获得的钱款，也可在一定程度上保障自己家庭生活生产。

6.3.3　不同民族的农民对土地保障功能的认知

民族的差异也会导致农民对土地保障功能认识的不同。根据调查显示，昌吉市民族人口占33%左右。下面将根据不同民族的特点，来分析他们对土地保障功能的认识。（详见表6-8）

（1）少数民族的农民，由于受特殊的民族风俗习惯和传统观念的影响，特别恋家和乡土情结严重。被调查的41个回族农民，36个认为土地能提供基本生活保障，占87.8%；38个认为土地能提供一种就业机会，占比达92.68%；养老和医疗的比重分别为85.36%和75.6%。被调查的10个维吾尔族同胞，有7人认同土地给他们生活提供了基本保障；80%的人同意土地给他们提供就业机会；90%的人认同土地给他们提供了养老和医疗保障。调查中的各个民族都赞同土地的直接经济效益和征地补偿方面的作用。

（2）汉族农民比少数民族农民对土地保障功能的认识稍微强一点。在全部被调查的234个汉族农民中，有215人认同土地保障功能，占91.88%；224人认为土地给他们一种就业机会，占95.73%；209人认同土地的养老保障功能，占89.31%；226人认同土地的医疗保障功能，占96.58%。62个被调查的少数民族农民中，有51人认同土地的基本生活保障功能，约占82%；有43人同意土地给他们提供就业机会，占69%；有50人同意土地的养老保障功能，占80%；有48人认识到土地给他们提供医疗保障功能，占79%。通过对农民的访谈得知，昌吉市很多汉族农民都是十多年前从内地来新疆的，他们把内地农民的优良品质带到了新疆，他们对土地的保障作用非常清楚，所以他们对土地有很深的眷恋之情，土地的情结深深烙在他们的心灵中。少数民族农民差不多都是从游牧民族转化过来的，农耕对他们来说，历史不是很久，因此他们体味到的土地保障作用没有汉族农民那样深。

表6-8　不同民族的农民对土地保障功能的认识

（单位：人，%）

民族	土地保障功能表现形式											
	最低生活保障		提供就业机会		养老保障		医疗保障		直接经济效益		其他（征地补偿等）	
	调查人数	比重	调查人数	比重	调查人数	比重	调查人数	比重	调查人数	比重	调查人数	比重
汉族	215	72.64	224	75.68	209	70.61	226	76.35	219	73.99	234	79.05
回族	36	12.16	38	12.84	35	11.82	31	10.47	32	10.81	41	13.85
哈萨克族	5	1.69	5	1.69	4	1.35	6	2.07	7	2.36	8	2.7
维吾尔族	7	2.36	8	2.7	9	3.04	9	3.04	8	2.7	10	3.38
其他民族	3	1.01	2	0.67	2	0.67	2	0.67	3	1.01	3	1.01

数据来源：昌吉市农民土地保障问题研究问卷调查表统计整理。

6.4　农民对医疗保障的认知

6.4.1　农民对农村医疗保障信息的认知情况

表6-9　对农村医疗保障认知度的统计

是否知道农村社会医疗保障			是否了解农村合作医疗			是否了解其他商业形式医疗保障	
	调查人数	占总人数的比例（%）		调查人数	占总人数的比例（%）	调查人数	占总人数的比例（%）
未回答	48	16.21	未回答	16	5.41	62	20.95
知道	32	10.81	了解	217	73.31	29	9.8
不知道	218	72.98	不了解	63	21.28	205	69.25
合计	296	100	合计	296	100	296	100

数据来源：昌吉市农民土地保障问题研究问卷调查表统计整理。

先来观察被调查农户对农村医疗保障的认知情况。

从被调查农户的问卷得知，73%的人不了解农村医疗保障，他们仅知道合作医疗，对其他商业形式的医疗保障更不知道。在访谈中，很多农民认为，自己生了病还能从国家政府那里得到报销是不可思议的事情，那是城里人才能得到的。

6.4.2　被调查农户参加保险情况

对于参加新型农村合作医疗，绝大多数的农民都表示了非常大的积极性，只有极少数的人没有参加。对于其他形式的医疗保险，被调查的农民就很少参加了。很多人就根本不知道那些形式，更别说参加。

表6-10　被调查户参与保障程度的统计

	是否参加农村社会医疗合作		是否参与城镇医疗保险		是否参与各种商业医疗保险	
	调查人数	占总人数的比例（%）	调查人数	占总人数的比例（%）	调查人数	占总人数的比例（%）
参加	237	80.06	5	1.7	4	1.35
没参加	39	13.18	243	82.09	261	88.18
未回答	20	6.76	48	16.22	31	10.47
合计	296	100	296	100	296	100

数据来源：昌吉市农民土地保障问题研究问卷调查表统计整理。

目前，昌吉市社会经济快速发展，对农民、农业和农村产生了深刻的影响。昌吉市农民，不同民族、不同年龄和受教育程度的农民都对土地的社会保障作用很赞同。农民由于自身素质，民族风俗习惯和宗教、年龄等因素的影响，对土地保障功能的各个表现形式认识不同，导致他们在土地利用和耕地种植行为方面存在差异。农民都在寻找一种次优选择。选择土地来作为他们规避转型时期风险的一种有利手段，充分地把土地作为其家庭生活和农业生产，以及出外就业的一种最终保险的保障来看待。土地的社会保障功能能够从他们行为上得到体现。

6.5 土地制度的稳定诉求与土地保障的 公平诉求之间的冲突分析

6.5.1 无地人员的土地保障缺失严重

目前，昌吉市农村土地的保障功能已发生了很大变化。首先是 1998 年中央发布延长土地承包期的政策，规定一次承包，30 年不变，增人不增地，减人不减地。这一政策的实施，导致昌吉市一部分农村新增人口（主要是 1998 年以后出生的人都没有获得承包土地）丧失了土地承包权，成为无地人口，因而这部分人丧失了土地提供的各种保障功能，从而使农户间的人均土地承包面积出现差异，这一差异因各地执行承包地稳定政策的力度不同而有所不同；其次是昌吉市一些地方由于国家征地或地方城市规模扩大，地方政府征地，使城市近郊一部分农民成为失地人口，他们在获得部分失地补偿的同时，

表 6–11 被调查农户缺地及无地人口统计表

乡、镇	缺地农户总数	缺地农户比例（占被调查农民的比例）	无地人口总数	无地人口比例（占被调查农民比例）
宁边路街道	9	56.25%	24	8.23%
建国路街道	18	85.71%	32	21.64%
中山路街道	15	83.33%	45	18.53%
三工镇	21	41.17%	71	5.12%
二六工镇	8	19.05%	20	1.76%
大西渠镇	6	0.25%	13	1.65%
六工镇	27	65.85%	8	17.56%
榆树沟镇	3	16.67%	5	2.87%
滨湖乡	12	50%	54	11%
庙尔沟乡	1	6.25%	26	3.98%
佃坝乡	4	23.53%	35	6.67%
合计	124	41.89%	333	10.43%

数据来源：昌吉市农民土地保障问题研究问卷调查表统计整理。

也丧失了土地提供的其他社会保障功能，但是他们并没有因此而得到其他渠道的社会保障补充。这也是造成当前农村脆弱人群生存保障条件缺失的两个最主要因素。从总体上看，家有无地人口的农户，已经占到被调查农户总数的 41.89%，无地人口已经占到被调查农户人口总数的 10.43%。对于这些无地的人员，土地根本就不能提供保障。

如果当前的农村土地承包政策不做任何调整，这个比例还将逐渐扩大。原因在于，随着国家支农政策力度的进一步加大，有地农民将享受到更多的实惠。比方说，现在的粮食直补政策是按土地面积进行补贴的，有地农民不仅要享受土地给他带来的收益，同时还要享受国家的粮食补贴，他就比无地农民增加了收入。因此，有地农民和无地农民之间的收入差距将进一步扩大，相对贫困人口将进一步增多。进一步说，如果农村土地这种具有农民社会保障功能的重要的公共资源分配显失公正，当目前的"生不补，死不退"的农村土地承包政策执行三十年后，有的农户由于人口减少，人均耕地面积将增多；反之，有的农户由于人口增加，人均耕地面积将减少，就会逐步形成"有人无地种"和"有地无人种"的局面。调查数据显示，在昌吉市三工镇长丰二村，人均承包土地面积最多为 2.67 亩，除了一户完全无地外，其余农户人均承包土地最少为 1.1 亩；在三工镇的其他村，人均承包土地最多达到 10 亩，最少只有 5.69 亩。在庙尔沟乡阿克旗村，人均承包土地面积最多达到 28 亩。农村人均土地占有水平在同一村组的农户之间已经发生了较大程度的分化，集体土地提供的社会保障功能也同步出现了很大差别。由于土地占有不均，失去了基本的土地保障，农民的收入状况发生了深刻的变化：在户人均耕地面积低于村人均耕地面积的农户群体中，相对贫困的人口在逐步增多。土地这种重要的公共资源分配将显失公正。在农村贫困人口剧增的情况下，农村的社会稳定问题将越发尖锐。在笔者调研过程中，发现有的村干部向乡镇政府辞职或被乡镇政府罢免的，原因是他无法平息农民对于村里土地平均分配的强烈要求。

相对于无地农民而言，失地农民可以得到一定的失地补偿，而无地农民不能得到任何政策性补偿，也没有享受到任何优先的社会救助。可以说，无地农民是当前昌吉市农村比失地农民更缺乏社会保障的脆弱人群。因此，我们既要重视失地农民的社会保障问题，更要关注无地农民的社会保障问题。在全面解决无地农民和失地农民的社会保障问题之前，维持土地分配的相对公平，是防止农村出现更多人口丧失生活基本保障的重要前提。

6.5.2 耕地利用比较效益低，土地保障能力减弱

在以小规模农户分散经营为主的农业组织结构下，农产品成本增加的势头却一直比较强劲，由此导致主要农产品的生产成本占出售价格的比重增大。昌吉市化肥、农药、种子及其他农业生产资料的提价，使农民收入"明升暗降"。农民土地收益的下降，直接挫伤了农民从事农业生产的积极性。在价格、成本双重因素的夹击下，昌吉市耕地利用比较效益低，土地收益下降，引发土地保障功能的日趋弱化。1995 年亩均净收益为 680.04 元，到 2006 年已经下降到 397.71 元，10 年间减幅达 41.52%；如扣除人工和物资费用因素，则农地经营的亩均纯收益 1995 年为 34.51 元，到 2006 年已经下降到 - 174.72 元；农地经营处于绝对亏本的状态。也正是由于农业比较效益下降，导致 2013 年全市农作物中的经济作物种植面积减少。据悉当年全市完成农作物总播面积 141.17 万亩，同比下降 3.75%。主要原因是各类农作物、经济作物的种植面积下降，土地保障能力下降。

表 6 - 12　昌吉市 2013 年农作物、经济作物种植面积

	粮食	棉花	油料	蔬菜	瓜果	其他
种植面积（万亩）	56.61	58.68	3.79	9.02	5.54	7.66
同比下降（%）	6.78	3.36	3.79	6.65	3.46	- 79

资料来源：昌吉市农业种植资料（2013 年）。

虽然，昌吉市 2013 年初步建成了以榆树沟镇、二六工镇、三工镇、大西渠镇为中心的优质玉米制种基地，总制种面积达到 13.4 万亩；建成了以大西渠镇、六工镇、佃坝镇、滨湖镇为主的瓜菜制种基地；以老龙河地区农场为主的优质小麦制种基地。建立万元棚 3700 座，旧棚改造完成 225 座。主要生产蔬菜、瓜果等跨季节作物，但这些尚未产生经济效益。特别随着农业相对收益减弱，农民从土地获得收益在减少，土地保障能力在降低。以昌吉大西渠乡为例，自 2010 年起，大西渠乡大面积发展葡萄种植产业，当地大部分居民除了种植自己的农作物外，同时承担着葡萄地的管理工作，每户基本上都有 20 ~ 40 亩葡萄。当地政府鼓励农民加入管理行列，在年底葡萄收获了之后，统一给农民发放管理工资，20 ~ 40 亩葡萄地，一年管理工资基本保持在 1 万 ~ 2 万元之间，这部分工资收入基本上就够一个家庭一年的基本开销。虽然农民的工资性收入在增加，但是种地成本也在增加，其收益要看当年的葡

萄价格情况。

在昌吉市调查过程中，以榆树沟镇榆树沟村老刘家为例，家庭人口五人，儿女、儿媳均在外常年务工，他与老伴经营全家承包的 15 亩土地，主要种植小麦、玉米，2015 年的每亩生产成本是：种子 45 元（包括麦种：0.6 元/斤×20 斤；玉米种：5.5 元/斤×6 斤），化肥 428 元（包括复合肥：110 元/袋×3；尿素：98 元/袋×1），农药 70 元，机械 149 元（包括耕作：72 元；收割：60 元；播种：17 元），水电 39 元，总投入（不含人工成本）为 731 元。而每亩的收入为：小麦 900 斤，单价 0.82 元，亩毛收入 738 元；玉米 800 斤，单价 0.73 元，亩毛收入 584 元。加上政府的粮食直补 46 元，一亩地全年收入 1368 元，扣除成本每亩只有 637 元的收入。这一收入是不含自用工费用的，根据当地的折算，每耕种一亩地，需要投入的劳动力大约需要 12 天，当地每天的劳动力工资标准是 50 元，这样每亩的劳动力成本是 600 元，扣除劳动力成本，种粮的农民每年的纯收入只有 37 元。所以，当地农民说："我们一年到头种田得到的就是自己的人工钱"。可以看出，农业的生产和收入水平实际上相当于为农民提供了一个低工资的就业机会。农业的收入只是保证了农民的温饱，其农业收入不高。

6.5.3 征收土地收益不公平

随着城镇化的发展，农业用地转为非农用地的规模将会迅速扩张，土地资产将会迅速增值。目前，国家垄断了农村土地的一级市场，在农用地转为非农用地的过程中，国家将集体土地先征为国有，再由国家或政府将使用权出让给非农用地单位。而国家在征地时，往往将征地价格压得很低，但在出让时价格通常却很高，由此政府可以获得高额的土地收益。而作为土地所有者的集体和拥有土地承包权的农民却所得甚少。从土地农转非的过程中，农民得到的有限利益甚至远远不能替代转非前的土地收益，反而增加了生活和就业风险。

目前昌吉市征地补款费一般在 2 万~3 万元/亩。征地补偿采取征地包干做法，不考虑种植结构及耕地质量，每亩土地采取统一的补偿标准（青苗单独补偿）。一般每亩土地的年产值最高为 1200 元，补偿倍数不超过 30 倍，每亩土地的最高补偿不超过 3 万元。青苗的补偿一般为每亩 5000~6000 元左右。在安置补助费的实际操作中把土地补偿费和安置补助费捆绑在一起，以每亩地的上限补偿倍数作为补偿标准，而不考虑需要安置的农业人口。安置补助费中的倍数是关键，因地块面积的补偿额总数差异就在于"倍数"，而倍数的确定是依据人均占有耕地数来确定的，人均耕地越少，倍数值越大，安置补助费越高，但在征地实务中，大多数地区都采用了简易的包干做法，两费按一个最高倍数30倍来乘平均年产值，这样造成人少地多的村处于优势，村民受益多；人多地少的村处于劣势，每个人得到的补偿少。这在南五工二村和南五工一村表现得很明显。被征地前，南五工二村人均耕地2.4亩，人均收入2500元，南五工一村人均耕地0.6亩，人均收入2500；征地后，南五工二村人均收入4000元，南五工一村人均收入2000元。征地后两村农民生活水平的差异与所获得的流转收益的不同关系很大。土地征收，农民获得的收益不公平，收益较低①。

6.5.4　集体机动地管理存在缺陷

按照中央文件的精神，村一级可以预留一定的机动地，作为解决新增人口的矛盾的一个措施，其数量不能超过总耕地面积的5%。机动地的来源只能通过开荒造田，不能收回农民的承包地。据我们调查，在延长土地承包期的过程中，一些地方为了增加乡、村集体收入，随意扩大"机动地"的比例，损害了农民群众的利益。或是将高价对外发包，收入归村集体所有，作为壮大集体经济的一种重要措施。某些乡镇甚至把农民的承包地收回，作为村集体的机动地。这几年，很多村集体根本就没有什么收入来源，集体经济薄弱，收不抵支。调查中发现，农村税费改革后，村集体经济收入减少较大，致使一些地方采取多留机动地对外发包，村干部再把这些机动地出租换取收入。村集体要想修路，改善农田水利，还有"五保户"的赡养都没有资金，很多村集体还有较多的陈年老帐都没有还清。如果不靠一点机动地作为收入来源的话，村集体根本就无法运作。一些村对于出租机动地得到的收入不予入账，而充当了村干部的"小金库"，引起村民不满。

6.5.5　"两田制"问题

"两田制"是土地规模经营的主要形式，它指的是重新调整原来的"均田"承包制度，将耕地分为"口粮田"和"责任田"，口粮田按实际人口需要平均分配，责任田引入竞争机制，实行招标承包或租赁经营。承包或租赁

---

① 杨俊孝等. 新疆征地实证分析与征地制度改革研究. 新疆人民出版社 .2005：64－65

责任田的农民，必须向村或乡交纳一定数量的承包或租赁费。在访谈中，一些农民说，土地分成了"口粮田、责任田和租赁田"，口粮田承包期30年不变，但是责任田和租赁田，谁出钱多谁承包，所以村里没有签订承包合同。在这些村里，农民整天就想多搞点地，不能安心进行农业生产投入。在昌吉市有些地方搞的"两田制"，实际上成了收回农民承包地、变相增加农民负担和强制推行规模经营的一种手段。

第七章 南安市农村土地社会保障功能的实证分析

7.1 南安市概况

7.1.1 地理位置

南安市位于福建省南部晋江中游、泉州市西南部，平面地理坐标介于东经118°08′~118°36′，北纬24°34′~25°18′，东与鲤城区、晋江市交界，东南与金门岛隔海相望，西与安溪县、同安县接壤，北与永春县、仙游县毗邻。全市周长313km，东西宽45km，南北长82km，总面积2032.5km²。南安置县甚早，建县于三国东吴永安三年（公元260年），是历史悠久的文明古县。1993年5月，国务院批准南安撤县设市。南安市现辖3个办事处、23个镇。全市总人口148.38万人，其中非农业人口37.30万人，占总人口25.14%；农业人口111.08万人，占74.86%。南安市是福建著名侨乡和台胞主要祖籍地，现旅居海外的侨胞和港澳同胞150万人，台胞150万人，是举世闻名的"海上丝绸之路"的起点和民族英雄郑成功的故乡。

7.1.2 自然条件

1. 地形地貌

南安市境内山峦起伏，河谷、盆地贯穿其间，地势西北高、东南低，海拔1000m以下的丘陵山地占全县总面积的73%。山地大体可分为三部分：绵亘于县境西南部的云顶山脉，东北部的阳平山脉，西北部的天柱山脉蜿蜒伸入县境中部。晋江为本市最大河流，其干流共12条，河流纵横交错，把境内

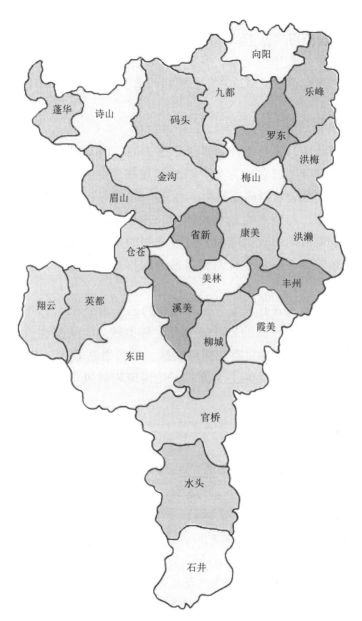

图7-1　南安市行政区划图

切割成五个高山盆地（俗称"五小堀"，即向阳、蓬华、翔云、眉山、凤巢）和三处河谷平原（俗称"三大堀"，即英都、罗东、诗山）。

2. 气候

南安市气候类型属亚热带海洋性季风气候，西北有山脉阻挡寒风，东南又有海风调节，温暖湿润为气候的显著特色。全年四季分明，年平均气温20.9℃，一月份平均气温12.1℃；七月份平均气温28.9℃；无霜期349天。雨量充沛，年降水量1650毫米，多集中在春、夏两季。南安独特的气候条件使其享有"四序有花常见雨，一冬无雪却闻雷"之美誉，一年四季均适宜旅游活动。

3. 地质构造

南安地质结构，其基底岩层属于华厦古陆、闽东南新华厦系火山岩基底隆起带的一部分。以官桥为界，西北部属福鼎—云霄火山断陷带，南部属闽东南沿海大陆边缘拗陷变质带。在距今1.95~1.37亿年间，由于太平洋板块向西漂移，与欧亚大陆板块碰撞，洋壳向陆壳下部俯冲，引起大陆边缘强烈的岩浆活动和火山喷发，这一强烈的地壳运动使区内缺失了侏罗纪以前的老地层，侏罗纪上统南园组成为南安地层主体，其面积约占全境面积的60%。

本区燕山期侵入岩甚为发育，其面积约占全市面积的35%~40%。此外与各期岩浆活动相伴随的岩脉较发育，种类较多，从基性、酸性到偏酸偏碱性岩类均有，主要脉岩有花岗斑岩脉、花岗细晶岩脉、流纹斑岩脉等，其中辉绿岩脉是石雕制品的主要原料，花岗斑岩脉风化后多形成残积型高岭土矿。

4. 自然资源

（1）矿产资源。

南安矿产资源较丰富，已发现矿产31种，矿产带205处。金属矿有钨、铁、磷等；非金属矿有花岗岩、辉绿岩、高岭土、绢云母、叶蜡石、河砂、紫砂土、瓷石等。石砻白石被列为国家甲级建材，康美黑石享誉海内外。

非金属矿产是南安的优势矿产，尤以花岗岩和高岭土具有较大的潜在经济价值。花岗石储量达5亿m^3、高岭土储量5000万吨。另外绢云母储量达700万吨，锈石储量100万立方米，花岗岩产地36处，按岩石类型大体可分成花岗岩类和辉绿岩类。较大矿床有罗东荆坑大型花岗岩矿，储量1亿m^3以上；石井溪东大型花岗岩矿，储量1亿m^3以上。向阳洪坑中型辉绿岩矿，长度大于6km，宽20m，灰绿色细粒结构，是石雕、石板材的上等原料，产品销往港、台、东南亚。1999年南安市被授予"中国建材之乡"称号。

（2）茶果资源。

南安有适宜茶果种植的优越自然地理条件和丰富的种质资源，茶果栽培已有 1000 多年的历史。

茶叶的栽培始于晋代丰州莲花村，到唐代已有较大发展。1988 年，本市茶园面积 26793 亩，年产茶 562.95 吨，其中"黄旦""梅占""本山""奇兰"都是优良品种，"石亭"更是历史悠久的高贵名茶。

本区果树品种繁多，主要有龙眼、荔枝、柑橘、杨梅、香蕉、菠萝六大果类，此外还有桃、李、梅、杏、柿、葡萄、余甘、芒果、枇杷、橄榄等 30 余种杂果。南安市将发展水果生产作为振兴农村经济、实现农民"小康"生活的战略措施来抓，以开放促开发，变资源优势为经济优势，水果生产走上快速发展的轨道，成为福建省重点的水果商品生产基地市（县）之一。目前，全市水果种植面积 38.6 万亩，年产量 11.2 万吨，产值 1.5 亿元。值得一提的是，龙眼是南安第一大宗水果，栽培面积 20.6 万亩，占水果总面积的53.4%，1999 年产量 2.05 万吨，产值 8000 万元。龙眼已成为南安水果产业的支柱。南安 1986 年被农业部确定为全国六大龙眼生产基地县之一，1997 年被中国特产之乡推荐暨宣传组委会命名为"中国龙眼之乡"，1999 年"南安福眼"通过省级优质农产品认定。全市 27 个乡镇（街道办事处、管委会）均有龙眼栽培，面积超万亩的乡镇有 8 个，超千亩的场有 52 个，500～1000 亩的村、场有 82 个。龙眼的规模化生产为产业化打下了基础。近年来，政府积极扶持 30 家生产单位引进油火热风食品烘干机 70 台（套），年加工"桂圆干"3000 多吨，加上全市 50 多家传统烘焙加工厂，初步形成了南安龙眼加工体系。香蕉为本市第二大宗水果。

（3）水产资源。

海岸线全长 32.8 公里，浅海面积 56000 亩，滩涂面积 36349 亩，大小溪流河道 400 公里，溪滩 45000 亩，可供养殖的水库 203 座面积 42680 亩，可供热带鱼类越冬保种的温泉三处（分布在罗东、码头、官桥）。

（4）旅游资源。

南安襟山带海，风光秀丽，名胜古迹星罗棋布。有气势宏伟的郑成功陵园、"天下无桥长此桥"的五里桥（安平桥）、海交史珍贵文物九日山摩崖石刻、人称"闽南建筑大观园"的蔡氏古民居建筑群四个国家级重点文物保护单位；有莲花峰、五塔岩等 78 个省市级文物保护单位，还有大佰岛娱乐世界、山外山生态农业度假区、黄巢风景区等诸多自然或人文景观，以及典雅多姿的梨园戏、高甲戏、南音等艺术奇葩和风味独特的地方小吃。风景神奇，文化独特，民风古朴，令海内外游客流连忘返。

7.1.3 社会经济生产情况

1. 国民经济保持稳定增长

全年实现地区生产总值（GDP）898.14亿元，按可比价格计算，比2015年增长8.6%。其中，第一产业增加值27.95亿元，增长3.9%；第二产业增加值537.46亿元，增长8.6%；第三产业增加值332.73亿元，增长8.8%。第二、三产业对GDP增长的贡献率分别为61.9%和36.8%，各拉动GDP增长5.3和3.2个百分点。按常住人口计算，人均地区生产总值60318元，比上年增长5.6%。第一产业增加值占地区生产总值的比重为3.1%，第二产业增加值比重为59.8%，第三产业增加值比重为37.1%。

2. 市场物价总水平开始回升

居民消费价格总水平比上年上涨1.5%。其中，消费品价格上涨2.2%，服务项目价格上涨0.3%。工业品价格指数上涨0.6%。

全市新增城镇就业19278人，培训农村劳动力10184人，实现转移8526人。有效地缓解了企业用工问题，就业局势基本稳定。

3. 农业

全年农林牧渔业完成总产值47.62亿元，比上年增长4.2%。全年粮食种植面积475567亩，减少10706亩；其中稻谷面积367126亩，减少4845亩；油料种植面积74712亩，增加28亩；蔬菜种植面积223283亩，减少80314亩。粮食总产量179516吨，比上年减少5656吨，其中稻谷143019吨，减少3509吨。

4. 工业生产持续平稳增长

全年实现工业增加值495.49亿元，比上年增长8.8%，工业对经济增长的贡献率达58.3%。全年完成规模以上工业产值1831.94亿元，比上年增长13.7%。全年规模以上工业实现销售产值1781.07亿元，其中出口交货值152.07亿元，现价下降2.8%。拥有超亿元企业366家，比上年增加36家，其中超10亿元企业32家，同比增加5家。

规模以上工业企业经济效益综合指数为249.70，比上年上升17.28点。其中，总资产贡献率14.94，下降0.27点；资本保值增值率110.37，上升3.06点；资产负债率43.48，下降2.47点；全员劳动生产率211550.01元/人，提高26730.92元/人；流动资产周转率3.24次，上升0.27次；工业产品销售率97.22%，上升0.38个百分点。全年规模以上工业企业中，规模以上工业企业实现利润总额 96.27 亿元，比上年增长 6.2%。规模以上工业亏损企业亏损额 0.28 亿元，减亏 0.02 亿元。

全社会建筑业增加值 42.16 亿元，比上年增长 6.6%。全市资质等级以上的建筑企业有 75 个，完成建筑业总产值 98.48 亿元。全市建筑房屋施工面积 813.80 万 m², 实行投标承包面积 610.65 万 m², 招投标率达 75.0%。房屋竣工面积 403.10 万 m², 比上年上升 84.2%。全市建筑业总产值达到亿元及以上的企业 22 家，其中 5 亿元及以上的企业 4 家。

5. 固定资产投资持续增长

全年固定资产投资（不含农户）558.17 亿元，比上年增长 12.0%。其中，项目投资 516.10 亿元，同比增长 12.1%；房地产开发投资 42.07 亿元，同比增长 11.1%。全年固定资产投资（不含房地产、农户）按三次产业分：第一产业投资 19.53 亿元，同比增长 64.5%；第二产业投资 305.49 亿元，同比增长 7.0%，其中，工业投资 304.12 亿元，同比增长 7.4%；第三产业投资 191.09 亿元，同比增长 17.1%。

全市 172 个在建重点项目全年完成投资 137.64 亿元，占全社会固定资产投资（不含农户）的 24.7%。其中：基础设施建设项目 31 个，投资额 20.93 亿元，占 15.2%；城市城镇建设项目 28 个，投资额 24.21 亿元，占 17.6%；产业基地项目 21 个，投资额 14.59 亿元，占 10.6%；现代服务业项目 47 个，投资额 52.63 亿元，占 38.2%；社会事业项目 21 个，投资额 9.01 亿元，占 6.5%；现代农业项目 24 个，投资额 16.26 亿元，占 11.8%。

6. 贸易持续发展，大幅增长

国内贸易方面，全年社会消费品零售总额 385.47 亿元，比上年增长 10.6%。在限额以上批发和零售业零售额中，文化办公用品类零售额比上年下降 49.2%；家用电器和音像器材类增长 13.0%；建筑及装潢材料类增长 52.1%；粮油和食品、饮料、烟酒类分别增长 33.3%、25.3%、79.2%；服装、鞋帽、针纺织品类下降 13.1%；汽车类增长 2.4%；石油及制品类增长 42.2%；体育娱乐用品类下降 48.8%。

对外经济方面，全年批准三资企业项目 29 个，比上年减少 7 个，投资总额 3.69 亿美元，同比增长 86.5%；合同外资金额 3.05 亿美元，同比增长 156.2%；外商实际到资验资口径完成 1.92 亿美元，比增 18.0%。

7. 预算内财政总收入增长较快

2016 年一般公共预算总收入完成 662889 万元，增长 5.6%。其中，一般公共预算收入 384721 万元，增长 5.1%；中央财政收入 278168 万元，增长 6.3%。全市一般公共预算支出 677898 万元，增长 9.1%。其中：一般公共服务支出 4.27 亿元，增长 18.0%；教育支出 15.58 亿元，增长 4.2%；科学技术支出 1.26 亿元，增长 3.7%；社会保障和就业支出 7.88 亿元，下降 8.4%；医疗卫生与计划生育支出 9.93 亿元，增长 4.4%。全市实现工商税收 60.20 亿元，增长 9.6%，其中：国税收入 30.75 亿元，上升 8.1%；地税收入 29.45 亿元，增长 11.2%。

年末全市金融系统存款余额 849.34 亿元，比上年末增长 3.1%，其中：住户存款余额 570.66 亿元，比上年末增长 8.1%。金融系统贷款余额 788.81 亿元，比上年末增长 2.4%，其中：住户短期贷款 108.00 亿元；非金融企业及机关团体短期贷款 345.25 亿元，其中：住户中长期贷款 137.95 亿元；非金融企业及机关团体中长期贷款 145.21 亿元。

8. 人口

据统计，截至 2015 年 6 月底，南安市下辖 23 个乡镇、3 个街道、2 个省级经济开发区，共有 384 个村委会和 36 个社区居委会，人口 154 万，总农户数 469222 户，全市土地总面积 2033.4 km^2，耕地面积 395220 亩。全市参与承包经营权流转的农户有 52065 户，流转面积达 82680 亩，占耕地 20.9%。流转用途大部分用于种植水稻、马铃薯、红萝卜、玉米、食用菌及各种蔬菜，部分种植水果、中草药、花卉、茶叶等（表 7 - 1）。

表 7 - 1　南安市乡镇级农村情况

行政单位	村委会（个）	农村总户数（户）	农村总人口（人）	户均占地（平方米/户）	人均占地（平方米/人）
溪美街道	6	10258	49165	758	158.1
柳城街道	11	13066	47203	622	172.2
美林街道	18	14831	65546	590	133.5
省新镇	11	9466	44414	958	204.3
东田镇	16	11806	48639	594	144.2
仓苍镇	11	10090	45173	585	130.7
英都镇	15	13200	56258	478	112.1
翔云镇	12	6460	26165	376	92.9
金淘镇	22	20112	76690	453	118.7

续表

行政单位	村委会（个）	农村总户数（户）	农村总人口（人）	户均占地（平方米/户）	人均占地（平方米/人）
眉山乡	13	5424	24406	562	124.9
诗山镇	18	19346	81584	458	108.7
蓬华镇	9	4672	23653	394	77.8
码头镇	24	17238	68280	553	139.5
梅山镇	18	12529	56548	815	180.5
九都镇	10	4572	16014	472	134.5
向阳乡	7	3389	13899	490	119.4
乐峰镇	8	10380	37186	339	94.6
罗东镇	12	12353	55831	562	124.4
洪濑镇	18	14827	67925	633	138.2
洪梅镇	10	11062	48587	582	132.5
康美镇	12	12720	51008	836	208.4
丰州镇	11	8542	41050	466	96.9
霞美镇	16	14285	62071	447	102.8
官桥镇	23	23405	86173	856	232.4
水头镇	28	26128	101279	679	175.1
石井镇	25	17087	70801	1088	262.6
总计	384	327248	1365548	628	150.4

7.1.4　基础设施条件

1. 供水

南安市有东、西溪两条主河流，大中小型水库149座，建有市区第一水厂、第二水厂和14座乡镇自来水厂。市区第一水厂日产5万吨，总规模20万吨，市区第二水厂首期工程日产2万吨，主要作为应急水。现市区日供水能力达7.8万吨供水，服务区域25km²，用水人口11万人，普及率达到90%，能够满足市区对供水的需求。

2. 供电

全市现有 110 千伏输变电站 10 座，开关站 4 座，10 千伏配变 5771 台，110 千伏输电线路共 13 条，总长度 177.64km；35 千伏线路共 22 条，总长度 198.32km；10 千伏线路共 194 条，总长 2656km。境内还有省 500 千伏输变电站 1 座和泉州市 220 千伏输变电站 2 座。2006 年全市供电总量 334673.4 万千瓦时，比增 14.8%，其中工业用电 252689.0 万千瓦时，比增 13.3%，保证了全市各用途的用电需求。

3. 文体设施

近年来，南安市文化体育事业呈现出欣欣向荣的良好发展态势，文体设施日臻完善，先后被命名为"全国体育先进县（市）"、"全国文化先进县（市）"。全市建有文化馆、图书馆、李成智公众图书馆、美术馆、高甲戏剧团、燕山侨乡儿童文化园等文化设施。文化站面积平均达 865 平方米，平均藏书 3986 册；每个文化站都设有 10 个以上文化艺术活动团（队），每个村文化室都设有 4 个以上的活动项目；全市 95% 的社区、村居建立了文化娱乐中心，活动面积平均 120m²，平均藏书 800 册。市图书馆和李成智公众图书馆都被文化部分别评定为国家一级馆。诗山、码头文体服务中心是全省"百强"文体服务中心，燕山侨乡儿童文化园被文化部命名为"全国农村儿童文化园"。南安体育馆占地面积 5795m²，总建筑面积 19706m²，有固定席座 3305 位。全市新建有 7 个室内体育馆、4 个游泳池、5 个标准 400 米田径场、7 个 250 米田径场、45 条全民健身路径、90 个标准灯光篮球场。

4. 医疗卫生

全市现已有各级各类医疗卫生机构 889 个，其中公立医疗卫生机构 31 个，共创建二级甲等综合医院 1 家（市医院），二级甲等专科医院 1 家（市中医院），县级一等卫生防疫站 1 家（市疾病预防控制中心），一级甲等妇幼保健院 1 家（市妇幼保健院），二级乙等综合医院 2 家（海都医院、南侨医院），一级甲等综合医院 2 家（英都、洪濑中心卫生院），中心卫生院 5 家（英都、洪濑、官桥、码头、罗东中心卫生院）。医院总床位数 1675 张，平均每千人口拥有 0.97 张病床。各类卫生技术人员 2350 人（其中中级职称 295 人，高级职称 88 人），平均每千人口卫生技术人员 2.38 人。全市还建立有卫生所（室）840 个，拥有乡村医生 1274 人，门诊部 13 个、个体诊所 5 个，初步形成一个覆盖全市城乡的医疗预防保健网络。

7.1.5　南安市房地产发展状况

近年来，随着建设投资力度的加大，南安市城市规模不断扩大，基础设施日臻完善，各项规划功能逐步落实，城市面貌日新月异，市区土地利用结构日趋合理，所有这些都有力地促进了南安市房地产业的迅速发展，房地产开发逐渐形成规模，地价房价稳步上升，房地产市场日益活跃。

房地产开发投资 42.07 亿元，比上年同比增长 11.1%。按工程用途分，商品住宅投资 26.08 亿元，同比增长 18.2%；办公楼投资 6.03 亿元，同比增长 45.0%；商业营业用房投资 4.35 亿元，同比减少 38.7%。商品房销售面积 89.74 万平方米，同比增长 32.6%。商品房销售额 51.94 亿元，同比增长 34.3%。

7.2　南安市土地利用概况

7.2.1　土地利用现状

南安土地总面积 203524.66 公顷（3052869.9 亩），现有耕地 34494.01 公顷（517410.1 亩），园地 20739.92 公顷（311098.8 亩），林地 88345.51 公顷（1325182.7 亩），草地 13.21 公顷（198.1 亩），其他农用地 8135.6 公顷（122034 亩），建设用地 29898.86 公顷（448482.9 亩），未利用地 21897.55 公顷（328463.3 亩）（见图 7-2）。

《南安市中部区域协调发展规划》里，包括南安市中心城区的溪美、美林、柳城 3 个街道，省新、仑苍、东田、丰州、霞美、康美、洪濑、英都 8 个乡镇和雪峰开发区，共计 800 平方公里的土地，将规划形成"一主三辅，向心集聚"的空间发展格局。2020 年，这里的人口规模将达到 85 万人，拥有提高中部区域作为南安政治、文化、教育、商贸中心的地位的能力，逐渐发展形成泉州城市向西辐射的门户。

根据近几年南安市城市建设用地的统计比较来看，居住用地比例较高，且用地当中有很大部分的用地多为村庄用地，需要适当压缩居住用地的增长，同时加大村庄用地的改造，将其转化为其他城市建设用地。工业和道路广场

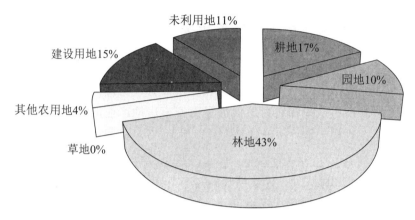

图 7-2　南安市 2015 年土地利用现状图

用地比例符合国标，但仍有进一步提高空间。绿地面积和比例明显偏低，需要大力增加。

7.2.2　土地利用现状主要特点

1. 土地开发价值不高

由于城市建设用地铺得范围太广，用地呈粗放利用模式，土地开发价值低，也增加了配套市政设施的投资费用。此外，中心城区内存在许多自建房，占地多，密度低，极大地降低了土地使用效率，也影响了城市的可持续发展。

2. 城市建设用地空间布局不合理

中心城区内工业用地布局分散，主要集中在成功工业区、沿省道 308 线呈带状发展的城东帽山工业区以及距中心城区仅 3 公里的扶茂岭工业区内，另外在美林街道办的溪美大桥北端和火车站前也分散着部分工业用地，总体上用地较为零散。此外，城北组团内居住用地比例较高，而相配套的公共服务设施、市政设施严重缺乏。

3. 城市建设用地比例结构失调

居住用地在总建设用地中的比例占绝对优势，达到了 60%，且其中大部分为村庄住宅，而提升城市生活环境质量的公共绿地、市政设施用地的指标偏低，现状是建设用地中绿化用地面积仅为 20.9 公顷，占城市建设用地的 1.22%，人均绿地面积为 1.16 平方米/人，均明显低于国家标准。绿地用地缺失的主要原因是溪美老城区的绿地严重不足，新区美林也没有成片的公共绿地。

7.2.3　城市的性质

南安市位于泉州市域城镇发展轴（泉安公路发展轴）的节点上，距中心城市——泉州仅 27 公里，是中心城市向西部山区经济辐射的传送点，它的发展对健全和完善泉州市域城镇体系有积极作用。

南安市是福建著名侨乡和台胞的祖籍地，是民族英雄郑成功的故乡，现旅居海外的侨胞和港澳同胞 150 万人、台胞 150 万人，可为城市发展外向型经济提供资金、技术和市场信息等有利条件。

南安市区是南安市域的交通枢纽，其对外交通呈放射状，与省道、国道等主要干道相连，组成便捷、快速的对外交通系统，同省内的几个中心城市如福州、厦门、泉州等联系方便。

南安市区现集中了包括市政府在内的市级行政管理机构和文教、科研、卫生、体育、金融等设施，是市域政治、文化、金融、信息中心。

南安市区工业已有一定基础，考虑到交通、资源等条件，以及市区位于晋江金鸡闸——泉州、晋江等大中城市饮用水水源上游的因素，工业发展以轻型加工业为主，严格限制水污染严重和大用水量的工业门类发展。

南安城市性质为：著名侨乡、工贸城市。

7.3　南安市农民土地保障问题调查问卷的基本情况

表 7-2　南安市调查问卷发放情况

乡镇	村委会	收回问卷	有效问卷	有效问卷合计	乡镇	村委会	收回问卷	有效问卷	有效问卷合计
溪美街道	大埔村	10	10	20	诗山镇	山二村	10	9	27
	宣化村	10	10			红星村	10	10	
柳城街道	象山村	9	8	20		联星村	9	8	
	露江村	13	12		蓬华镇	路荇村	10	10	23
美林街道	珠渊村	10	10	22		华美村	8	7	
	福溪村	12	12			蓬岛村	6	6	

乡镇	村委会	收回问卷	有效问卷	有效问卷合计	乡镇	村委会	收回问卷	有效问卷	有效问卷合计
霞美镇	仙河村	10	10	10	码头镇	诗南村	10	10	
官桥镇	山林村	13	10	10		金中村	8	8	36
水头镇	上林村	10	10	10		内柯村	10	10	
石井镇	苏内村	9	8	18		码头村	8	8	
	桥头村	10	10		九都镇	墩兜村	10	10	18
省新镇	省身村	10	9			彭林村	8	8	
	满山红村	11	10	38	乐峰镇	炉山村	7	7	17
	丹清村	10	9			湖内村	10	10	
	油园村	11	10		罗东镇	罗东村	10	10	
仑苍镇	仑苍村	10	9			维新村	9	9	29
	蔡西村	10	8	25		罗溪村	10	10	
	园美村	8	8		梅山镇	鼎诚村	9	8	
东田镇	东田村	10	9			蓉中村	6	5	20
	丰山村	9	9	27		演园村	8	7	
	盖凤村	10	9		洪濑镇	西林村	10	10	15
英都镇	芸林村	10	10			前峰村	6	5	
	霞溪村	9	8	24	洪梅镇	霞峰村	10	7	13
	民山村	6	6			洪溪村	6	6	
翔云镇	翔云村	8	8		康美镇	康美村	6	6	
	英东村	6	5	18		青山村	10	10	25
	福庭村	5	5			环山村	9	9	
金淘镇	金淘村	10	10		丰州镇	丰州村	10	10	10
	占石村	10	9	30	眉山乡	观山村	10	10	10
毓南村	7	6		向阳乡	向阳村	13	12	20
	东门村	6	5			郭田村	9	8	
所有调查区域合计		567	535	535					

南安市 2015 年有耕地 517410.1 亩，人均耕地 0.022 公顷（0.33 亩），仅为全省人均耕地 0.037 公顷（0.55 亩）的 59.46%，为全国人均耕地 0.106

公顷（1.52 亩）的21.52%。

调查中，一般农户家庭（家中劳动力基本上在承包地上经营农业，主要收入来源于承包地上的农业，专业户也计入此类）占样本数的33.88%，农业兼非农业家庭（主要劳动力在别人工商企业或家庭从事工商业、运输业等非农行业，家庭还从事农业方面经营）比重达54.57%，非农业家庭（主要劳动力完全从事工商业、运输业等非农行业）比重为11.55%。被调查农民承包的土地类型以平原居多，占样本量的75.51%，山地及其他类型的土地占24.49%。

被调查农户整体收入水平较高。据统计 2015 年南安市农村居民人均可支配收入 16790 元。被调查的农户全年家庭经济收入都超过 10000 元，超过16000 元的农户超过总样本的 26.73%（详见图3－5）；

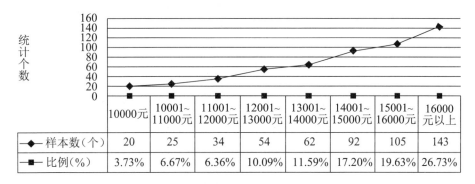

统计个数	10000元	10001~11000元	11001~12000元	12001~13000元	13001~14000元	14001~15000元	15001~16000元	16000元以上
样本数（个）	20	25	34	54	62	92	105	143
比例（%）	3.73%	6.67%	6.36%	10.09%	11.59%	17.20%	19.63%	26.73%

图7－3 南安市被调查农户收入水平

据了解，南安市 27 个乡镇（街道、开发区）均有栽培龙眼，其中洪濑、康美、梅山、金淘、码头、东田 6 个镇栽培面积超万亩；栽培面积达千亩以上的村、场有 24 个。目前，全市龙眼种植面积约 12.5 万亩，2016 年龙眼预计产量达 1.8 万吨左右。与往年相比，2014 年南安的龙眼销售价格上涨了35%，平均销售价格为 1.8 元/公斤，价格最高时达到 2.7 元/公斤，最低只有 1.5 元/公斤。2015 年，龙眼的市场价格再次创造了新低，比 2014 年下跌89%，总平均销售价只有 0.96 元/公斤，价格最低时每公斤 0.8 元，价格最高仅为每公斤 1.22 元，基本平稳在 0.9 至 1.0 元/公斤。

随着农民家庭经营类型的不同（见表7－3），从一般农户，到兼业农户，最后到非农户家庭，其拥有土地数量和土地收益明显降低，户均土地收益从一般农业经营户的 11240.58 元下降到非农业经营户的 2074.24 元，在家庭纯收入中的比重也由 92.54% 下降到 7.13%。这说明土地收益在相当一部分农村家庭收入中已不再占举足轻重的地位。南安市农民收入来源趋于多元化，纯农业种植的农户占的比重不大，其原因：一是南安市经济发展迅速，农民可以从第二、三产业中获得收入；二是种植业付出的成本与其获得的收入不成正比，导致年轻农民从事农业种植活动较少。

表7-3 被调查农户每亩收益范围户数及平均每亩收益统计表

（单位：元）

每亩收益范围	户数	比重	累计频率	平均每亩收益	每亩收益范围	户数	比重	累计频率	平均每亩收益
500元以下	9	1.682	1.682	492.54	1300~1399元	36	6.729	42.241	1378.85
501~599元	12	2.243	3.925	545.85	1400~1499元	37	6.915	49.156	1468.77
600~699元	15	2.804	6.729	678.74	1500~1599元	30	5.607	54.763	1564.54
700~799元	18	3.364	10.093	769.81	1600~1699元	47	8.785	63.548	1676.98
800~899元	20	3.738	13.831	845.26	1700~1799元	58	10.841	74.389	1768.45
900~999元	24	4.486	18.317	974.89	1800~1899元	54	10.093	84.482	1859.64
1000~1099元	28	5.233	23.55	1025.65	1900~1999元	39	7.29	91.772	1961.36
1100~1199元	30	5.607	29.157	1109.08	2000~2099元	30	5.607	97.379	2040.51
1200~1299元	34	6.355	35.512	1238.79	2100元以上	14	2.617	100	2540.14

在调查过程中，我们对农民种植水稻和茶叶的成本进行了详细调查。以下是农民给我们计算的种一亩水稻的支出。

1. 水稻育秧期开支

① 种一亩田的稻谷需1公斤杂交稻种（以单季稻为例），大约每亩50元；

② 做秧田、犁田的柴油等费用5元。(拖拉机是自家的)

③ 杂交稻种催芽、播种、拌麻雀药并施除草剂等共计6元;

④ 秧苗期约25~30天,在此期间需施肥2次,20元;

⑤ 防治病虫2次8元;

合计:50+6+6+20+8=90元。

2. 水稻生长期柴油及农药开支

① 犁一亩田的柴油等费用是26元;

② 从栽插到收割需施肥3次,150元;

③ 防治病虫草害5次,每次7元,共35元。

合计:26+150+35=211元。

3. 田间管理费用

① 秧田的平整、催芽播种、除草等1.5天;

② 稻田的耕作、平整、做田埂等1天;

③ 施肥(秧田+稻田共5次施肥)1天;

④ 防病虫(秧田+稻田)1.5天;

合计:按每天80元(小工工资)计算,5天就是400元。

4. 收割费用

① 收割水稻平均每亩120元。

以上还不包括去田里管水的时间,以及拖拉机等机械折旧费用。

累计总共支出:90+211+400+120=821元。

水稻一亩田的产量约500公斤,按135元/50公斤计算,就是1350元。

那么,农民种一亩稻谷的净收入是:1350-821=529元。

对于茶园的成本。

茶园的产量与树龄有关,通常三、四年生的茶树,一年的毛茶产量是100~120斤;成龄茶树一年可采毛茶150~200斤。

表7-4　茶树的种植成本

项目	数量/亩	单价(元)	金额(元)
整地工费	1	300	300
茶苗	3000株	0.13	390

项目	数量/亩	单价（元）	金额（元）
底肥（综合）			500
种植工费	1	130	130
种植完后成本			1320
管护第一年除草	2 次	80	160
第一年施肥	1	450	450
管护第二年除草	2 次	80	160
第二年施肥		450	450
第二年整形	1	60	60
管护第三年除草	2 次	80	160
第三年施肥	1	450	450
第三年整形	1	80	80
管护第四年除草	2 次	80	160
第四年施肥		450	450
第四年修枝整形	1	100	100
种植后管护四年费用			2680
种植后四年成本			4000

茶农说，茶树上采的茶叫茶清，1000 斤茶清经过做茶师傅制作后成茶干，通称毛茶，240 斤左右。挑选出黄片、茶梗后，还有 100 斤左右茶牙（精茶，也就是销售成品）。

2015 年 7 月份共采摘鲜叶 9085 斤，其中一芽一叶 5660.4 斤（占鲜叶总量 62%），一芽二叶 3424.6 斤（占鲜叶总量 38%）；鲜叶销售收入 83851 元，其中一芽一叶销售 70822 元，一芽二叶销售 13029 元。支出采摘费 3114 元（占鲜叶总收入的 4%），肥料及农药投入分别为 7756 元、3884 元（占鲜叶总收入的 9% 和 4%）。

与去年开园至 7 月份对比。鲜叶均价：去年 8.2 元/斤，今年 10.3 元/斤，增加 2.1 元/斤。亩产量：去年 846.8 斤/亩，今年 806.6 斤/亩，减少 40.2 斤/亩（-5%）。亩产值：去年 7014 元/亩，今年 8335 元/亩，增加 1321 元/亩（19%）。

分析 7 月份气温与 6 月相比明显升高，30 度以上气温达 22 天，降雨偏多，雨过天晴气温陡升，空气湿度大，这种高温高湿天气不利于茶农采摘茶叶，部分茶农进行了茶园树冠改造。本月受特殊气候影响，使鲜叶亩产量持续减少；但因鲜叶均价增加，使鲜叶亩产值持续增长。

总之，与去年同期相比，本月鲜叶亩产量减少11%，但鲜叶均价增加2.5元/斤，使亩产值增加14%。主要得益于良好的市场行情以及茶农的努力，茶农鲜叶收入减产增收，我区茶叶生产总体形势乐观。从8月上旬天气看，降雨偏多，高温高湿天气有所缓减，8月份茶农收入有望持平。

表 7 - 5　不同农民家庭类型土地收益情况表

（单位：亩，元）

家庭类型	不同类型土地的户数统计			不同经营的土地收益统计	
	户数	所占比例	户均土地面积	户均土地收益	占总收入的比例
一般农户家庭	128	23.93%	10.21	11240.58	92.54%
农业兼非农业家庭	325	60.75%	5.74	7864.36	30.87%
非农业家庭	82	15.32%	4.89	2074.24	7.13%
合计	535	100			

数据来源：南安市农民土地保障问题研究问卷调查表统计整理。

通过对于南安市农户经营状况的调查，可以达到以下基本认识：

（1）安市人均耕地较少，投入成本较少，单位面积不同的农作物产量不一样（稻谷756公斤/亩，龙眼381公斤/亩，香蕉2500公斤/亩，茶300公斤/亩），所以单位面积纯收益也就不同（稻谷800~1000元/亩，龙眼520~1300元/亩，香蕉5000元/亩，茶1200~50000元/亩）。总体来看，南安市种植经济作物如香蕉、茶、龙眼等作物的农户，其家庭收入比纯种植粮食作物的农户收入要高。

（2）南安市农户对土地的依赖性较低，对土地投入较高，农民纯粹从事种植业的较少，兼业行为较多。

（3）同区域的农户，内陆地带的从事种植业、畜牧业、林业的较多，沿海地带从事渔业的较多；在总的农业收入来看，种植业收入最大，占总农业收入的48.45%；其次是畜牧业收入，占总农业收入的27.84%；再次是渔业收入，占农业收入的10.89%；农林牧渔服务业居倒数第二，占农业收入的9.31%；林业收入最低，占农业收入的3.5%（具体见图）。

（4）南安市农民的兼业行为非常多，除了一些经营家庭农场的纯种植农户外，绝大农户都有兼业行为，其主要的兼业活动有到邻近工厂打工、从事其他工种工作、做点生意等等。

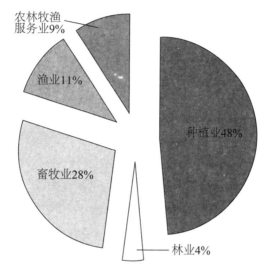

图 7-4　南安市农户农林牧渔业收入占比分布图

7.4　土地保障能力的一般估算

在目前的土地家庭承包经营体制下，土地的经济功能已经弱化，更多地表现为农民自认为的一种心理保障作用，这种心理保障具有与社会保障相同的社会稳定功能，并且这种心理保障甚至比社会保障作用更为明显和强烈。通过对南安市的调查发现，虽然目前农地经营收入下降，而这种农地保障功能并没有消失，因为农民对于农地在基本生活、医疗、养老和失业方面的作用已经超过了农地本身，这无论是在发展地区还是发达地区，这种土地保障功能已经对国民经济和社会稳定产生了深远影响。对于农民来说，土地提供了一种有形的和无形的保障。土地生产出粮食和蔬菜，能保证最基本的生存，提供一种生存保障；在失业或暂时没有工作时，土地又提供一份工作保障；对于老农来说，土地上的经营收入，又能为养老支出提供资金支持，这又是一种养老保障；农民生病，其土地上获得的收入也能负担一些医疗费用，这是一种医疗保障。没有了土地这个物质基础，农民的基本生活、就业、医疗和养老就没有了依赖之物。因此土地保障提供了一种实物保障，也是一种心理保障。从某种程度来说，我国农村没有出现拉美国家那种动荡，均分土地提供的这种保障功能作用不小。农村土地对于农民具有极其重要的社会保障功能，保障着广大农民的基本生活，维持着农村社会乃至全社会的稳定。这种土地制度也调动了广大农民的生产积极性，促进农村社会经济的发展，间接促进了非农化进程。本节将探讨土地对于南安市农民的基本生活、医疗、养老和就业方面的保障能力。

7.4.1　土地的基本生活保障程度测算

究竟农民会把从土地收入的多少用于其基本生活开销，提供一种基本生活保障，目前没有通用的方法。在此部分，笔者通过三种不同的测算方法，对南安市农村土地的基本生活保障程度进行计量。

方法一是将福建省农村低保线和泉州市规定的农村低生活保障标准作为准绳，用被调查农民的土地收益与低保线比较，探讨南安市农村土地对农民的保障强度。

方法二是将农民自报的基本生活消费作为标准。用被调查农民土地收益减去被调查农民日常生活消费的差额，考察差额归属哪个保障范围，从而可以得出土地对农民的基本生活保障情况。

方法三是将全部被调查农民平均的基本生活消费水平作为标准。将被调查农户所有的生活消费支出合计，除以全部被调查者家庭人口数，得到全部被调查者人均基本生活消费支出，最后把被调查者每户的土地收益与按照平均值标准的每户基本生活消费总支出做比较，分析南安市土地的基本生活保障能力。

按照我国的统计年鉴的规定，农村居民家庭年人均生活消费支出一般包括八大类，分别是：① 食品消费支出；② 衣着消费支出；③ 居住消费支出；④ 家庭设备、用品消费支出；⑤ 交通通讯消费支出；⑥ 医疗保健消费支出；⑦ 文教娱乐消费支出；⑧ 其他商品和服务消费支出。由于本书将医疗保健消费归纳到土地的医疗保障功能部分，因此在进行土地的基本生活保障功能的分析中，把医疗保健消费支出删除（见表7-6）。

1. 测算方法一

从2013年起，福建省规定农村低保标准从家庭年人均收入1800元提高到1900元，这是该省农村最低生活保障线。泉州市规定南安市农村低生活保障标准为每人每月324元（含）以上，合计3888元/年/人，从2015年南安市统计年鉴可知，该市 2015 年农民可支配收入 15861 元，再从调查所得到的数据显示，该市农民的土地收益（假设其土地收入来源家庭经营净收入 5254 元）都要大于这个标准，说明南安市土地的保障能力超过了福建省规定的农村低保线，也超过了泉州市规定的农村低生活保障标准，该市农民没有极端贫困现象。本书采用低收入省定农村低保标准的上限值 1900 元，来测算南安市农民的土地社会保障情况。从调查数据可知，被调查农民最低年人均生活消费支出 12604.9 元，超过了 1900 元该省农村低保标准的上限值。

表 7-6　南安市农民人均收支情况（2014、2015 年）

（单位：元）

项目	2015 年	2014 年
一、可支配收入	15860.7	14586
（一）工资性收入	8868.6	8030.1
（二）经营净收入	5254	4989
（三）财产净收入	283.4	272.1
（四）转移净收入	1454.7	1294.8
二、生活消费支出	12604.9	11583.8
（一）食品烟酒	4921.1	4426.2
（二）衣着	674.6	625.5
（三）居住	3330.6	2922
（四）生活用品及服务	702	704.4
（五）交通通信	1371.4	1313.2
（六）教育文化娱乐	823.7	806.8
（七）其他用品和服务	343.3	361.8

资料来源：南安市统计年鉴 2016。

长期以来，国家一直沿用农牧民以户为单位人均纯收入指标做为衡量某地区是否贫困的标准线，即绝对贫困人口（年人均纯收入低于 627 元），相对贫困人口（年人均纯收入 628～865 元），低收入人口（年人均纯收入 866～1205 元），一般收入和高收入（年人均纯收入 1205 元以上）。通常把年人均纯收入低于 1205 元的家庭人口统称为弱势群体。2015 年，国家低收入贫困人口年人均纯收入 2800 元，按照国家贫困线标准，人均年纯收入低于 2300 元，泉州市有 5.29 万人，南安市有 0.7 万人；按照省定的贫困线标准，人均年纯收入低于 3000 元，泉州市有 9.3 万人，南安市有 1.1 万人；按照泉州市定的贫困线标准，人均年纯收入低于 4000 元的，泉州市还有 14.7 万人，南安市有 1.8 万人。贫困人口基数大，而且致贫原因比较复杂多样，其中因病致贫占 30%，占最大头。同时，贫困人口分布不平衡，30 个扶贫开发重点乡镇、300 个重点村主要集中在安溪、南安、永春、德化等经济发展薄弱区域，贫困人口占了全市的 97%。统计数据显示，近年来，全市贫困人口的返贫率约在 3.5%，因病、因灾、因残等返贫占 98%。2014 年南安市农村低保标准为 230 元/月/人。根据以上分析可知，南安市农民的土地收益都要大于国家的一般贫困线和低收入标准的发展线。所以南安市土地对农民的基本生活保障程度要大于国家、福建省和泉州市、南安市的农村低保线标准的。

2. 测算方法二

以农民自报的基本生活消费为标准。用被调查农户的土地收益和自报的基本生活消费（不包括养老和医疗支出）的差额计算，差额为正说明能维持最低生活水平，差额为负则不能维持。结果为：有 10.09% 的家庭仍然无法完全依靠土地来维持最低生活水平，34.85% 的家庭则能够以这种方式来维持生活。

若把被调查农户土地收益减去日常生活消费的差额在 0 元以下的视为无保障，差额 0～3000 元以下的视为弱保障，差额在 3001～6000 元视为较弱保障，差额 6001～9000 元以上的视为中等保障，差额 9001～12000 元（含 12000 元）视为较强保障，差额 12000 元以上视为强保障，则有 10.09% 的家庭是没有保障的，13.64% 的家庭仅具有弱保障，7.10% 的家庭具有较弱保障，15.88% 的家庭具有中等保障，29.53% 的家庭具有较强保障，23.74% 的家庭具有强保障（详见表 7-7）。23.74% 的被调查农户由于种种原因，基本生活费用超过土地收益，对于这些农户来说，土地已经不能提供保障作用了，从调查数据看，此部分农户以农业兼非农业和非农业家庭居多；66.17% 的被调查农户的土地收益能保障其家庭基本生活消费支出，在这近 70% 的被调查农户中，土地上的收益除了日常生活消费支出外，还有上万元的剩余占 23.74%，其中原因是南安市农户种植经龙眼、茶等济作物，在正常年份情况下，土地的收益还是比较高，所以土地的保障能力较强。这种估算方法在土地收益中包括了劳动成本，把土地收益提升到最大的程度，而把生活消费水平压缩到最低限度。

表7-7　被调查农户土地保障强度情况表

保障强度等级	保障强度等级值	户数	百分比	累计频率
无保障	小于0	54	10.0934	10.0934
弱保障	0~3000	73	13.6448	23.7382
较弱保障	3001~6000	38	7.1028	30.841
中等保障	6001~9000	85	15.8879	46.7389
较强保障	9001~12000	158	29.5327	76.2616
强保障	大于12000	127	23.7384	100
合计		535	100	

数据来源：南安市农民土地保障问题研究问卷调查表统计整理。

现实中，农民会遭遇各种各样的生活生产风险，如频繁发生的台风和风暴、干旱、山体滑坡和泥石流等自然灾害，致使农民田园毁坏、房屋倒塌和人员死亡，严重损害了农民的生产能力和消费能力。首先，生产生活风险使得农民丧失生产生活能力；其次，恢复生产的成本很高，现代农业需要高投入；再次，政府事后救济支出成本很高；还有，农民丧失生产生活信心，很多农民因灾害倾家荡产，负债累累。这对南安市农业生产和收益产生了非常不利的影响，因而，以上这种估算方法可以看作家庭土地保障能力最大化估算。如果再加上农户家庭医疗和养老等方面的支出，那么土地保障的能力就更加脆弱。

从日常生活消费支出角度分析，不同类型的农户具有不同的特点。一般农业经营户由于家庭生活来源完全依靠农业，因此这些农户日常生活消费支出较其他类型农户要少。据调查，一般农业经营户年均日常生活消费4321.87元/户，农业兼非农业户为5871.98元/户，而非农业经营户则达到6254.55元/户。一般农业经营只能全部依靠土地来维持最低生活消费，提高土地收成的动机使得农民一方面精耕细作，提高土地收益水平，一方面压缩家庭日常生活支出。

从下图7-5可以看出，被调查农民的土地收益在用于支出基本生活之后，剩下余额部分25.57%位于在0附近，也就是收支接近平衡。调查对象中38.24%的农民的土地收益根本不能保障其基本生活支出。

3. 测算方法三

以全部被调查农民平均的基本生活消费水平为标准。通过把被调查农户年基本生活消费支出合计为23993495.52元，除以全部被调查者家庭人口数

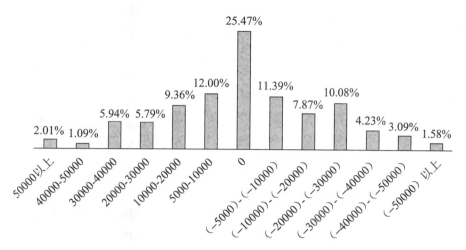

图7-5 被调查农民土地收益与基本生活支出相减后余额示意图

数据来源：南安市农民土地保障问题研究问卷调查表统计整理。

3578人，得到全部被调查者年人均基本生活消费支出6705.84元，然后把被调查者每户的土地收益与按照平均值标准的每户基本生活消费总支出做比较，数据计算整理结果详见表7-9。

上述分析结果显示，近42%的被调查农户土地是不能保障他们的，58%的被调查农户土地是能保障他们家庭的，其中还有15%左右的农户有较多的收入剩余。

表7-8 被调查农户土地的基本生活保障强度情况表

保障强度等级	保障强度等级值	户数	百分比	累计频率
无保障	小于0	253	47.2897	47.2897
弱保障	0～3000	105	19.6262	66.9159
较弱保障	3001～6000	61	11.4019	78.3178
中等保障	6001～9000	34	6.3551	84.6729
较强保障	9001～12000	55	10.2804	94.9533
强保障	大于12000	27	5.0467	100
合计		535	100	

数据来源：南安市农民土地保障问题研究问卷调查表统计整理。

通过将南安市被调查农户的土地收益与其家庭人口按照全部被调查农户的平均生活消费支出的总额进行比较，可以看出调查者每家土地收益，按照平均水平支出的话，土地的保障程度是如何的。从表7-8及图7-6中，也可看出南安市的土地保障强度基本能保障中等水平以上的21.68%的农户基本生活支出，其中有31.03%的被调查农户还有0~6000元的剩余。

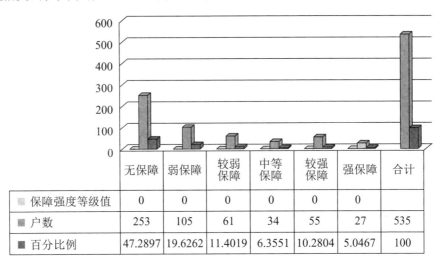

	无保障	弱保障	较弱保障	中等保障	较强保障	强保障	合计
保障强度等级值	0	0	0	0	0	0	
户数	253	105	61	34	55	27	535
百分比例	47.2897	19.6262	11.4019	6.3551	10.2804	5.0467	100

图7-6 被调查农户土地收益与家庭人均基本生活支出相减后余额示意图

数据来源：南安市农民土地保障问题研究问卷调查表统计整理。

比较方法三与方法二，方法三得到的土地的基本生活保障能力比方法二要弱。对于无保障的比例来看，两者相差37个百分点；弱和较弱保障两者方法三比方法二多10个百分点；中等保障能力以上的比例，方法三比方法二少于9个百分点。这说明不同收入的农户估算的基本生活支出水平不同，高收入农户对其基本生活需求高，而低收入农户对其基本生活需求估计得少，导致了计算的平均基本生活保障支出要高于低收入户所估算的基本生活支出，因此按方法三分析的保障水平下降了。

通过上述三种不同的测算方法，得到南安市土地收益对被调查农民基本生活保障强度的结果是有差异的。这说明了在不同条件下的农地对基本生活的保障能力。方法一的标准可以理解为省级和市级政策评价下的最低生活需求，对于南安市来说，土地收益都能保障农户的基本生活需求；方法二的标准可以理解为农民自我评价下的基本生活需求，对于南安市来说，30.84%的被调查农户其土地收益不能或比较弱保障其基本生活需求；方法三的标准可以理解为当地社会评价下的基本生活需求，对于南安市来说，78.31%的被调查农户的土地收益不能或比较弱保障其基本生活需求，体现出高收入农户的基本生活需求水平也越高。

7.4.2 土地的医疗保障能力测算

在 2003 年以前，南安市以家庭为基本单位的保障成为了农村居民获取医疗保障的主要形式，家庭中的土地、其他经营收入、储蓄等是家庭医疗保障最基本和最重要的来源。来自土地的收益是其最重要的一部分。随着城镇化发展，农村经济结构的调整，农民的非农业收入增加，土地保障的重要性日益下降，而农村医疗资源匮乏，医疗价格、费用大幅攀升，致使农村因病致贫、因病返贫的现象大量发生。2003 年开始，新型农村合作医疗制度相继在南安市试行。新型农村合作医疗在制度设计上主要是补助大额医疗费用或住院费用，如南安市参保的农民只有当年度在乡镇卫生院（医院）住院 200 元以上，县级医院 500 元以上，县级以上或县外医院（卫生院）1000 元以上才可享受补助。2006 年，南安市确定参合农民每人每年的参合基金为 40 元，其中农民自己交 30 元，财政补贴 10 元。在这种筹资水平下，合作医疗的保障水平和程度是有限的。随着新农合筹资水平的提高，南安市 2011 年由每人每年 150 元提高到 230 元，其中各级政府补助标准由 120 元提高到 200 元，农民个人缴费仍为每人每年 30 元。为提高参合人员医疗保障水平和合作医疗基金使用效率，南安市 2011 年 6 月底调整了新农合住院补偿标准。一是提高住院范围内费用补偿比例：市级以上及市外医疗机构由 40% 提高到 50%；市级医疗机构由 60% 提高到 75%；乡镇级医疗机构由 80% 提高到 90%。二是提高剖腹产（剖宫术产）补偿标准：即市级及乡镇级医疗机构由 1000 元提高到 1500 元，市级以上及市外医院由 800 元提高到 1200 元。三是开展住院二次补偿工作，2011 年新农合补偿方案调整后，对新方案实施前已经发生住院统筹补偿的（指从 2011 年 1 月 1 日至新方案执行之日前住院并已补偿的）参合人员执行新的住院补偿标准，获得差额补偿（即二次补偿）。截至 2011 年 7 月 26 日，南安市共发放二次补偿款 1200.5 万元，全市在方案调整前因病住院可获得再次受益的参合农民近 5 万人次，二次补偿资金达 1600 多万元，新农合的受益水平明显提高，进一步有效地缓解了农民因病致贫、因病返贫问题。2016 年南安市的住院实际补偿比例为 43.50%，财政投入的增加一定程度上减轻了群众看病就医的负担。2014 年城乡居民医保政府补助标准从每人每年 280 元提高到 320 元，在受益率方面，2015 年南安市有 42.65% 的参合人员享受到新农合补偿待遇，2016 年受益的参合人员比例达到 51.88%，充分体现了市财政投入的增加实现了广泛的社会效益。

表7-9　南安市新农村医疗保险范围和新农合报销比例

门诊补偿	(1) 村卫生室及村中心卫生室就诊报销60%，每次就诊处方药费限额10元，卫生院医生临时补液处方药费限额50元。	住院补偿	(1) 报销范围：A. 药费：辅助检查：心脑电图、X光透视、拍片、化验、理疗、针灸、CT、核磁共振等各项检查费限额200元；手术费（参照国家标准，超过1000元的按1000元报销）。B. 60周岁以上老人在镇卫生院住院，治疗费和护理费每天补偿10元，限额200元。	大病补偿	(1) 镇风险基金补偿：凡参加农村合作医疗保险的住院病人一次性或全年累计应报医疗费超过5000元以上分段补偿，即5001~10000元补偿65%，10001~18000元补偿70%。
	(2) 镇卫生院就诊报销40%，每次就诊各项检查费及手术费限额50元，处方药费限额100元。				
	(3) 二级医院就诊报销30%，每次就诊各项检查费及手术费限额50元，处方药费限额200元。				(2) 镇级合作医疗住院及尿毒症门诊血透、肿瘤门诊放疗和化疗补偿年限额1.1万元。
	(4) 三级医院就诊报销20%，每次就诊各项检查费及手术费限额50元，处方药费限额200元。		(2) 报销比例：镇卫生院报销60%；二级医院报销40%；三级医院报销30%。		
	(5) 中药发票附上处方每贴限额1元。				
	(6) 镇级合作医疗门诊补偿年限额5000元。				

资料来源：南安市新农村医疗保险资料。

在此部分，笔者通过利用医疗费用支出数据来计算土地的医疗保障水平。该数据是被调查农户参加新型农村合作医疗报销后的数据。根据统计年鉴，2015年南安市农民人均医疗支出为438.3元，比2014年增加了14.4元，医疗支出占其生活消费支出的3.48%。

表 7 – 10　南安市农民人均医疗支出情况

	2015 年	2014 年
生活消费支出	12604.9 元	11583.8 元
其中：医疗保健	438.3 元	423.9 元

资料来源：南安市统计年鉴 2016。

1. 被调查农户医疗费用支出情况

被调查农户医疗费用支出分布特点。在全部拥有耕地的 304 户居民中，没有医疗支出户 74 户，没有医疗费用支出的农户占总户数的 13.83%。医疗费用支出在 1～1000 元之间的共 331 户（详见表 7 – 11），占 61.87%。这部分家庭发生的医疗支出额占全部医疗支出额的 9.75%，医疗费用在 1000 元以上的有 204 户，占 38.13%，而这部分家庭的医疗支出额占总额的 90.24%。从调查得到的数据统计整理可知，医疗支出分布特点基本上符合非正态分布规律，即少数户发生的医疗支出占支出总额的比重较高。医疗费用支出在 2001～10000 元的农户所支付的总医疗费用占全部被调查农户医疗费用的 90.24%，但是这些农民占被调查农户的比例近 40%；1～2000 元的农户所支出的总医疗费用仅占 16.07%，他们的数量占被调查农户的 77.76%。

表 7 – 11　被调查农户医疗费用支出情况统计表

支出范围	户数	比重（%）	户均医疗支出（元）	本组在全部医疗支出中所占比重（%）
无医疗费用	74	13.8319	0	0
1～200 元	56	10.4672	182.94	0.6594
201～400 元	61	11.4018	407.64	1.4694
401～600 元	57	10.6542	524.57	1.8909
601～800 元	34	6.3553	695.78	2.5081
801～1000 元	49	9.1588	894.51	3.2244
1001～2000 元	85	15.8878	1752.64	6.3177
2001～5000 元	69	12.8972	3915.84	14.1154
5001～10000 元	37	6.9159	6827.59	24.6112
10000 元以上	13	2.4299	12540.24	45.2035
合计	535	100		100

数据来源：昌吉市农民土地保障问题研究问卷调查表统计整理。

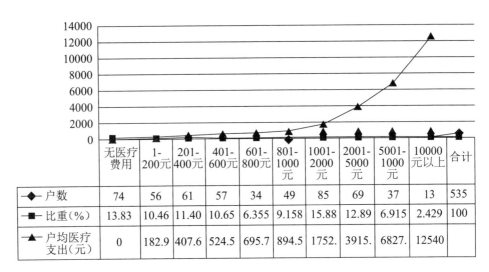

	无医疗费用	1-200元	201-400元	401-600元	601-800元	801-1000元	1001-2000元	2001-5000元	5001-1000元	10000元以上	合计
户数	74	56	61	57	34	49	85	69	37	13	535
比重（%）	13.83	10.46	11.40	10.65	6.355	9.158	15.88	12.89	6.915	2.429	100
户均医疗支出（元）	0	182.9	407.6	524.5	695.7	894.5	1752.	3915.	6827.	12540	

图 7-7　被调查农民户均医疗费用支出情况图

数据来源：南安市农民土地保障问题研究问卷调查表统计整理

不同家庭类型医疗费用的支出也不同。表 7~12 显示，一般农业家庭户均医疗费用支出都小于兼业家庭的医疗支出，但是他们支出的比例占家庭土地收益的近三分之一。兼业家庭的医疗费用支出额较大，但是占土地收益的比例却很少。

表 7-12　被调查农户户均土地收益和医疗支出统计

（单位：元）

家庭类型	不同类型土地的户数统计			不同经营的土地收益统计		户均医疗支出及占土地收益的比例统计	
	户数	所占比例	户均土地面积	户均土地收益	占总收入的比例	户均医疗支出	占土地收益的比例
一般农户家庭	128	23.93%	10.21	11240.58	92.54%	512.47	4.56%
农业兼非农业家庭	325	60.75%	5.74	7864.36	30.87%	847.63	10.78%
非农业家庭	82	15.32%	4.89	6074.24	7.13%	1027.41	16.91%
合计	535	100					

数据来源：南安市农民土地保障问题研究问卷调查表统计整理。

2. 土地的医疗保障强度

在这部分计算土地的医疗保障程度时，采用两种方法进行测量。

方法一是以被调查户在调查期间实际承担的医疗支出为标准。以被调查农户土地收益减去实际发生的医疗支出在报销之后的差额，来分析土地对农民的医疗保障情况。

方法二是以全部被调查户平均承担的医疗支出为标准。将全部被调查农民户均所有的医疗支出合计，除以全部被调查者家庭人口数，得到全部被调查者人均医疗费用支出，然后把被调查者每户的土地收益与按照平均值标准的每户总医疗费用支出做比较，从而达到分析南安市土地的医疗保障能力的目的。

（1）测算方法一。

土地的医疗保障能力可以通过农户土地收益与当年医疗支出相比较，若差额小于0，则认为土地收益不足以弥补医疗支出，土地无保障能力；大于或等于0则认为有保障能力（详见表7－13）。

从表7－13得知，被调查农户土地对其医疗保障作用还是存在的，其中48.41%的家庭的土地收益能够保障其医疗费用（中等保障水平及以上）。只有13.46%左右的人土地收益不能保障其家庭医疗费用。另外0－3000元弱保障的有100户，比例为18.69%，较弱保障的有104户，占被调查农户的19.44%，大于6001元以上保障强度的259户，比例为48.41%。

表7－13　被调查农户土地的医疗保障强度

保障强度等级	保障强度等级值	户数	百分比
无保障	小于0	72	13.46
弱保障	0～3000	100	18.69
较弱保障	3001～6000	104	19.44
中等保障	6001～9000	123	22.99
较强保障	9001～12000	99	18.5
强保障	大于12000	37	6.92
合计		535	100

数据来源：南安市农民土地保障问题研究问卷调查表统计整理。

在上述分析中，将被调查农户的土地收益直接减去其家庭医疗费用支出，来考察农民用全部的土地收益对其家庭医疗保障的程度，没有考虑家庭日常基本生活消费支出需求。通过统计年鉴数据，2015年南安市农户的医疗保健支出占其家庭经营收入的8.34%。

（2）测算方法二。

以全部被调查户平均承担的医疗支出为标准。将全部被调查农民户均所有的医疗支出合计，除以全部被调查者家庭人口数，得到全部被调查者人均医疗费用支出，然后把被调查者每户的土地收益与按照平均值标准的每户总医疗费用支出做比较，分析南安市土地的医疗保障能力。采用此方法不应含被调查农户的基本生活费用支出。

采用被调查人员的平均医疗费用作为衡量标准，这样有利于考察被调查农民在其被调查人员范围内，他们各自的土地对医疗保障的能力。从表 7 – 14 中，得知近 36.45% 的被调查农民的医疗是没有保障的。其中在 3000 元余额以上的占 45.49%。

表 7 – 14　被调查农民土地医疗保障强度

保障强度等级	保障强度等级值	户数	百分比	累计频率
无保障	小于 0	195	36.45	36.45
弱保障	0 – 3000	95	17.76	54.21
较弱保障	3001 – 6000	79	14.77	68.98
中等保障	6001 – 9000	102	19.06	88.04
较强保障	9001 – 12000	35	6.54	94.58
强保障	大于 12000	29	5.42	100
合计		535	100	

数据来源：南安市农民土地保障问题研究问卷调查表统计整理。

比较方法二与方法一，方法二得到的土地的医疗保障能力比方法一要弱，两者相差 23 个百分点，中等保障能力以上的比例，方法二比方法一少于近 3 个百分点。这说明不同收入的农户估算的医疗费用支出水平不同，方法二采用了医疗支出平均值，从而更多地考虑了不同年龄、身体状况下的医疗支出情况，该支出均值相比农户个别年份的实际支出值更能反映农民在不同状态下医疗支出的实际需求，从而体现出对医疗保障的要求。总体来看，南安市农民的医疗费用政府补助标准从每人每年 280 元提高到 320 元，对于日常的小病基本能保障，农民的土地方面的医疗保障功能就表现不出来。而对于大病，新型农村合作医疗制度将保障目标定位为保大病，这样易使低收入者为了节省门诊费而小病不看，最后小病拖成大病，导致住院费用增长，反过来影响合作医疗的基金平衡，不利于新型农村合作医疗的可持续发展。再就是易造成小病大治、挂床住院的现象。由于医疗行为的专业性和医学的不确定性，"只报销大病"容易诱发"小病大治、挂床住院"的道德风险，造成医疗支出的急速上升。

7.4.3 土地的养老保障能力测算

1. 农民的养老支出情况

2010 年左右，南安市出台了《新型农村社会养老保险暂行规定》，其参保范围为：在南安市行政区域内，年满 16 周岁（不含在校学生）、未参加机关事业单位社会保险或城镇企业职工基本养老保险的农村居民，可以在户籍地自愿参加新型农村社会养老保险（以下简称新农保）。基金筹集：新农保基金由个人缴费、集体补助、政府补贴构成。其中：① 个人缴费。缴费标准设为每年 100～1200 元，以每 100 元为一个缴费档次。② 集体补助。有条件的村（居）集体应当对参保人缴费给予补助，补助标准由村（居）民委员会召开村（居）民会议民主确定。鼓励其他经济组织、社会公益组织、个人为参保人员缴费提供资助。③ 政府补贴。政府对参保人员缴费给予补贴，具体补贴标准为：选择缴费档次 100 元，政府补贴标准为每人每年 30 元；选择缴费档次 200 元，政府补贴标准为每人每年 35 元；选择缴费档次 300 元，政府补贴标准为每人每年 40 元；选择缴费档次 400 元，政府补贴标准为每人每年 45 元；选择缴费档次 500～1200 元，政府补贴标准均为每人每年 50 元。南安市将根据经济发展水平及财力状况，适时提高政府补贴标准。本暂行规定实施后，参保人员应按时逐年缴费。距领取年龄不足 15 年的参保人员，允许补缴，累计缴费不超过 15 年，到达 60 周岁办理养老金领取手续前，允许其一次性补缴不足 15 年的部分，可享受缴费补贴；距领取年龄超过 15 年的参保人员，累计缴费不少于 15 年，对参保人员不按规定缴费，致累计缴费不足 15 年的，允许补缴，但不享受缴费补贴。对经残联部门确认的农村 1～2 级重度残疾人、民政部门确认的上年度农村低保户、计生部门确认的农村计生对象中独生子女死亡或伤残、手术并发症人员等缴费困难群体，政府为其代缴不低于 50% 的最低标准养老保险费。对经计生部门确认符合计生政策的农村生育两个女孩或生育一个子女的 45～59 周岁夫妻，在每人每年不低于 30 元缴费补贴的基础上，再增加 20 元缴费补贴。符合政策的同一对象代缴、补贴只能享受一项，不能重复享受。2014 年南安市提高城乡居民养老保障水平，基础养老金从每人每月 70 元提高到 80 元，被征地农民养老保障金从 90 元提高到 120 元。对农村重度残疾人、精简退职人员每人每月给予生活补助金 80元、500 元。按照"农村五保供养标准不低于当地农村居民家庭上年度的人均生活消费支出的 70%"的供养标准,2016 年南安市调整为 773(含)元以上。

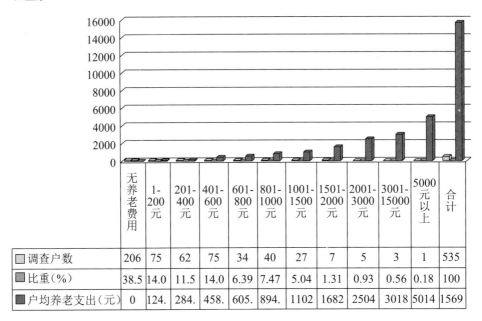

	无养老费用	1-200元	201-400元	401-600元	601-800元	801-1000元	1001-1500元	1501-2000元	2001-3000元	3001-15000元	5000元以上	合计
▢ 调查户数	206	75	62	75	34	40	27	7	5	3	1	535
▢ 比重(%)	38.5	14.0	11.5	14.0	6.39	7.47	5.04	1.31	0.93	0.56	0.18	100
▢ 户均养老支出(元)	0	124.	284.	458.	605.	894.	1102	1682	2504	3018	5014	1569

图 7-8　样本农民养老支出图

数据来源:南安市农民土地保障问题研究问卷调查表统计整理。

表 7-15　被调查农户养老支出情况

支出范围	调查户数	比重(%)	户均养老支出(元)	本组在全部医疗支出中所占比重(%)
无养老费用	206	38.5	0	0
1~200 元	75	14.02	124.65	0.79
201~400 元	62	11.59	284.77	1.82
401~600 元	75	14.01	458.94	2.92
601~800 元	34	6.39	605.48	3.85
801~1000 元	40	7.47	894.61	5.7
1001~1500 元	27	5.04	1102.44	7.02
1501~2000 元	7	1.31	1682.36	10.72

续表

支出范围	调查户数	比重（%）	户均养老支出（元）	本组在全部医疗支出中所占比重（%）
2001~3000 元	5	0.93	2504.21	15.96
3001~5000 元	3	0.56	3017.85	19.23
5000 元以上	1	0.18	5014.31	31.96
合计	535	100	15689.62	100

数据来源：南安市农民土地保障问题研究问卷调查表统计整理。

据调查数据统计整理，所有被调查农户家中有 60 岁以上的老人数为 234 人，占全部被调查家庭总人数的 21.05%。被调查农民养老平均年户均支出为 562.74 元。调查中 206 户没有养老支出，占总调查量的 38.5%，并且 14.02% 的被调查农民的养老支出只有 200~400 元左右，在社会快速转型、各种风险加大的情况下，这点钱根本不能起多大保障作用。养老支出分布特点基本上符合非正态分布规律，即少数户发生的养老支出占支出总额的比重较高。养老费用支出在 2001~5000 元的农户（占总被调查的人数的 1.67%）所支付的总养老费用占全部被调查农户养老费用的 67.15%，1~2000 元的农户所支出的总养老费用占 32.85%，他们的数量占所有被调查农民的 59.83%。

2. 土地的养老保障强度

本书对土地的养老保障能力测算采用以下以下三种方法。

方法一：以实际负担的养老支出为标准。将被调查农户土地收益减去实际发生的养老支出的差额，考察差额归属哪个保障范围，从而可以得出土地对农民的养老保障情况。

方法二：以被调查农户的平均养老支出为标准。该方法将全部被调查的农户户均所有的养老支出合计，除以被调查家庭中 60 岁以上人口数，得到全部年内人均养老费用支出，然后把被调查者每户的土地收益减去按照平均值标准的每户老年总养老费用支出并做比较，分析南安市土地的养老保障能力。

方法三：以现有基本生活水平计算的人均养老储蓄需求为标准。以被调查农户每户劳动力人口数乘以人均养老储蓄需求，计算每户的养老保障需求，与土地收益相减来分析保障程度。

（1）测算方法一。

通过将被调查农户土地收益与当年养老支出相比较，来估算南安市土地的养老保障能力，若差额小于0，则认为土地收益不足以弥补养老支出，土地无保障能力；大于或等于0则认为有保障能力，详见表7-16。

表7-16　土地养老保障强度统计表

（单位：户、%）

保障强度等级	户数	百分比	累计频率
无保障	210	39.25	39.25
有保障	325	60.75	100
合计	535	100	

数据来源：南安市农民土地保障问题研究问卷调查表统计整理。

从土地养老保障强度统计表显示，绝大多数的被调查农民的土地对养老费用支出还是有保障的。

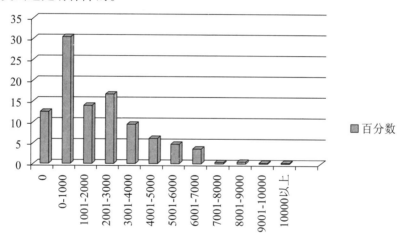

图7-9　被调查农民土地收益减去养老支出后的余额直方图

数据来源：南安市农民土地保障问题研究问卷调查表统计整理。

土地养老保障能力是将土地收益与家庭养老支出之差为正视为土地具有养老保障能力，它反映的是在不考虑家庭日常消费支出的情况下，土地收益是否能弥补家庭本年度的养老支出。99%的被调查农民的土地收益能够保障自身家庭的养老支出。

被调查农户的土地养老保障强度处于0~5000元弱保障的有481户，所占比例为89.89%；5001~6000元较弱保障的有25户，比例为4.84%；6001

~9000 元中等保障的有 27 户，占 4.82%；大于 9001 元以上的有 2 户，所占比例为 0.45%。

表 7-17　被调查农户土地养老保障能力

余额（元）	户数	百分比	累计占比
0	68	12.54	12.54
0 ~ 1000	164	30.47	43.01
1001 ~ 2000	75	14.15	57.16
2001 ~ 3000	90	16.84	74
3001 ~ 4000	51	9.66	83.66
4001 ~ 5000	33	6.23	89.89
5001 - 6000	25	4.84	94.73
6001 ~ 7000	20	3.78	98.51
7001 ~ 8000	4	0.47	98.98
8001 ~ 9000	3	0.57	99.55
9001 ~ 10000	1	0.24	99.79
10000 以上	1	0.21	100
合计	535	100	

数据来源：南安市农民土地保障问题研究问卷调查表统计整理。

（2）测算方法二。

以被调查农户的平均养老支出为标准。该方法将全部被调查的农民户均所有的养老支出合计，合计数为 705397.68 元，再把合计数除以全部被调查者 60 岁以上人口数 234 人，得到全部老年人平均每人养老费用支出 3014.52 元。然后把被调查者每户的土地收益减去按照平均值的全部被调查农民的每户总养老费用支出得到的余额，分析南安市土地的养老保障能力。

把被调查农民的平均养老支出作为一条尺度，分析每户按照平均养老支出来比较其土地的养老保障程度。从调研数据显示，被调查者农民家庭中有养老支出的，平均每人每年养老费用为 3014.52 元。被调查农民土地收益都能支付其老年人的养老，而且有中等保障强度的占 94%，土地的养老保障能力强。（详见图 7-10 和表 7-18）

（3）测算方法三：以现有基本生活水平计算的人均养老储蓄需求为标准。

假设条件一：农民从事农业生产劳动的工作期为 20 ~ 60 岁，平均有 40

年的工作期；

　　假设条件二：农民60岁之后就退休，平均存活期为20年；

　　假设条件三：目前养老储蓄税后利率为2.5%。

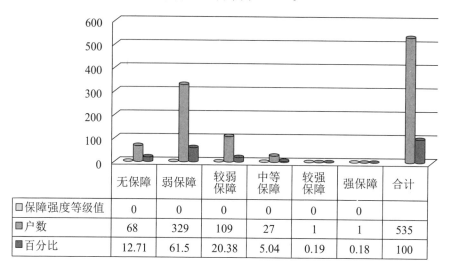

	无保障	弱保障	较弱保障	中等保障	较强保障	强保障	合计
▢保障强度等级值	0	0	0	0	0	0	
■户数	68	329	109	27	1	1	535
■百分比	12.71	61.5	20.38	5.04	0.19	0.18	100

图7-10　被调查农户按平均养老水平计算土地的养老保障能力示意图

数据来源：南安市农民土地保障问题研究问卷调查表统计整理。

表7-18　被调查农户按平均养老水平计算土地保障能力

（单位：元，户，%）

保障强度等级	保障强度等级值	户数	百分比	累计频率
无保障	小于0	68	12.71	12.71
弱保障	0～3000	329	61.5	74.21
较弱保障	3001～6000	109	20.38	94.59
中等保障	6001～9000	27	5.04	99.63
较强保障	9001～12000	1	0.19	99.82
强保障	大于12000	1	0.18	100
合计		535	100	

数据来源：南安市农民土地保障问题研究问卷调查表统计整理。

　　在上述假设条件下，先计算被调查农户的人均养老储蓄需求。参照前文，农民退休时的生活标准参照目前被调查户的平均基本生活支出标准，前文计算是12604.9元，因此可以得到年人均养老储蓄需求额为2915.3173元，计算过程如下：

$$\frac{\dfrac{12604.9}{(1+2.5\%)}+\dfrac{12604.9}{(1+2.5\%)^2}+\dfrac{12604.9}{(1+2.5\%)^3}+\cdots\cdots+\dfrac{12604.9}{(1+2.5\%)^{20}}}{\dfrac{(1+2.5\%)^{40}-1}{2.5\%}}=2915.3173$$

以此标准在目前养老实际支出的基础上再加上每户需要的养老储蓄作为农户的养老保障需求标准，用土地收益与其的差值来分析养老保障情况。

表7-19　被调查农户按平均养老水平计算退休后的土地养老保障能力表

（单位：元，户，%）

保障强度等级	保障强度等级值	户数	百分比	累计频率
无保障	小于0	80	14.95	14.95
弱保障	0-3000	63	11.78	26.73
较弱保障	3001-6000	74	13.83	40.56
中等保障	6001-9000	88	16.45	57.01
较强保障	9001-12000	106	19.81	76.82
强保障	大于12000	124	23.18	100
合计		535	100	

数据来源：南安市农民土地保障问题研究问卷调查表统计整理。

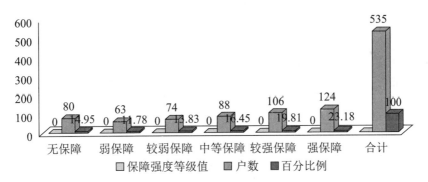

图7-11　被调查农户按照平均水平计算退休后的土地养老保障情况分布图

数据来源：南安市农民土地保障问题研究问卷调查表统计整理。

从图7-11和表7-19可知，按照目前的土地收益情况计算，南安市农民退休后，有14.95%的农民养老资金不足。具有强保障水平的有124户，占被调查农户的23.18%。

比较以上三种测算方法，得到土地对被调查农民养老保障强度的结果是不同的，这说明了不同条件下的保障能力。

测算方法一是"子养父"的家庭养老模式下的支出分析，反映出农民的实际养老支出情况，不考虑生活、医疗等其他支出的情况下，不能支付养老支出的家庭较少，有68户，占被调查者总数的12.54%，说明被调查农户总体表现为量入为出的特点。

方法二仍是对"子养父"的家庭养老模式下的支出分析，但通过计算养老支出平均值，从而找到一个能综合各年龄段、不同身体状况的老年人的养老支出，因此支出计算更有代表性。分析表明，不考虑生活、医疗等其他支出的情况下，被调查农户均能支付家里老人的支出。但方法一与方法二的结果分布略有不同，这说明各家庭中老年人的支出水平与支出需求存在明显差异。

方法三是自我积累的养老模式下的支出分析。现代意义的养老保障是自我积累式的，因此本文按南安现时的生活需求水平，估算了自我积累的养老模式下的养老储备需求，分析结果显示，14.95%的被调查农户不能满足养老需求，0~3000元弱保障程度的占11.78%，3001~6000元较弱保障程度的占13.83%，6001元以上保障水平的占59.44%。

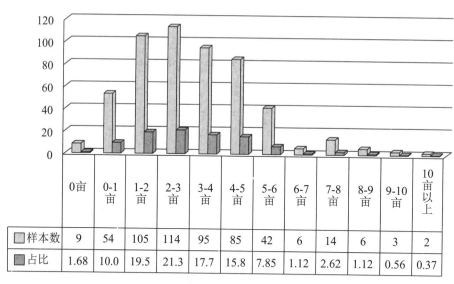

	0亩	0-1亩	1-2亩	2-3亩	3-4亩	4-5亩	5-6亩	6-7亩	7-8亩	8-9亩	9-10亩	10亩以上
样本数	9	54	105	114	95	85	42	6	14	6	3	2
占比	1.68	10.0	19.5	21.3	17.7	15.8	7.85	1.12	2.62	1.12	0.56	0.37

图 7-12　被调查农户耕地规模情况

数据来源：南安市农民土地保障问题研究问卷调查表统计整理。

7.4.4　土地的就业保障功能

土地发挥着就业保障的作用，土地是一种"廉价"的生产资料，即使与受训练极少的劳动力结合也可以为劳动者提供足够的食物。土地具有很强的吸纳能力，只要在承包土地期限内，土地总能给农民提供稳定的收入。即使农民离开土地在城市寻找一份非农工作，当农民在城市中失业又可以重回农村耕种土地，土地承担着失业保险的作用。

2015 年南安市农村总户数 327248 户，农村人口 1365548 人，户均占地 628 平方米/户，人均占地 150.4 平方米/人，全市人均耕地 0.25 亩。调查数据显示，被调查农户每家承包耕地面积以 1 ~ 4 亩占绝大比重，占总样本数的 68.79%，户均经营耕地面积 2.57 亩（详见图 7 – 11），人均拥有耕地面积 0.89 亩左右。

表 7 – 20　南安市农村情况

行政单位	村委会（个）	农村总户数（户）	农村总人口（人）	户均占地（平方米/户）	人均占地（平方米/人）
溪美街道	6	10258	49165	758	158.1
柳城街道	11	13066	47203	622	172.2
美林街道	18	14831	65546	590	133.5
省新镇	11	9466	44414	958	204.3
东田镇	16	11806	48639	594	144.2
仓苍镇	11	10090	45173	585	130.7
英都镇	15	13200	56258	478	112.1
翔云镇	12	6460	26165	376	92.9
金淘镇	22	20112	76690	453	118.7
眉山乡	13	5424	24406	562	124.9
诗山镇	18	19346	81584	458	108.7
蓬华镇	9	4672	23653	394	77.8
码头镇	24	17238	68280	553	139.5
梅山镇	18	12529	56548	815	180.5
九都镇	10	4572	16014	472	134.5
向阳乡	7	3389	13899	490	119.4
乐峰镇	8	10380	37186	339	94.6
罗东镇	12	12353	55831	562	124.4
洪濑镇	18	14827	67925	633	138.2

行政单位	村委会（个）	农村总户数（户）	农村总人口（人）	户均占地（平方米/户）	人均占地（平方米/人）
洪梅镇	10	11062	48587	582	132.5
康美镇	12	12720	51008	836	208.4
丰州镇	11	8542	41050	466	96.9
霞美镇	16	14285	62071	447	102.8
官桥镇	23	23405	86173	856	232.4
水头镇	28	26128	101279	679	175.1
石井镇	25	17087	70801	1088	262.6
总计	384	327248	1365548	628	150.4

被调查农户每户均拥有劳动力数量以 2～3 人居多，占调查总样本的 86.83%，户均劳动力 2.23 人（见表 7-21）。

表 7-21　被调查农户家庭劳动力情况

劳动力数	1 人	2 人	3 人	4 人	5 人	6 人以上	合计
样本数	35	108	175	132	69	16	535
占比	6.54	20.18	32.71	24.67	12.91	2.99	100

数据来源：南安市农民土地保障问题研究问卷调查表统计整理。

随着农村经济的发展，农民的群体也不断进行分化。土地提供的较低的保障难以满足不同群体的需求。尤其是对非农就业机会较多、非农收入不断增加的农户来说，土地所能起到的保障作用已经日益弱化。南安市农村纯粹靠土地实现就业的比较少，特别是伴随着城镇化的发展，大批农用土地变成非农用土地，大量以土地为生的农民变成了失地农民。在这个过程中由于国家垄断了农村土地的一级市场，土地流转市场不完善，有相当一部分的土地农转非是以不规范的方式进行，地方政府和开发商合谋赚取大量利润，而与此紧密相关的利益相关者农民却只能得到有限的利益，他们的利益受到侵害，不仅失去了土地，还面临着失业的风险，这样土地就更难以发挥它应有的保障功能。1978—2013 年，南安城镇经济的繁荣发展吸纳了大量的农村转移劳动力，城镇常住人口从 4.4 万人增加到 38.4 万人，城镇化率从 18% 提高到 53.9%，高于全国平均水平 0.2 个百分点，年均提高 1.02 个百分点，这使得土地的就业保障作用更为微弱。1978—2013 年，建制镇数量由空白增加到 21 个。水头被列为全国经济较发达镇行政体制改革试点和全省小城镇综合改革建设试点，仑苍、梅山、洪濑、罗东被列为泉州市小城镇综合改革建设试点，南翼新城以全市 16.4% 的国土面积集聚了 19.05% 的人口，成为拉动经济快速增长和集聚人口的主要区域。水头、仑苍、梅山、洪濑、罗东等镇的大量农民都进入工厂打工。

7.4.5　土地保障能力综合分析

前文笔者利用被调查农户的土地收益与基本生活费用、医疗费用和养老费用，估算了南安市农民的基本生活保障、医疗保障和养老保障，从而使我们能从某个方面来了解土地的保障能力。在本节，将应用被调查农户的土地收益减去基本生活支出、医疗费用和养老三项费用合计数的结果来分析南安市土地的保障能力。

分析拟采用最低标准法与最高标准法。最低标准法是指用被调查农户的土地收益减去前述三项中的最低标准，最高标准法则是用被调查农户的土地收益减去前述三项中的最高标准。

（1）最低标准法：根据上文分析可知，被调查农户土地基本生活保障方面的最低标准是测算土地的基本生活保障方法一，即是采用南安市贫困线标准年人均纯收入 230 元来核算。

被调查农户土地医疗保障能力的最低标准是土地的医疗保障能力测算方法一，即被调查农户实际医疗费用支出的方法。

被调查农户土地养老保障能力的最低标准是土地的养老保障能力测算方法一，即以实际负担的养老支出为标准。

通过采用最低标准法，把被调查农户的土地收益减去按照基本生活、医疗和养老三项最低标准计算得到的结果显示：被调查农户中的 102 户，占被调查农户的 19.07%，其土地收益不能支撑其三项费用的支出；37.39% 的被调查者处于 0 ~ 6000 元的弱和较弱保障程度；中等保障水平以上的占 45.54%，有 233 户。

（2）最高标准法：被调查农户土地基本生活保障方面的最高标准是测算土地的基本生活保障方法三，采用以全部被调查农民平均的基本生活消费水平为标准。

被调查农户土地医疗保障能力的最高标准是测算方法二，以全部被调查户平均承担的医疗支出为标准。

表7－22　被调查农户按最低标准法计算土地保障能力

保障强度等级	保障强度等级值	户数	百分比	累计频率
无保障	小于0	102	19.07	19.07
弱保障	0～3000	89	16.64	35.71
较弱保障	3001～6000	111	20.75	56.46
中等保障	6001～9000	89	16.63	73.09
较强保障	9001～12000	66	12.34	85.43
强保障	大于12000	78	14.57	100
合计		535	100	

数据来源：南安市农民土地保障问题研究问卷调查表统计整理。

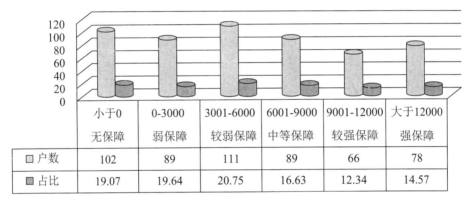

	小于0 无保障	0-3000 弱保障	3001-6000 较弱保障	6001-9000 中等保障	9001-12000 较强保障	大于12000 强保障
□ 户数	102	89	111	89	66	78
■ 占比	19.07	19.64	20.75	16.63	12.34	14.57

图7－13　采用最低标准法的被调查农户土地保障能力图

数据来源：南安市农民土地保障问题研究问卷调查表统计整理。

被调查农户土地养老保障能力的最高标准是测算方法三，采用以现有基本生活水平计算的人均养老储蓄需求为标准。

采用前文计算的基本生活、医疗和养老费用的最高标准计算的最高计算方法，从表7－23和图7－13可知52.15%的被调查农户，其土地收益根本不能满足家庭的基本生活、医疗和养老费用支出；弱、较弱保障占了43.18%。无保障、弱保障、较弱保障的占绝大多数，为被调查者的510户，占全部比例的95.33%。可见应用基本生活、医疗和养老费用的最高标准计算的最高计算方法，南安市的土地保障能力较低，不能保障广大农户的基本生活、医疗和养老保障。

表 7-23　被调查农户按最高标准法计算土地保障能力

保障强度等级	保障强度等级值	户数	百分比	累计频率
无保障	小于0	279	52.15	52.15
弱保障	0~3000	162	30.28	82.43
较弱保障	3001~6000	69	12.9	95.33
中等保障	6001~9000	25	4.67	100
较强保障	9001~12000	0	0	100
强保障	大于12000	0	0	
合计		535	100	

数据来源：南安市农民土地保障问题研究问卷调查表统计整理。

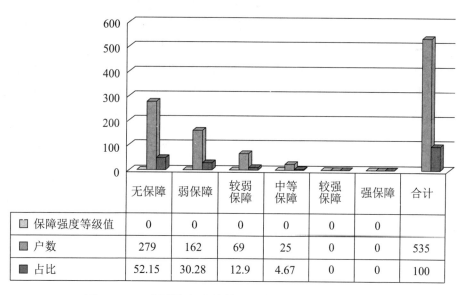

	无保障	弱保障	较弱保障	中等保障	较强保障	强保障	合计
保障强度等级值	0	0	0	0	0	0	
户数	279	162	69	25	0	0	535
占比	52.15	30.28	12.9	4.67	0	0	100

图 7-14　采用最高法的被调查农户土地保障能力图

数据来源：南安市农民土地保障问题研究问卷调查表统计整理。

　　综上所述，应用最高标准计算方法相比最低标准计算方法，其保障能力要弱近33个百分点。采用最高标准计算得到的土地保障能力52.15%的被调查农户根本不能依靠土地来进行维持生活，而且就算采用最低标准来计算南安市农村土地的保障能力，也有19.07%的农户不能得到保障。而中等以下保障水平的，采用最高标准的为47.85%，采用最低标准的为54.02%；强和较强保障水平的，采用最高标准的为0，采用最低标准的26.91%。由此可见采用最高标准或最低标准，对于南安市的农户土地保障水平是相差较大的。特别是体现在无保障和中等保障水平以上。

另外，从不同的家庭类型来看，在近23.93%的一般农业户中，其家庭收入是靠土地收益获得，而这部分农户的家庭医疗支出恰好又占土地收益较大比例。他们并不十分看好土地的保障能力，主要是因为，从土地获得的收益主要还是经济作物，如龙眼、香蕉、茶、柑橘等，这些作物受气候影响较大，台风、干旱都会对此造成影响。在调研中，无论是23.93%的收入依靠土地的一般农业收入户还是60.75%兼业农户，都不对土地的保障能力抱过高的希望，他们认为土地根本就没有或较少保障自己家庭的医疗费用，而认为具有较强保障能力的仅占少数。特别随着农村计划生育政策的实施，农村家庭规模日渐缩小，类型日趋核心化。这样农村养老的负担就日益加重。农村养老还主要依靠土地保障为主的传统农家养老方式，绝大部分地区尚未建立社会养老保险制度，农村新型合作医疗制度目前还处在试点阶段，农民的养老、医疗都缺乏必要的社会保障。在这么严峻的老龄化情况下单纯依靠土地发挥养老保障能力是远远不够的。在农民非农收入渠道增多、土地收益的重要性不断下降的情况下，更多的农户通过选择非农业的方式来满足生活需求。这也说明土地保障的"虚化"现象突出。

第八章 转型时期南安市农民土地
保障功能分析

当农户没有充足的财富积累，没有足够的非农就业机会和非农收入，又没有健全的社会保障体系时，很大程度上必须依靠土地收获物供给家庭基本生活资料，或者以土地收入作为维持最低生活水平、进行医疗保健、抵御社会风险的主要手段，这就是我们所说的农村土地社会保障功能①。这种社会保障并不是现代意义或制度意义上的社会保障，它只是起着弥补了我国在农村社会保障制度上的缺失和不足的作用，发挥着社会保障类似的功能，为社会稳定、经济发展起着不可磨灭的贡献。

8.1 当前南安市土地保障功能表现

8.1.1 土地承担过多保障，造成土地生产功能弱化

从经济学的角度来看，土地所肩负的生产功能和保障功能之间具有替代效应。作为生产要素的土地需依据市场的价格信号进行最优配置，以此来提高土地的生产效率。至于农民的生存、就业、医疗、养老等问题应通过其他的社会保障方式予以解决，而不能简单地将农民的保障附加在土地之上。但现行的土地制度承担过多保障，使中国仅有的土地呈现明显的碎片化、分散化的状态。小块土地带来的经济效益十分有限，出现边际效益递减的状况，而且随着农业生产力的发展和农民分化程度的提高，土地的保障功能和生产

---

① 沈晓丰. 农村土地的社会保障功能与产出效率分析［J］. 重庆师院学报，2003（3）：
112－115

功能之间的矛盾将加剧。要想提高土地利用效率,就要求土地要向经济能手集中,进行大片土地联合种植,发展规模经济。但由于土地承担着诸多保障功能,致使农户要将土地牢牢握在手中甚至要不断将土地细分,不利于土地流转以形成土地的规模经济,阻碍了土地效率的提高。

中国土地承担的过多保障功能,对土地的生产功能产生了强烈的挤出效应。由于中国土地的产出效益低下,土地的生产功能日益降低,土地只是作为保障功能而单独存在。这其中最明显的表现就是许多从事非农生产的农民对土地的粗放经营,或者是一些劳动力输出的省份存在大量的土地撂荒的现象。这种情况不断影响了土地效益的发挥同时也制约了农村经济发展。

就南安市的农村土地来说,土地对于农民在基本生活、就业、医疗和养老方面还存在不同程度的保障作用,但其生产功能在弱化。

8.1.2 土地保障功能,在不同区域有侧重点

全市近远郊的农地,在土地保障功能上有所不同。对于近郊农村土地来说,更多地是经济生产功能,以获得经济价值或经济效益为重,其次是就业、医疗、养老等保障功能;而对于远郊农地来说,首先是维持自身的生活需求,实现一种就业,再就是医疗和养老等保障,获得经济价值或经济收益是最次要的。这也由于土地区位和不可移动性,近郊土地依靠城市信息等辐射效应,可以更便捷地获取最新的信息和技术,所以近郊土地可以种植经济价值更大的作物,从而获取经济收益。远郊土地由于距离原因,接收城市信息和技术更迟点,社会经济发展较慢,农民种植相应的农作物,先要维持自己的基本生活,而后再考虑土地的经济价值等其他的保障功能。因此,全市的农村土地在不同区域有不同的侧重点,基本生活保障、医疗保障、就业保障和养老保障也各有不同。

8.2 南安市农户家庭耕地利用的功能异质性研究

新型城镇化与工业化发展促使区域耕地利用格局发生转变,不同区域对耕地资源功能进行再定位[1],耕地的生态保障、休闲娱乐与选择馈赠功能也日

---

[1] 龙花楼,刘彦随,邹健. 中国东部沿海地区乡村发展类型及其乡村性评价 [J]. 地理学报,2009,64 (4):426-434.

益凸显。耕地资源功能的研究主要集中在耕地功能内涵的解释[1]，不同地区耕地功能演化的阶段性差异[2][3]、多功能管理路径分析[4]，以及耕地多功能评价[5]等方面。其中，宋小青等以耕地功能内涵为出发点，对1949年以后中国耕地功能的变化进行了分析，发现地域资源禀赋及经济社会发展差异导致耕地功能具有明显的阶段性，通过对中国、荷兰和美国农地保护政策的比较，提出当下耕地多功能管理的实践路径。刘彦随等从经济发展、粮食生产、社会稳定、生态保育等方面对全国地域多功能进行了评价，认为地域多功能具有明显的空间异质性。

8.2.1 研究区域与调查样本

8.2.1.1 研究区域

南安市是泉州市下辖的一个县级市，位置为东经118°08′30″~118°36′20″，北纬24°34′30″-50°19′25″，东接鲤城区、丰泽区、洛江区，东南与晋江毗邻，南与厦门翔安区的大、小嶝岛及金门县隔海相望，西南与同安区交界，西通安溪县，北连永春县，东北与仙游县接壤。南安市陆域周长389公里，东西宽45公里，南北长82公里，陆地面积2036平方公里，海域面积61.6平方公里，海岸线长32.8公里。

南安市社会经济发达。"十二五"末，全市生产总值达843.38亿元，年均增长11.7%；一般公共预算总收入62.77亿元，年均增长10.5%；全社会固定资产投资514.34亿元，年均增长25.5%；人均GDP 5.6万元，年均增长10.7%；农村居民人均可支配收入16790元，年均增长11.6%，城镇居民人均可支配收入36566元，年均增长10.7%；三次产业比重调整为

① 宋小青，欧阳竹.耕地多功能内涵及其对耕地保护的启示 [J].地理科学进展，2012，31（7）：859-868.
② 宋小青，欧阳竹，柏林川.中国耕地资源开发强度及其演化阶段 [J].地理科学，2013，33（2）：135-142.
③ 宋小青，吴志峰，欧阳竹.1949年以来中国耕地功能变化 [J].地理学报，2014，69（4）：435-447.
④ 宋小青，欧阳竹.中国耕地多功能管理的实践路径探讨 [J].自然资源学报，2012，27（4）：540-551.
⑤ 刘彦随，刘玉，陈玉福.中国地域多功能性评价及其决策机制 [J].地理学报，2011，66（10）：1379-1389.

2.9：62.6：34.5。县域经济实力继续走在全省前列，位列 2015 年度全国综合实力（科学发展）百强县第 32 位、中国中小城市最具投资潜力百强县第 21 位、福布斯中国最佳县级城市第 14 名；首次跻身全国工业百强县（市）第 56 位。

南安市下辖 26 个乡镇，2015 年常住人口 150.2 万人。南安市土地总面积202448.33 公顷，其中耕地面积 30479.79 公顷，占土地总面积的 15.06%；园地面积 17743.01 公顷，占土地总面积的 8.76%；林地面积 94110.82 公顷，占土地总面积的 46.49%；草地面积 2420.35 公顷，占土地总面积的 1.20%；城镇村及工矿用地面积 31741.77 公顷，占土地总面积的 15.68%；交通运输用地面积 5469.48 公顷，占土地总面积的 2.70%；水域及水利设施用地面积11327.38 公顷，占土地总面积的 5.60%；其他土地面积 9155.73 公顷，占土地总面积的 4.52%。

本书选取南安市作为研究区域，以调研数据为实证，分析该市农户家庭耕地利用功能的空间异质，探索农民对于耕地功能的不同认识，为探讨耕地的社会保障及耕地保护政策提供参考依据。

8.2.1.2 调查问卷

参照耕地利用功能的研究文献[1][2][3]，本书从经济价值功能、食物生产功能、养老功能、就业功能、生态保障功能、选择馈赠功能等方面设计调研问卷。经过相关处理，于 2016 年 7～9 月对研究区进行实地调研，调研方式采用随机抽取与实地走访相结合，对南安市 62 个行政村进行走访。结合受访者的性别、年龄、教育程度、家庭耕地资源禀赋、兼业类型、家庭收入等状况，采用面对面访谈的方式随机抽取调研样本。调研发放问卷 535 份，收回有效问卷 514 份，问卷有效率为 96.07%。

---

[1] 杨雪，谈明洪. 北京市耕地功能空间差异及其演变 [J]. 地理研究，2014，33（6）：1106-1118.

[2] 杨雪，谈明洪. 近年来北京市耕地多功能演变及其关联性 [J]. 自然资源学报，2014，29（5）：733-743.

[3] 甄霖，曹淑艳，魏云洁，等. 土地空间多功能利用：理论框架及实证研究 [J]. 资源科学，2009，31（4）：544-551.

8.2.2　基本思路与研究方法

1. 基本思路

每个人对于耕地的功能有不同的看法。从宏观来说，我国耕地功能主要划分为基本生活保障功能、社会安定维护功能、家庭经济贡献功能、生态安全维护功能、就业保障功能、粮食安全保障功能、国民经济贡献功能七个方面。而从微观来说，耕地功能就看法各异。对于特定区域的耕地来说，其内部不同区位的耕地发挥着主导功能，其他功能起到辅助作用，这也正体现了区域的差异和发展特色。这种耕地主导功能与区域社会经济发展密切相关。因此我们评价某个区域的耕地功能，就是要对该区域社会经济发展需求是否与耕地利用功能定位相一致。从分区角度来说，就是将区域分成不同的主体功能区，看看该主体功能区的耕地利用功能空间特征，分析不同主体功能区差异；第二，从农户来讲，应从不同类型农户来研究，看看农户的发展需求，分析农户在利用耕地过程中区分耕地利用功能属性特征，找出不同区域农户在耕地利用方面的差异性，分析得到耕地的经济贡献、食品生产、养老保障、就业保障、生态保护、馈赠等方面对不同主体功能区内耕地利用功能的定位，研究不同类型农户耕地利用功能的差异。

2. 选取评价指标

从土地利用类型来看，耕地是通过开发、整理或复垦其他类型土地而产生。耕地的多功能性是人们利用土地的结果。从系统论角度来看，耕地由自然生态子系统与以其为基础的人工社会经济子系统耦合而成。自然生态系统是耕地多功能性的基础，是物质条件，而人工社会经济系统是外在条件，是耕地多功能性的强大动力。因此，一方面，耕地功能因人类利用活动而存在；另一方面，耕地功能不仅受观念意识、社会经济制度等人类主体因素影响，还受耕地生态子系统承载能力的制约。

耕地多功能是指除粮食生产等商品性生产功能外，耕地还具有调节大气组分与气候、调节水文、建设发展隔离等生态功能，提供耕作风景、保持传统农耕文化、为农民提供社会保障等景观文化功能，以及建设空间储备等空间承载储备功能的非商品性生产功能。本书在耕地利用功能内涵[①]分析和属性

---

① 宋小青，欧阳竹. 中国耕地多功能管理的实践路径探讨［J］. 自然资源学报，2012，27（4）：540 –551.

界定的基础之上，综合考虑不同主体功能区耕地利用功能特征和数据可获取性，建立不同主体功能区耕地利用功能评价体系，如表 8 - 1 所示。

表 8 - 1　农户家庭耕地资源多功能评价指标

功能名称	指标	指标含义	单位	权重
经济功能	耕地产出水平	耕地实际产出水平	元/hm²	0.084
	耕地收入	耕地收入	元/hm²	0.048
	耕地投入产出	单位面积投入	元/hm²	0.069
农产品生产功能	粮食自给率	粮食消费量/粮食产量	%	0.077
	粮食供养人数	（家庭粮食产量 - 家庭口粮用量）/人均 420 kg	–	0.097
	蔬菜自给率	蔬菜消费量/蔬菜产量	%	0.087
养老功能	人均耕地面积	耕地总面积/家庭总人口	%	0.021
	老年务农劳动力比例	60 岁以上务农劳动力/务农劳动力	%	0.065
就业功能	单位面积务农人数	务农劳动人数/农作物播种面积	人/hm²	0.099
	务农劳动力比例	务农劳动力/家庭劳动力	%	0.072
生态环境功能	净化空气	非常认可 =3，非常不认可 =1	–	0.071
	含蓄水源	非常认可 =3，非常不认可 =1	–	0.064
	美化环境	非常认可 =3，非常不认可 =1	–	0.048
馈赠功能	耕地征收意愿	非常期望 =3，非常不期望 =1	–	0.098

（1）农产品生产功能。

农产品生产功能是从耕地的生产功能说的，指的是耕地能够生产粮食、蔬菜、瓜果等多种农产品的功能，为人们供给农产品，这是耕地最基本的功能。可选取粮食作物播种面积、粮食自给率、蔬菜自给率、粮食供养人数、粮食作物占比五项指标来量化耕地的农产品生产功能。

（2）经济价值功能。

经济价值功能是从耕地的经济功能说的，指的是耕地最基本的作用就在于产出，在其上面种植农作物，收获价值，从而获得经济收入。其中，耕地产出水平是最能直观反映耕地经济产出能力的指标；耕地收入占比反映耕地产出对家庭经济收入的贡献程度；耕地投入产出比反映耕地投入与产出能力。

上述指标与耕地经济产出紧密相连，能够很好地体现耕地的经济贡献水平。

（3）养老功能。

耕地的养老功能，是耕地基本功能衍生出来的，养老功能是指耕地具有能够为农户提供养老保障的作用，包括生活保障功能、养老保障功能主要选择人均耕地面积、单位面积务农人数等指标来分析。

（4）就业功能。

耕地的就业保障功能，也是耕地基本功能衍生出来的。就业功能是指耕地具有能够为农户提供就业保障的作用。可选取务农劳动力比例、老年务农劳动力比例进行分析。

（5）生态环境功能。

生态环境功能是从生态系统角度来说的，是指耕地本身具有保持水土、净化空气、涵养水源、维护生物多样性及美化景观环境的功能，而我们对于耕地进行保护，可以维护生态景观环境，有利于提高人类福利的整体福利。因此，可采用农户对耕地在净化空气、涵养水源、美化环境等方面的认知和耕地破碎化程度等指标来反映耕地的生态环境功能。

（6）馈赠功能。

馈赠功能是一种从文化角度来说的，耕地资源能够提供的某项效益或功能，农户所持有该耕地，为未来耕地资源能随时可用，或者能够持续耕地长时间存在，或者基于代际公平，避免被过度开采，保证子孙后代将来能继续利用。该功能是一种保护耕地的意向，该种馈赠功能多从精神意愿等方面来研究。可通过对农民的耕地征收意愿、存在偏好认知、选择偏好认知和馈赠偏好认知四项指标来量化。

3. 权重的确定

耕地利用功能评价是一个复杂的系统工程，其涉及的对象多样，有农民、也有政府的；其涉及内容多样，有社会方面的，有经济方面的，还有资源与环境生态等多个方面的。根据研究，区域中存在不同主体功能区，其耕地利用功能的也存在异质性，农户个体存在差异性，另外还有评价指标可获性与可操作性。本文建立耕地利用功能评价体系，采用模糊聚类分析求均值法。

模糊聚类分析求均值法的具体步骤如下。

第一步：对基础数据 x 做极值标准化处理。

$$X = \frac{X' - X'_{min}}{X'_{max} - X'_{min}} \tag{8-1}$$

当 $X' = X_{max}$ 时，$X = 1$；当 $X' = X_{min}$ 时，$X = 0$。

第二步：标定。即算出衡量被分类对象 X_i 与 X_j 间相似程度的相似系数，这里采用下式求 r_{ij}：

$$r_{ij} = 1 - \sqrt{\frac{1}{n}\sum_{k=1}^{m}(x_{ik} - x_{jk})} \qquad (8-2)$$

式中，x_{ik}，x_{jk}——变量 X_i，X_j 的第 k 个样本，这里 i，j = 1，2，…，n；k = 1，2，…，m。

第三步：验证相似系数公式满足反身性和对称性，即 $r_{ij} = r_{ji}$。

第四步：对模糊关系矩阵 $R = (r_{ij})_{n \times n}$ 进行变换，使之成为模糊等价关系。采取矩阵自乘方法，当 $(R^k)^2 = R^2$ 时，R^k 即为模糊等价关系。

最后选取阈值 λ 进行截取，即得到所需的分类，而后在所取的一大类中求均值作为模糊权。

当用于对集值（这里为区间数）的 N 个样本进行模糊聚类分析时，即在如上步骤中，把区间右端点 a_i 和左端点 b_i 各看做分类指标，则由 N 组〔a_i，b_i〕，i = 1，2，…，n）进行分类。而后，可用数目最多样本的一类求权值，再取中间值作为最后权值。

8.2.3 研究结果及分析

1. 不同功能区的农户家庭耕地利用功能分析

以重点开发区、农产品主产区和生态功能区的 50 个村 241 户调查数据为例，采用模糊聚类分析，经过耕地利用功能评价的四个步骤，对不同主体功能区耕地资源功能差异性进行评价，结果如表 8-2 所示。

表 8-2 不同主体功能区农户家庭耕地利用功能

研究区域	经济功能	农产品生产功能	养老功能	就业功能	生态环境功能	馈赠功能
重点开发区	0.54	0.054	0.105	0.241	0.04	0.02
农产品主产区	0.187	0.587	0.02	0.015	0.099	0.092
生态功能区	0.0184	0.2184	0.067	0.124	0.545	0.0272
区域总体	0.7454	0.8594	0.192	0.38	0.684	0.1392

从表 8-2 来看，区域总体耕地利用功能重要程度依次是：经济功能 > 养老功能 > 就业功能 > 馈赠功能 > 食物生产功能 > 生态环境功能。其中，重点开发区耕地的经济贡献和养老功能和就业功能最突出。经济功能显著是因为

更多农户处在城乡结合部，兼业化程度高，农业种植主要是为了获得经济收益、提供一定养老保障和口粮供应。农产品主产区耕地养老就业功能最突出，其次为经济功能。因农产品主产区多以农业生产为主，户均耕地面积较大，农业收入占比较高，农户能够依靠农业生产来维持生计，兼业化程度低。因此，耕地养老功能和就业功能更为突出。生态功能区农户看重耕地的经济功能。在馈赠功能方面，农产品主产区和生态功能区的农户比例远高于重点开发区，前两个地区农户更注重长久的维护和保育耕地，愿意将更多耕地留给子孙后代，生态功能区受自然环境和经济发展水平等因素影响，更倾向转变耕地用途，长久利用和保护耕地的意愿较低。总体来看，当前家庭耕地的经济贡献和养老功能、就业功能比较突出，农产品生产功能正在不断弱化，保育耕地的认知在不断增强。

表 8 - 3　南安市乡镇主体功能区与"三区"

乡镇	主体功能区	"三区"	乡镇	主体功能区	"三区"
洪梅镇	重点开发区	农业生产空间	乐峰镇	重点开发区	生态保护空间
金淘镇	重点开发区	农业生产空间	九都镇	重点开发区	生态保护空间
翔云镇	重点开发区	农业生产空间	蓬华镇	重点开发区	生态保护空间
英都镇	重点开发区	农业生产空间	罗东镇	重点开发区	生态保护空间
东田镇	重点开发区	农业生产空间	梅山镇	重点开发区	生态保护空间
			眉山乡	重点开发区	生态保护空间

2. 不同农户家庭类型耕地利用功能分析

目前，农户兼业类型国内缺乏统一的划分标准，农业部农村固定观察点曾依据农户的收入结构将农户划分为纯农户、I兼农户、II兼农户和非农户四种类型。本书参照农村固定观察点的划分标准，结合不同主体功能区农户实际收入水平，重新对农户兼业类型进行划分。依次将农业收入占家庭生产性收入在70%以上、30% ~70%以及低于30%的农户划分为纯农户、兼业农户和非农户。利用南安市调研数据，对主体功能区内农户的耕地利用功能特征进行评价。从表 8 - 2 来看，不同主体功能区兼业农户的耕地利用功能存在显著差异。

（1）重点开发区。

纯农户的耕地养老、就业、经济和农产品生产功能比较重要，馈赠功能和生态环境功能相对较弱；兼业农户的耕地经济功能显著高于农产品生产功能，而耕地养老功能、就业功能、馈赠功能和生态环境功能之间差距不大；

非农户更看重耕地的养老、就业功能和经济功能，显著高于农产品生产功能，而生态环境功能和馈赠功能的重要性则最低。

（2）农产品主产区。

纯农户的耕地养老功能和就业功能最强，经济功能其次，馈赠功能、农产品生产功能和生态环境功能相对较弱；兼业农户耕地的经济功能最强，其次是养老功能和就业功能，馈赠功能优于生态环境功能，而农产品生产功能最弱；非农户的耕地养老功能和就业功能最强，其次是生态环境功能和馈赠功能，经济功能和农产品生产功能的重要程度最低。

（3）生态功能区。

纯农户认为耕地经济功能最重要，其次是养老功能和就业功能，生态环境功能和馈赠功能相对较弱，生态功能区内纯农户的食物生产功能最弱；兼业农户认为耕地经济和馈赠功能最重要，其次是养老功能、就业功能，而农产品生产功能和生态环境功能最弱；对于生态功能区非农户而言，耕地的养老功能和就业功能最显著，馈赠功能次要显著，经济功能相比前两个功能，重要程度略有降低，最弱的是农产品生产功能和生态环境功能。

总体来看，不同主体功能区兼业类型农户对于耕地利用功能的评价存在显著差异。其中，纯农户最看重耕地经济功能和养老功能、就业功能，其他功能之间略有差异；兼业农户整体看重耕地的经济功能，其次是养老功能和就业功能、馈赠功能；非农户最看重耕地的养老功能、就业功能，其次是经济功能、馈赠功能和生态环境功能。

3. 不同资源禀赋类型农户家庭耕地利用功能差异分析

依据户均耕地资源禀赋量对农户进行划分，主要分为五类，Ⅰ类是户均耕地资源禀赋小于等于 0.333hm² 的农户，Ⅱ类为户均耕地资源禀赋在 0.333 ~0.667hm² 之间的农户，Ⅲ类为户均耕地资源禀赋在 0.667 ~1.333hm² 之间的农户，Ⅳ类为户均耕地资源禀赋介于 1.333 ~2hm² 之间的农户，Ⅴ类为户均耕地资源禀赋大于 2hm² 的农户。以农户个体为单位，对农户的五种耕地利用功能进行评价。

（1）重点开发区。

耕地资源禀赋包含Ⅰ类、Ⅱ类、Ⅲ类。Ⅰ类和Ⅲ类农户耕地的经济功能最重要，其次是养老功能、就业功能和农产品生产功能，而生态环境功能和馈赠功能的重要程度最弱；Ⅱ类农户耕地在经济贡献、食物生产和养老就业方面功能值差异不大，但比生态保障功能和选择馈赠功能重要。

（2）农产品主产区。

耕地资源禀赋被分为Ⅰ类、Ⅱ类、Ⅲ类、Ⅳ类、Ⅴ类。Ⅰ类农户认为耕地养老就业功能最重要，其次是生态保障功能，而其他三种功能之间无显著差异；Ⅱ类农户最看重耕地的生态环境功能和经济功能，其次是养老功能和就业功能、馈赠功能，而食物生产功能的重要程度最弱；Ⅲ类农户最看重耕地的养老功能和就业功能，其次是经济功能和馈赠功能，农产品生产功能最不重要；Ⅳ类农户认为耕地的养老功能、就业功能最重要，明显高于其他四种功能；Ⅴ类农户，即拥有耕地资源禀赋最多的农户，最看重耕地的经济功能和养老功能、就业功能，对其他功能的偏好无明显差异。

（3）生态功能区。

耕地资源禀赋被划分为Ⅰ类、Ⅱ类、Ⅲ类。Ⅰ类、Ⅱ类农户认为耕地经济贡献功能最重要，其次是养老就业功能，Ⅲ类农户则认为经济贡献功能和生态保障功能同等重要，其次是养老就业功能；同时，Ⅰ类农户认为食物生产功能的重要程度仅次于经济贡献功能和养老就业功能，而Ⅱ类和Ⅲ类农户则一致认为耕地的选择馈赠功能比较重要。

总体来看，Ⅰ类均最看重耕地的经济贡献功能和养老就业功能，其次是食物生产功能；Ⅱ类农户整体看重耕地的经济贡献功能和养老就业功能，但农产品主产区的Ⅱ类农户偏重生态保障功能，生态功能区Ⅱ类农户则偏重选择馈赠功能；Ⅲ类农户均认为耕地的经济贡献功能和养老就业功能最重要，其次才是馈赠功能；Ⅳ类最偏重耕地的养老就业功能和生态保障功能；Ⅴ类农户则最看重耕地的经济贡献功能和养老就业功能。

4. 结论

（1）研究结论。

本书将耕地利用功能划分为经济功能、农产品生产功能、养老功能、就业功能、生态环境功能和馈赠功能，以农户个体为单位，分析不同兼业类型和耕地资源禀赋下农户家庭耕地功能值，比较不同主体功能区农户家庭耕地利用功能的差异。结果显示，不同主体功能区耕地利用功能之间存在显著的空间异质性和农户个体差异。

第一，不同主体功能区耕地利用功能差异显著。其中，重点开发区和生态功能区的农户尤其看重耕地的经济功能，比较看重耕地的养老功能和就业功能；而农产品主产区的农户最看重耕地养老和就业功能，其次是经济能力。耕地资源功能的评价结果为经济功能＞养老功能＞就业功能＞馈赠功能＞农产品生产功能＞生态环境功能。

第二，不同兼业类型农户耕地利用功能差异显著。其中，纯农户最看重耕地的经济功能和养老功能、就业功能，其他耕地功能略有差异；兼业农户最看重耕地的经济功能，其次是养老功能和就业功能和馈赠功能；非农户最看重耕地的养老和就业功能，其次是经济功能、馈赠功能和生态环境功能。整体而言，重点开发区的农户相对看重耕地的农产品生产功能，农产品主产区的农户比较偏重馈赠功能，而生态功能区农户则侧重耕地的生态环境功能和馈赠功能。

第三，不同耕地资源禀赋类型农户的耕地利用功能之间存在明显差异。依据耕地资源禀赋量将不同区域农户划分为五种类型。其中，Ⅰ类均最看重耕地的经济贡献功能和养老就业功能，比较看重食物生产功能；Ⅱ类农户最看重耕地的经济贡献功能和养老就业功能，但农产品主产区的Ⅱ类农户偏重生态环境功能，生态功能区的Ⅱ类农户更侧重馈赠功能；Ⅲ类农户最看重耕地的经济功能和养老功能和就业功能，其次是馈赠功能；Ⅳ类最偏重耕地的养老功能、就业功能和生态环境功能；Ⅴ类农户最看重耕地的经济功能和养老功能、就业功能。

第四，对于南安市来说，不同区域，耕地功能有不同。

（2）讨论与展望。

耕地资源禀赋及经济社会发展水平决定了耕地多功能特性的存在，从兼业类型和资源禀赋等微观视角来分析耕地利用功能的空间异质性，可为推进主体功能区耕地保护利用及多功能评价提供参考依据。后续会综合考虑主体功能区的空间定位、土地用途管制对耕地发展权的限制，以及基本农田保护政策的约束等宏观政策因素的影响，从宏观层面全面分析不同主体功能区的功能定位和空间差异，结合微观数据分析结果，进一步完善现有耕地保护补偿机制。

8.3 当前南安市土地保障功能的特征

8.3.1 耕地地块琐碎，土地保障功能有限

由于我国基本国情，如自然因素、经济因素、社会因素以及制度、政策因素的影响，在特定时期内形成一种农民在农业生产的过程中出现的耕作土地的块数相对较多、单个地块的面积较小且存在差异、肥沃程度不一致、家

庭距离地块的远近不同，从而获得的农业种植经营收益不同等的农户经营土地的形式，从而导致了农业难以进行规模化和现代化的种植。

南安市自然条件、地形因素和田间基础设施是造成地块破碎化的主要原因。自然破碎化广泛存在于该市农村地区。全市地形起伏大，主要以丘陵为主。在调查过程中，全市农户的户均地块大多在 3 ~ 10 块，最大块平均 0.21hm²，最小块平均 0.057hm²。地块大都呈零散分布，被道路、灌木丛林、农村居民点等因素割裂后，自然细碎化程度较高。

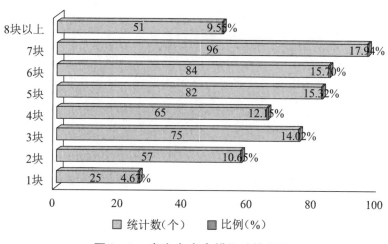

图 8 - 1　南安市农户耕作地块数量

地块分散，使得土地收益受到限制，现代化农业机械不能进入田间，使农民收入不能快速增加，农地的保障功能就更为有限。

8.3.2　现代农业发展空间和产业资源搭配的不合理，导致土地保障功能减弱

南安市 2015 年三次产业比重调整为 2.9：62.6：34.5，农业所占 GDP 总量比重太小；该市工业用地十分紧张，农业为工业发展让步，大量优质耕地被征用；农业效益低，工资性收入已经成为南安市农民的主要来源，农民从事农业生产的积极性下降；大量农村青壮劳力被转移，滞留从事农业生产的劳力素质较差，难以担当现代农业发展任务；传统的恋地心理，土地难以集中，农业生产效率依然难以提高；环境压力增大，农业的生态功能没有引起足够的重视。根据耕地后备资源调查结果，截至 2015 年 1 月，南安市废弃园地面积 1026.67hm²，多以废弃的茶园和柑橘园为主，这部分园地将在接下来几

年的土地利用年度变更中成为未利用地，作为耕地后备资源。这些现实和困难导致社会资源在农业上的配置极度失衡，从而使农业生产日趋萎缩，也使得农村土地的保障功能在某些方面得以发挥，更重要的是农地保障功能减弱。

8.3.3 传统方式与现代农业社会化生产要求不相适应，土地保障功能不明显

以专业化、规模化、组织化为核心的社会化生产是现代农业的基本特征。但南安市农业基本上还是以小农户为主体，生产经营规模小，农民的组织化程度较低，大部分农村家庭经营停留于自给自足。由于农村劳动力的严重不足，农民习惯选择简单的农业经营方式和品种单调的农作物经营，对农业生产经营市场信息缺乏研究，对农业新技术接受慢，这导致农民生产和交易成本较高，采用新技术的动力不足，在市场竞争中很难维护自身权益，也难以适应社会化生产这一普遍发展趋势。现代农业建设就缺乏高效的微观组织基础，这也就使得南安市农村土地的社会保障功能不明显。

8.3.4 农村基础设施薄弱与现代农业支撑需求不匹配，土地保障功能微弱

南安市属丘陵地区，受地理环境的约束，大规模的农业机械化作业未得到良好发展。农田水利设施相对落后，灌溉设施老化，灌区渠系不配套，节水灌溉技术面小，服务功能退化，灌溉效益呈衰减趋势。而且，农村市场、农业信息基础设施投入不足，农民获得信息的渠道狭窄。土地上的收益不高，导致南安市农村土地保障功能微弱，只能在就业等方面提供些许的保障，而其他功能很难显现出来。

8.4 土地社会保障功能的评析

8.4.1 农村尚未具有建立全面社会保障的基础

农村人口众多，完全依靠国家建立社会保障根本不现实，同时这也不符合国际社会保障的发展趋势。中国农村现有7.45亿人口，给这么多的人口提供最低生活保障是任何一个国家都难以做到的。中国农村发展远远落后于城

市，由于城乡二元结构，国家对农村的公共服务关注不够，历史上有很多的"欠债积累"，造成了农村保障基础薄弱而且保障资金奇缺的现实。尽管近年来国家投入大量的资金和精力来解决"三农"问题，不断增加对农村的公共财政投入，但难以有足够的资金来弥补农村社会保障失业的巨额资金缺口。而按照现在国际惯例，政府对于社会保障应该承担有限的责任，为此中国建立的农村社会保障必须立足于现实，社会保障的基金缴纳需坚持"个人缴纳为主、集体补助为辅、国家予以政策扶持"的原则。而另一方面的制约因素在于农民的收入低，尤其在贫困地区，尽管他们暂时摆脱了贫困，但任何天灾人祸都会使他们再次陷入贫困。在温饱还成问题的时候，他们是没有能力考虑参加社会保障的。

8.4.2　建立农村社会保障不能完全脱离土地保障

虽然随着农村经济的不断发展，非农收入占农民收入的比重日益提高，尤其是在沿海发达地区，农村土地保障功能存在"虚化"现象，但在中国农村以土地为基础的农业收入在相当长的一段时期内始终还是农民的重要收入来源，而且在农村中也找不出任何可以替代土地的为广大农民提供基本保障的物质。任何社会保障必须以经济为基础，任何高于经济发展状况的社会保障都难以持久发展下去。中国是一个农村人口占大多数的农业大国，只能提供与中国实际情况相适应的社会保障。因此中国在不断完善农村社会保障的同时，仍需要不断完善土地保障这种非正规的保障形式，积极探索土地制度改革、创新土地流转模式、延续土地保障功能，走保障模式、保障形式、保障水平多元化的农村社会保障之路。

8.4.3　土地保障对于维持农村稳定具有巨大作用

无论是因为农业文明传统沉淀造成心理上对农地的依赖，还是满足现实需要的对农地的依靠，农村土地的保障功能关乎农村的稳定和农民的基本生存。在中国工业化进程加快及农村剩余劳动力艰难转移的过程中，农村之所以没有发生大的动乱，土地发挥的作用功不可没。另外，随着改革的深入各种矛盾凸显，尤其是城乡差距过大，农民利益受损，被剥夺感强烈。如果缺乏正规的社会保障将会产生大的动荡。在没有建起正规的社会保障之前，土地保障仍将作为农村社会经济发展的稳定器而长期存在。

第九章 转型时期南安市农民认识及行为对土地保障能力的影响

当前时期，南安市正处于综合实力在科学发展中稳步攀升、产业发展在转型升级中提质增效、改革开放在先行先试中加快突破、城乡面貌在一体融合中深刻变化、社会事业在统筹兼顾中快速发展、生态环境在狠抓落实中持续优化的转型发展阶段。"十三五"时期，是南安市全面建成小康社会的决胜阶段，是全面深化改革的攻坚阶段，是全面推进法治南安建设的关键阶段，社会经济的快速发展使南安市农民对于土地社会保障功能开始重新认识，其对土地的行为也会发生变化。

9.1 农民土地利用的特点

南安市农民土地利用具有经济发达地区拥有的商品化种植特点。农民生产出来的农产品，如龙眼、荔枝、甘蔗等都会考虑销售出去，获取经济利润。还有就是进行一些规模化的蔬菜种植、花卉等，追求经济效益为主。农民土地利用，首先是获得经济收益，其次考虑土地的一些保障功能，也就是先追求从土地上获得自身利润最大化，而后再考虑土地具有的社会保障功能。

9.1.1 规模化和粗放经营共存，有耕地闲置状况

由于山多田少的地形，使得南安市耕地面积较少，人均耕地更少，仅仅靠农作物收成无法维持生活，也保障不了农民基本生活费用，多数居民选择了外出务工，有的甚至举家外出，农田便让给其他人种。这样一户种着多户的地，进行土地流转，规模化经营，一般种植经济价值较高的作物。例如东田镇是传统的农业大镇，在全镇4家农业协会、9家农业合作社的推动下，

2011 年来新建或改造生态茶园 620 亩、油茶 1200 亩，湖山村 120 亩"菜篮子"基地和西坑村 200 亩芭乐基地完成建设并产生效益。现拥有 6 个有机茶品牌，茶叶、油茶、水果、蔬菜等特色农业基地产业初具规模。生猪存栏 70000 多头，是南安市的生猪菜篮子基地。在进行规模化种植中也存在粗放经营、广种薄收，或者干脆不种，造成农田荒芜，严重威胁了土地资源的可持续发展。

9.1.2　土地缺乏有效整合，农作物种植的选择有待优化

细碎的耕地首先带来效益增加困难，其次给农户的管理带不便，再次又不宜采用大规模机械化生产，使劳动力的生产率下降。这种耕地的细碎严重制约了土地的有效利用。特别由于南安市"八山一水一分田"，人口多，田更少。虽然 2015 年左右全市参与承包经营权流转的农户有 52065 户，流转面积达 82680 亩，占耕地 20.9%，但是绝大多数的土地还缺乏整合。并且，在农作物种植方面，往往是农户想种什么就种什么，缺乏正确方法的指导，也造成耕地的生产率下降。另外，农民种植施用的化肥较多，农家有机肥较少。包产到户后农田有机肥用量越来越少，化肥施用量越来越多，造成土壤板结，肥力下降，从而使农田对化肥的依赖性越来越强，少施化肥就明显减产。

9.1.3　耕地使用不规范情况较多

目前，由于我国实行土地承包经营权长久不变，而一些地方存在若干年又会调整分配土地，基本上是按照土地分户时农户、人口来分配土地订立承包合同，明确若干年不变。这一做法对土地资源的合理利用带来了很多弊病。一则村里的人口变动使土地多寡现象凸显，土地分配有失公平。二是一些人看重眼前利益，随意改变土地使用类型，在耕地上建房、种树，严重蚕食了有限的耕地。农民视承包经营的土地为自家所有，导致耕地使用不规范。如南安市官桥镇洪岭村为建公庙，于 2011 年强行征用了村里 30 多户村民的十余亩耕地，在未经审批的情况下，改变了土地的使用性质，准备集资 700 多万元建公庙。依据我国《土地管理法》规定，非法占用耕地"造成耕地大量毁坏"，是指行为人非法占用耕地建窑、建坟、建房、挖沙、采石、采矿、取土、堆放固体废弃物或者进行其他非农业建设，造成基本农田五亩以上或者基本农田以外的耕地十亩以上种植条件严重毁坏或者严重污染。在南安市存在较多耕地使用不规范的现象。

9.1.4 土壤质量不高，导致农民收益较低

（1）全市耕地中低产田面积大，总体地力水平不高。南安市中低产田面积为 2.2 万 hm²，占全市耕地总面积的 69.81%。中低产田主要分布于官桥、东田、金淘、翔云、水头、石井、英都、康美、洪濑、眉山、诗山、码头、向阳和省新等乡镇，合计面积达 1.5 万 hm²。

（2）耕地缺水较严重，干旱限制型面积大。全市除平原和河流地区的耕地灌溉条件较好外，山地丘陵区的坡耕地均存在不同程度的缺水限制，尤以官桥、东田、翔云、金淘、水头、石井、英都、眉山、洪濑、康美和诗山等乡镇耕地的干旱限制较为突出。全市干旱限制型耕地总面积达 2.1 万 hm²，占耕地总面积的 66.7%，其中仅官桥、东田、翔云、金淘、水头、石井和英都等乡镇的干旱限制型耕地面积就达 0.9 万 hm²。

（3）耕地土壤保肥供肥能力较差。由于南安市地处亚热带地区，高温多雨条件致使成土过程中矿物风化作用强烈，矿物分解彻底，土壤有机质含量相对偏低，粘土矿物以吸附性能较弱的 1:1 型高岭石为主，致使全市耕地土壤的保肥供肥能力较差，阳离子交换量（CEC）总平均值仅为 7.25 cmol/kg。全市耕地土壤除红泥土等土种类型因富含有机质或质地较粘重而具有相对较高的 CEC 均值（为 11.20 cmol/kg）外，其余耕地土壤类型的 CEC 均值都小于 10cmol/kg（3.2~9.53cmol/kg），保肥供肥能力较差。

（4）耕地土壤矿物质养分严重失衡，硼、钾、硫尤为缺乏。由于长期以来大量施用氮、磷肥，全市耕地土壤氮磷素呈不同程度富集趋势，表现为磷素富集，有效磷含量均值为 24.25mg/kg，最高含量达 43.78mg/kg（灰红泥砂土），而最低均值为 16.68mg/kg（砂质田），富集程度明显；全市耕地缺硫土壤占耕地总面积的 69.62%，主要分布于官桥、东田、金淘、翔云、水头、石井、英都和康美等乡镇。由于长期以来钾肥施用量相对较少，且分配不均衡，导致全市耕地土壤缓效钾大量损耗，不同耕地土壤类型的缓效钾含量均值为 278.96mg/kg，速效钾含量均值为 53.48 mg/kg，土壤供钾潜力和强度均处于中等水平，全市耕地缺钾土壤占耕地总面积的 68.53%，主要分布于官桥、东田、金淘、翔云、石井、英都、水头和康美等乡镇。全市耕地土壤微量元素含量出现失衡现象，耕地土壤的有效锌均值为 2.48mg/kg，处于丰富水平。全市不同耕地土壤类型的有效硼含量均值为 0.14~0.31mg/kg，除砂质田、砂埭田、灰埭田和轻盐斑田的有效硼含量均值处于缺乏水平（0.50mg/kg≥有效硼

＞0.25mg/kg）外，其余耕地土壤类型有效硼含量均值均属于严重缺乏水平。

　　土壤质量不高，导致农民种植农作物的收益不高，使得农民视耕地为"鸡肋"，一方面宁愿撂荒也不愿意放弃土地，另一方面又要种植农作物，经济收益又不高。

9.2　农民对土地保障功能的认知分析

　　通过调查问卷，根据南安市不同年龄、不同区域、不同教育水平的农民对土地保障功能的认识，农民对耕地征用的态度，农民对医疗保障的认知等方面进行分析，以期从深层次了解农民对土地保障功能的认识，从而提出有针对性的对策。

9.2.1　不同年龄的农民对土地保障功能的认识

　　根据调查资料，我们将不同年龄的农民分组，以便分析他们对土地保障功能的认识，探讨他们的耕地种植行为。首先，将农民分为：29 岁以下、30 ~ 39 岁、40 ~ 49 岁、50 ~ 59 岁和大于 60 岁五个年龄段进行分析。根据 535 份被调查农民资料归纳整理，详细情况见表 9 - 1。

表 9 - 1　不同年龄农民对土地保障功能认识分析

土地保障功能表现形式	被调查人年龄										合计
	29 岁以下		30 ~ 39 岁		40 ~ 49 岁		50 ~ 59 岁		60 岁以上		
	调查人数	比重（%）	调查人数	比重（%）	调查人数	比重（%）	调查人数	比重（%）	调查人数	比重（%）	调查人数
最低生活保障	30	5.7	105	19.96	142	27	165	31.37	84	16	526
提供就业机会	45	8.62	89	17.05	133	25.48	187	35.82	68	13	522
养老保障	65	12.75	114	22.35	120	23.53	159	31.18	52	10.2	510
医疗保障	53	11.09	120	25.1	104	21.76	171	35.77	30	6.28	478
直接经济效益	56	11.91	130	27.66	96	20.43	123	26.17	65	13.8	470
其他（征地补偿等）	60	13.19	123	27.03	103	22.64	105	23.08	64	14.1	455

　　数据来源：南安市农民土地保障问题研究问卷调查表统计整理。

（1）被调查农民认为土地具有保障功能。从上表可知，在全部被调查的535个农民中，有98.32%的人认为土地具有基本生活保障功能，97.57%的人认为土地能提供就业机会，给他们一种就业保障，95.32%和89.34%的人分别认同土地能够给他们提供养老和医疗保障，87.85%的人想到的是土地能直接产生经济效益，85%左右的被调查者获得征地补偿等其他的功能。

（2）在不同年龄组中，年长农民认为土地能提供养老和就业方面的保障，年龄在50~59岁的被调查人数165人，60岁以上被调查的人数84人，他们占被调查者的47.34%。在调查过程中，农民强调土地至少可以保障自己家庭的基本生活，土地的保障作用显著。而对于土地的就业、养老保障功能，50~60岁的农民越看中这两方面的保障作用。养老保障功能由40~49岁农民的23.53%上升到50~59岁的农民的31.18%。而对于60岁以上的农民，其养老保障的功能更为显著，基本都赞同。就业保障功能由40~49岁的25.48%上升到50~59岁农民的35.82%。农业是弱势产业，但同时，农业也是国民经济的基础，农民更是占全国总人口的很大部分。长期以来，我国农村基础教育设施都比较差，农民接受教育的机会较少，接受教育的程度也较低，这直接导致了我国农民文化素质较低。农民文化素质低下，不仅使农民缺乏创新精神，减少农民从事非农产业的机会，而且不利于科学技术在农业生产中推广与应用，影响了农业劳动生产率的提高与农业产业化的发展进程，从而导致农民增收难。农民又没有其他的技能，在土地丰收的时候能过上一般的生活；即使在农业歉收时，农民也能靠着土地收入维持最基本的生活，维持着就业。所以农村土地能给农民，特别是年龄比较大的农民提供基本生活保障和就业、养老保障。

9.2.2 不同年龄的农民对土地的其他功能的认识

土生万物。土地具有经济功能，产生经济效用。不同年龄的农民对土地的经济功能的认识也不同。从调查发现，30~49岁的被调查的226人，占总调查人数的48.09%，认为土地能直接产生经济效益，这部分农民有一些在从事农业化经营。目前南安市通过了土地流转，使分散经营的土地逐步集中到种养能人手中，解决了"有人无田种、有田无人种"，"多种不能、少种不行"的人地矛盾，耕地抛荒得到有效遏制，也为土地规模化经营创造了有利条件。

表 9 – 2　南安市农村征地标准（调查数据）

（一）征地补偿		
1. 征收耕地补偿标准	2. 征收基本农田补偿标准	3. 征收林地及其他农用地平均每亩补偿 13.8 万元。
旱田平均每亩补偿 5.3 万元。	旱田平均每亩补偿 5.8 万元。	4. 征收工矿建设用地、村民住宅、道路等集体建设用地平均每亩补偿 13.6 万元。
水田平均每亩补偿 9 万元。	水田平均每亩补偿 9.9 万元。	5. 征收空闲地、荒山、荒地、荒滩、荒沟和未利用地平均每亩补偿 2.1 万元。
菜田平均每亩补偿 15 万元。	菜田平均每亩补偿 15.6 万元。	
（二）其他税费		
1. 耕地占用税，按每平方米 2 元计算。	2. 商品菜地开发建设基金，按每亩 1 万元计算。	3. 征地管理费，按征地总费用的 3% 计算。由国土资源部门严格按有关规定使用。
4. 耕地占补平衡造地费，平均每亩 4000 元，统筹调剂使用，省国土资源厅负责监督验收。		

目前，全市已形成 20 多个专业大户种粮基地、8 家规模工作化食用菌生产企业、10 个 50 亩以上蔬菜种植基地、12 个 500 亩以上茶叶生产基地、23 个千亩水果生产基地，农业集约化经营已经初具规模。通过土地流转，农民一家一户的种植方式，依靠土地的集约联结转变为统一生产、统一管理、统一销售的合作组织，建立了较为规范的管理制度，推动了农业的组织化程度。截至 2015 年 6 月底，南安市共成立 332 家农民专业合作社、150 家家庭农场，合作社入社农户达 6722 户。

在调查中，还有一些农民认为可以获得其他方面的机会，如征地补偿方面的。这部分主要集中在 30～49 岁的农民中。调查中有 226 人，占被调查人数的 49.64%，认为征地也能获得类似的作用。

按照福建省划定的征地补偿综合地价标准为最低标准：一类区价格 38750 元/亩，二类区价格为 37750 元/亩，三类区价格为 36750 元/亩，四类区价格为 35750 元/亩，南安市属于三类区征地区片，综合地价最低标准 36750 元/

亩。在征收耕地时，按征地区片综合地价标准乘以1.0系数计算；除耕地外的农用地、建设用地、未利用地的调整系数由各地根据实际自行确定，但补偿标准不得低于现行征地补偿标准。

2015年度南安市国有建设用地供应总量中，商服用地63.75公顷，占9.80%；工矿仓储用地278.28公顷，占42.77%；住宅用地53.30公顷，占8.19%（其中中低价位中小套型商品房用地34.61公顷）；公共管理与公共服务用地27.60公顷，占4.24%；交通运输用地146.58公顷，占22.53%；水域及水利设施用地10.08公顷，占1.55%；特殊用地70.98公顷，占10.91%。2015年南安市国有建设用地供应总量中，南安市城市规划区（溪美街道、美林街道、柳城街道、省新镇）范围内国有建设用地供应量为123.72公顷，占国有建设用地供应总量的19.02%；其余各乡镇国有建设用地供应量为526.85公顷，占国有建设用地供应总量的80.98%。国有建设用地供应的时序，只考虑安排南安市住宅用地和商服用地的供应时序，以加强对房地产市场的调控，全年四个季度的住宅用地和商服用地的计划供应量分别为40.97公顷、35.12公顷、23.41公顷、17.56公顷；工业和其他用地根据项目的具体进展情况进行供地。

南安市严格控制增量，积极盘活存量，推动产业结构调整和转型升级，加快经济发展方式转变，其征地范围和数量也在增加，因此中青年被调查者对土地的征收补偿能产生兴趣。

9.2.3 不同区域的农民对土地保障功能的认识

1. 近郊与远郊农民对土地保障功能的认识不同

城市化和工业化对人类生存方式的改变，数量庞大的人口和土地可以脱离农业生产而从事第二和第三产业，这种影响是非常深远的。特别是农村大量的剩余劳动力的转移，使得土地对农民来说不再具有那么重大的生存保障意义，流转土地反而可以给农民带来较为可观的经济收益。在近郊和城中村的农民已经因此而受益匪浅，在边远农村因土地流转也带来了发展农业生产规模经营和大力推广农业生产技术的可能，这对当地经济的发展来说是一种有益的推动。由于土地位置的固定性和不可移动性，土地处于不同地理位置的农民对其土地的种植经营也不同。

根据王茂军、曹广忠等人对中国城市体系的规模与距离的研究①，以及《中国统计年鉴》②和城市地理学③的相关内容，该研究对近郊和远郊界定如下：近郊是离常住人口在100万以上的城市30km以内，或者离常住人口30万左右的城市10km以内的区域，其社会经济发展具有城乡结合部的特征，部分基础设施建设已经纳入市政建设规划，适合发展生态农业旅游的区域尺度在10km²左右，行政区划一般属于地级市的市辖区或者县城的周边乡镇。远郊则是距离城市30km以外，具有浓厚的乡村气息，山水相融、野趣横生，适合发展生态农业旅游的区域尺度在20km²以上。本书也就采用以上标准进行分析。在城市近郊的农民，非农就业机会多，获取的相关信息更快，其信息和交通成本较之远郊农民要少很多。他们对土地保障功能的认识也存在差异（见表9-3）。

表9-3　近郊与远郊农民对土地保障功能的认识

	土地保障功能表现形式											
	最低生活保障		提供就业机会		养老保障		医疗保障		直接经济效益		其他（征地补偿等）	
	调查人数	比重	调查人数	比重	调查人数	比重	调查人数	比重	调查人数	比重	调查人数	比重
近郊	204	40.64	210	42.86	188	38.76	185	39.03	190	38.6	194	38.19
远郊	298	59.36	280	57.14	297	61.24	289	60.97	302	61.4	314	61.81

数据来源：南安市农民土地保障问题研究问卷调查表统计整理。

从以上调查结果可知，近郊农户216户，远郊农户319户。南安市被调查农民中，远郊农民认为土地的保障功能比近郊农民更大。表现在其他（征地补偿等）、直接经济效益、最低生活保障、养老保障医疗保障和提供就业机会。远郊农民对土地的直接经济效益和征地补偿等其他方面作用都很看重。在远近郊总共502个调查对象中，认为土地具有基本生活保障的近郊农民占40.64%，而远郊的占59.36%；认为土地能提供就业机会的被调查农户有490

① 王茂军，曹广忠，赵群毅，等. 基于距离与规模的中国城市体系规模结构［J］. 地理研究，2010，29（7）：1257-1268
② 中国国家统计局. 中国城市统计年鉴（2007—2009年）［M］. 北京：中国统计出版社，2007—2009
③ 许学强，周一星，宁越敏. 城市地理学［M］. 北京：高等教育出版社，1997：123-124.

个，其中近郊占 42.86%，远郊占 57.14%；认为有养老保障的被调查农民 485 个，近郊占 38.75%，远郊占 61.24%；认为有医疗保障的被调查 474 个农民，近郊和远郊分别为 39.03% 和 60.97%；认为有直接经济效益的被调查者 492 个，近郊的 38.6%，远郊的 61.4%；认为有其他功能的，在 508 个调查者中，近郊占 38.19%，远郊占 61.81%。农户土地距离城市远近不同，农民对土地的认识也不同，从远郊农民认为土地具有基本生活保障的比例 59.36% 比近郊农民的 40.64%，减少了 18 个百分点；对土地能提供就业机会的，从近郊农民的 42.86% 提高到远郊的 57.14%，增加的比例为 14 个百分点。

如近郊的东田镇，位于南安市区西南郊，距南安市区 12 公里，东靠溪美镇，西邻英都镇，东南连官桥镇，北接仑苍镇，西南与厦门市同安区接壤。东田镇是传统的农业大镇，在全镇 4 家农业协会、9 家农业合作社的推动下，2011 年来新建或改造生态茶园 620 亩、油茶 1200 亩。湖山村 120 亩"菜篮子"基地、西坑村 200 亩芭乐基地完成建设并产生效益。当地拥有 6 个有机茶品牌，茶叶、油茶、水果、蔬菜等特色农业基地产业初具规模。生猪存栏 70000 多头，是南安市的生猪菜篮子基地。沼气建设、新农村建设富有特色。率先在全市推广应用沼气技术，2010 年全面启动"海西沼气第一镇"创建活动，现拥有大中型沼气工程 5 个，沼气发电工程 1 个，"猪→沼→农"循环农业示范基地 2 个，校园沼气净化工程 6 个，沼气公厕 5 个，沼气"一池三改"示范村 1 个，沼气扶贫示范村 1 个，沼气集中供气工程 6 个村 620 户，沼气总用户 3900 户，入户率达 43.56%；沼气种类和入户率均居全省乡镇首位。泉州市新农村建设示范村——湖山村示范带动作用明显，2015 农民的人均纯收入 21034 元。

远郊的向阳乡，位于南安市东北部，与永春、仙游交界，总面积 68.45km² ，辖 7 个行政村，总人口 1.41 万人。7 个行政村分别为卓厝村（4313 人）、向阳村（1448 人）、郭田村（1605 人）、马迹村（2425 人）、杏田村（1726 人）、旗星村（1491 人）、坑头村（1095 人）。乡直乡办单位 13 个，其中有 4 个乡办单位，即 2 个乡办林场（海山、坂美）、1 个建材公司、1 个五台乐山旅游区管委会；另有 9 个乡直单位，分别为派出所、卫生院、供电所、水电站、信用社、邮电所、向阳中学、中心小学、侨联。农业方面，有耕地 5895 亩（人均 0.4 亩），山地 68650 亩（人均 5 亩），其中果园 1 万亩（人均 0.7 亩）。群众收入以农为主，劳务收入为辅。主要名优特农副产品有：

茶叶、芦柑、蜜柚、佛手、枇杷等。主要水利设施是：3 个山围塘、1 个小二型水库（容量 100 万立方）。"三个千、三个万"农业生产基地：千亩无公害果园基地、千亩有机茶叶基地、千亩粮食生产基地、2 个万头无公害生猪基地、万盆高山花卉基地。现有市重点项目 1 个——恒盛生态园，计划建成年出栏生猪 3 万头的泉州地区最大养猪场。至 10 月底，该项目已投资 760 多万元，建设 1 座办公楼、1 个饲料厂、31 幢猪栏、3 个鱼池，已完成环园路面硬化和周边环境绿化，3000 亩的山地综合开发方案正在制订。

在调查过程中，东田镇的被调查者认为土地的保障功能要比向阳乡的弱一点，而向阳乡的被调查者更倾向于就业和养老保障。不同的位置和距离城市的远近，直接导致了农民对于土地社会保障功能的认识不同。

2. 近郊与远郊农民对生产经营目标的认识不同

不同的经营目标，直接导致农民能否采取行动，从而影响到农民从土地上获得的经济收入。将农民的生产经营目标分为完全靠农业，以农为主兼非农业，以非农业为主、农业为辅三种类型（表 9 - 4）。近郊农户 216 户，远郊农户 319 户。

表 9 - 4　近郊与远郊农民生产经营目标认识对比表

	完全靠农业	以农为主兼非农业	以非农业为主、农业为辅	合计
近郊	43. 68	33. 64	22. 68	100
远郊	52. 41	36. 84	10. 75	100

数据来源：南安市农民土地保障问题研究问卷调查表统计整理。

（1）被调查农民的生产经营目标主要还是以农业为主。从上表可知，近郊有 43.68% 的被调查者完全依靠农业，而兼业的有 33.64%，以农业为辅、非农业为主的占了 22.68%；而对于远郊的被调查者，完全依靠农业的占 52.41%，一半多的农民都考虑将农业作为自己家庭生产经营目标；占被调查农民三分之一强的以农业为主兼顾非农业；10.75% 的人才会以非农产业为主、农业为辅。

总体来看，被调查者基本依靠农业来进行生产经营，农民才能从心里得到保障。也就是说，依靠土地才能获得土地的保障功能，才能维持自己家庭的生产生活的稳定。随着南安市社会经济发展，农民的兼业行为也比较多，包括以农为主、兼顾非农产业以及以非农业为主、农业为辅，这也反映了一部分农民在非农行业经营失败后，至少农业还能提供生活的后路，这也正是体现了土地能提供最基本生活保障，能给在非农业失败者提供就业的机会，能够在其生病时提供一些治疗经费，并能提供给老年人养老方面的开销，这也就彰显了土地的保障功能。

（2）通过对近郊和远郊农民不同的经营目标的比较，可以发现远郊农民由于非农业就业机会稍微小点，加上各种成本的影响，完全依靠土地来生产经营的比例比近郊农民高 8 个百分点左右。对于以非农业为主、农业为辅的经营目标，远郊农民比近郊农民少了近 12 个百分点。

9.3　农民对耕地征用的态度分析

9.3.1　不同年龄的农民对耕地征用的态度

随着南安市社会经济的快速增长，其城镇化发展迅速，城镇人口迅速增长。1978—2013 年，南安城镇经济的繁荣发展吸纳了大量的农村转移劳动力，城镇常住人口从 4.4 万人增加到 38.4 万人，城镇化率从 18% 提高到 53.9%，高于全国平均水平 0.2 个百分点，年均提高 1.02 个百分点。城镇数量不断增加。1978—2013 年，建制镇数量由空白增加到 21 个。水头被列为全国经济较发达镇行政体制改革试点和全省小城镇综合改革建设试点，仑苍、梅山、洪濑、罗东被列为泉州市小城镇综合改革建设试点，南翼新城以全市 16.4% 的国土面积集聚了 19.05% 的人口，成为拉动经济快速增长和集聚人口的主要区域。

2015 年南安市城镇化率为 56%。近几年，南安市更是致力于发展产业集群，提高产业竞争力，目前开发建设有几大产业基地，其中成功开发区面积 42.0812 公顷，官桥粮食城面积 40.0320 公顷，水头家私基地面积 6.6413 公顷，滨海开发区面积 342.1382 公顷，中国水暖城面积 61.4612 公顷，中国阀门基地面积 45.8027 公顷，南安市体育用地（鞋业）基地面积 33.6578 公顷，观音山物流基地面积 171.9072 公顷，扶茂岭工业园区面积 401.7305 公顷，滨江机械装备制造基地面积 401.2187 公顷，光伏电子产业基地面积 285.2330 公顷。根据南安市国土资源局提供的 2011—2014 年度农用地转用和土地征收面积数据，南安市近几年报批用地均上万亩，征地面积大。在南安市工业化进程中，大量的农民失地或部分失去土地。

表9-5　南安市征地总面积

（单位：公顷）

年度	征地总面积	其中农用地
2011	1213.1209	885.7874
2012	1013.1131	691.6634
2013	478.446	330.5063
2014	254.0431	189.078
合计	2958.7231	2097.0351

资料来源：南安市国土资源局。

通过对农民就耕地征收的理解和认识，可以得知农民对耕地利用和土地保障功能的认识。并且由于土地征用，征地农民能得到一笔比他们在土地种植收益方面更多的钱，以保障他们家庭的生活等需求，这也是土地具有一定的社会保障功能的体现。

（1）在现行的征地补偿标准下，很多人认为其补偿标准难以满足他们的生活生产需求。在目前的征地补偿条件下，只有44.11%的农民愿意自己的土地被征收，55.88%的人不愿意或以无所谓的态度来对待土地征收。

表9-6　不同年龄农民对征地意愿分析

		被调查人年龄										
		29岁以下		30~39岁		40~49岁		50~59岁		60岁以上		合计	
		调查人数	比重	调查人数	比重	调查人数	比重	调查人数	比重	调查人数	比重	调查人数	比重
在现行征地补偿条件下征地意愿	愿意	93	39.41	52	22.03	54	22.88	25	10.59	12	5.08	236	44.11
	愿意	56	28	52	26	50	25	26	13	16	8	200	37.38
	无所谓	24	24.24	39	39.39	24	24.24	12	12.12	0	0	99	18.5
若大大提高征地补偿条件下征地意愿	愿意	105	32.41	58	17.9	64	19	58	17.9	39	12.04	324	60.56
	愿意	24	17.78	30	22.22	24	17.77	50	37.04	57	42.22	135	25.23
	无所谓	0	0	12	46.15	0	0	14	53.85	0	0	26	4.86

数据来源：南安市农民土地保障问题研究问卷调查表统计整理。

（2）随着年龄的增长，南安市农民征地意愿越弱。被调查农民中，在目前征地补偿标准下，37.38% 的不愿意被征地的农民中，有 8% 年龄大的农民不愿意被征地。40 岁以下的农民中有 54% 不希望被征地。其主要原因是目前南安市征地补偿还是较低。而年龄大的农民不愿意被征地，主要是有一种土地情节。

（3）当土地补偿标准大大提高后，愿意被征地的农民达到 60.56%，比现行征地补偿标准下 44.11% 的比例增加了 16 个百分点。调查数据也显示，在提高了征地补偿标准的同时，不同年龄段的农民愿意被征地的比例也明显上升了。535 个调查者中的 29 岁以下的农民都愿意被征地，比例高达 32.41%，30~39 岁被调查的 58 个农民希望被征地，比例为 17.9%；40~49 岁被调查的 64 人希望被征地，比例为 19%；58 个 50~59 岁的被调查人员愿意被征地，比重为 17.9%；39 个 60 岁以上的被调查农民愿意被征地，比重为 12.04%。

目前南安市征地补偿实行耕地统一年产值和征地区片综合地价两种标准。在南安市城市总体规划确定的城市规划区范围内实行征地区片综合地价，征地区片综合地价标准统一确定为 41600 元/亩。征地区片综合地价包括土地补偿费、安置补助费、一般农作物（包括青苗、果树等）补偿费用。地上建筑物、构筑物按照有关规定另行补偿。为便于新旧征地补偿标准的衔接和实施，各征地实施单位可根据征地项目的实际情况，区分不同地类，按照耕地、园地、林地、其他土地，从高到低对征地区片综合地价标准进行适当调整，但调整幅度限定在 39520 元/亩~45520 元/亩之间，且征地项目的总体平均补偿水平不得低于 41600 元/亩。《南安市城市总体规划（2001—2020）》城市规划区范围总面积约 130km²，包括溪美街道办事处的民主、中山、溪美、彭美、湖美、湖新、白沙崎、长兴、长富、莲塘、崎峰、贵峰，柳城街道办事处的金街、新华、柳东、象山、帽山、露江、霞东、霞西、桑林，以及美林街道办事处的美林、南美、溪一、溪二、溪洲、白沙、西美、梅亭、垵洋、李西、李东、庄顶、洋美、玉叶、福溪、金枝等村庄（居）。

另外，在上述南安市市区规划区范围外的区域实行耕地统一年产值，耕地统一年产值标准为 1600 元/亩。实行耕地统一年产值标准的区域，征收土地按照耕地统一年产值标准计算土地补偿费和安置补助费，其中耕地为 25 倍，果园和其他经济林地为 10 倍，非经济林地和其他农用地为 6 倍，养殖生产的水面和滩涂为 8 倍，盐田为 7 倍，建设用地和未利用地为 4 倍。青苗补偿费和地上附着物补偿费的具体标准按照《福建省实施＜中华人民共和国土地管理法＞办法》有关规定执行。

表9-7　南安市征地补偿调整标准表

地类		调整前 补偿标准 （元/亩）	调整后 补偿标准 （元/亩）	补偿倍数
市区规划区范围内	实行区片综合地价	35880	41600	——
市区规划区范围外	实行耕地统一年产值标准补偿			
	耕地	35880 （含青苗）	41600 （含青苗）	26
	果园、其他经济林	13800	16000	10
	非经济林、其他农用地	8280	9600	6
	养殖生产的水面、滩涂	11040	12800	8
	盐田	9660	11200	7
	建设用地	5520	6400	4
	未利用地	5520	6400	4

（4）征地补偿对年轻农民的影响要大于年老的农民。其原因可能是农村中年轻人很少种地，很多村的年轻人都出门在外，征地补偿标准提高了，年轻人能够用此钱，出外从事非农工作，所以他们非常容易受征地补偿标准的影响。而年老的人，补偿标准的影响有限，深深反映了老农对土地的眷恋之情。

（5）虽然征地补偿标准提高了，但是年龄大的农民还是很不愿意让土地被征用。其原因是目前南安市采用一次性货币补偿方式，即征地主体一次性付给失地农民一定数额的征地补偿费用，不负责因失地导致的其他问题。在经济比较发达的南安市，土地价值增值快，效益高，农民也认为其土地征收价值还是较低而不愿意被征收。

分不同年龄段对被调查农民不愿意被征地的原因进行分析。从表9-8我们可知，535个被调查者中63.55%的人认为征地之后就没有了生活方面的保障，他们在担心未来的生产和生活风险。土地给他们提供了很牢靠的一种实物和心理上的保障作用。土地被农民视为长期的生活保障，很多兼业的"农民商人"不肯放弃土地的理由就是，万一将来城市经济形势不好，生意不好做，还可以回家种地。此外，自从国家取消农业税，又陆续出台了一系列惠农补贴政策，土地对农民而言已带有福利性质，何况还有城市拆迁补偿的巨大预期利益，更让农民难以割舍。前几年，中国城市化急剧扩张过程中，一些地方一度出现"赶农民上楼"，"土地换社保"的现象，后被国家紧急叫停，并出台明确规定，不能强制进城农民放弃土地。南安市调查也未明确转变城镇居民是否需要放弃土地。一个被调查者说，"如果要放弃土地，可能一个愿意进城的都没有。"

表9-8　不同年龄农民不愿意征地原因分析

	被调查人年龄										
	29岁以下		30~39岁		40~49岁		50~59岁		60岁以上		合计	
	调查人数	比重	调查人数	比重	调查人数	比重	调查人数	比重	调查人数	比重	调查人数	比重
在征地后生活没有保障	45	13.2	66	19.41	71	20.88	75	22.06	83	24.41	340	63.55
虽补偿条件提高，仍较低	23	17.7	30	23.06	57	43.85	20	15.38	0	0	130	24.3
耕地越来越少，种地可能高收益	4	8.51	5	10.64	9	19.15	7	14.89	22	46.81	47	8.79
给子孙后代留下一些土地	0	0	1	5.56	3	16.67	1	5.56	13	72.22	18	3.36

数据来源：南安市农民土地保障问题研究问卷调查表统计整理。

全部被调查者中24.3%认为虽补偿条件提高，仍较低。现在粮食价格下调，土地租金也跟着下降，南安市农村一亩地的租金为每年400元左右。家中有十亩地，全部流转出去，一年也就4000元。只有8.79%的被调查者认为耕地越来越少，种地可能高收益，而不愿意被征地。

若是村民选择退出耕地，根据地区经济水平不同，每亩地的补偿标准在5万元上下。现在的土地租金标准、退出补偿标准不是很理想，所以村民不愿意放弃土地。

在被调查者中有3.36%认为要给子孙后代留下一些土地。村民不愿意放弃土地，除了补偿标准不理想、退出后老了没保障，还有一个重要的原因就是，为自己后代着想。不放弃土地，村民的子孙后代只要一出生就可以拥有自己的一亩三分地。若放弃土地，后代就没有了这份财富。通货膨胀，钱在贬值，但土地是不可再生资源，将来会升值。村民若是放弃了土地，等于失去了最后的保障。现在种地的村民一般都在 50 岁以上，这个年龄选择缴纳养老保险的村民不多，村民养老多数还是靠子女和自己。村民 50 岁左右的时候可以进城打工，若村民到了 60 岁以上，单位不愿意接受年龄大的村民，回农村种地也是一种生活保障，所以村民不愿意放弃土地。

9.3.2　不同教育水平的农民对土地保障功能的认知

观念决定结果，思路决定出路。观念能改变思想，思想能影响行动，行动能养成习惯，习惯能养成性格，性格则决定命运。人们的观念决定了思想，由思想提出决策，决策支配行动，行动影响结果。那么农民的文化素质就是观念直接来源，这就直接关系其对土地的认识，影响他们对耕地的种植行为。结合实地调查情况，可将被调查农民的文化程度分为四大类：没上过学、小学、中学和高中及以上。通过对不同文化程度的调查来了解农民对土地保障功能的认识（详见表 9 - 9）。

表 9 - 9　不同文化程度农民对土地保障功能认识分析

土地保障功能表现形式	被调查人文化程度								合计
	没上过学		小学		中学		高中及以上		
	调查人数	比重	调查人数	比重	调查人数	比重	调查人数	比重	调查人数
最低生活保障	123	22.99	112	20.93	134	25.05	166	31.03	535
提供就业机会	151	28.22	124	23.18	120	22.43	140	26.17	
养老保障	160	29.91	152	28.41	122	22.81	101	28.87	
医疗保障	175	32.71	134	25.05	119	22.24	107	20	
直接经济效益	157	29.35	142	26.54	158	29.53	78	14.58	
其他（征地补偿等）	145	27.1	157	29.35	128	23.93	105	19.63	

数据来源：南安市农民土地保障问题研究问卷调查表统计整理。

（1）文化程度越高的农民，对土地的保障功能越清晰。近 22.99% 的没有上过学被调查人员都认为土地能够提供基本生活保障。受教育文化程度低的人就只会把土地作为一种低级的生活保障和就业机会等，文化程度高的人想法也越多，不光考虑土地的生产等基本功能，还会考虑其经济功能，他们对土地的依赖性较弱。高中及以上学历的被调查人员,他们分别有 31.03%、26.17%、28.87%、20%、14.58% 和 19.63% 的比例,认可土地的基本生活保障功能、就业机会、养老作用和医疗作用。只不过他们比没有上过学、小学和中学程度的比例要小。最大比例的是没上过学的,他们将土地视为一种有形的社会保障形式。

(2) 对待土地的直接经济效益和征地补偿作用,各个受教育程度的农民都赞同。蔡云龙认为以前对耕地的价值评估只看到它的经济产出值,没有看到它的生态平衡价值。我们提出一个社会保障价值的概念,三种价值构成中,比重最大的是社会保障价值,次之是生态服务价值,最小是经济价值。[①] 一些受教育程度比较好的被调查者认为农村的自然和生态环境比城市要好,主要是农地的生态价值高于城市。合理的对农地进行利用可以产生良好的生态效益及社会效益,尤其是城市郊区的农用地不仅可以为城市提供大量的农产品还可以为城乡居民提供舒适的休闲场所,同时远离城市的农用地可以作为维持城市良好生态环境的天然"绿肺",这对于维持城乡之间生态系统平衡,为城乡居民提供一个良好的生产生活环境以及构建人地和谐关系具有重要的意义。

9.4　农民对医疗保障的认知

9.4.1　农民对农村医疗保障信息的认知情况

农村医疗保险,是我国社会保障的一部分。我国农业人口占全国总人口的 63.91%,农村医疗保险可以使广大农民享受到农村医疗保险的实惠,同时也是社会保障的一项重要内容。先来观察被调查农户对农村医疗保障的认知情况。

从被调查农户的问卷得知,在 535 个被调查者中有 29 个,占全部调查者 5.43% 的人,不知道农村社会医疗保障;不了解农村合作医疗的有 242 个,占被调查者的 45.23%;对其他商业形式的医疗保障不知道的占 48.41%,有

[①] 蔡云龙,霍雅琴. 中国耕地价值重建方法与案例研究 [J]. 地理学报,2006,61 (10):1084 – 1092.

259 个被调查者。在访谈中，一些农民认为，其他商业形式的医疗保障太难懂了，也没有钱去办理（见表 9 – 10）。

2002 年 10 月，中国明确提出各级政府要积极引导农民建立以大病统筹为主的新型农村合作医疗制度。2009 年，中国做出深化医药卫生体制改革的重要战略部署，确立新农合作为农村基本医疗保障制度的地位。2015 年 1 月 29 日，国家卫计委、财政部印发关于做好 2015 年新型农村合作医疗工作的通知提出，各级财政对新农合的人均补助标准在 2014 年的基础上提高 60 元，达到 380 元。2017 年，各级财政对新农合的人均补助标准在 2016 年的基础上提高 30 元，达到 450 元。其中：中央财政对新增部分按照西部地区 80%、中部地区 60% 的比例进行补助，对东部地区各省份分别按一定比例补助。农民个人缴费标准在 2016 年的基础上提高 30 元，原则上全国平均达到 180 元左右。探索建立与经济社会发展水平、各方承受能力相适应的稳定可持续筹资机制。

表 9 – 10　对农村医疗保障认知度的统计

（单位：人、%）

是否知道农村社会医疗保障			是否了解农村合作医疗			是否了解其他商业形式的医疗保障	
	调查人数	占总人数的比例		调查人数	占总人数的比例	调查人数	占总人数的比例
未回答	60	11.21	未回答	76	14.21	156	29.16
知道	446	83.36	了解	217	40.56	120	22.43
不知道	29	5.43	不了解	242	45.23	259	48.41
合计	535	100	合计	535	100	535	100

数据来源：南安市农民土地保障问题研究问卷调查表统计整理。

9.4.2　被调查农户参加保险情况

南安市 2016 年新型农村合作医疗参保人数 1324004 人，占农业人口的 96.96%；2016 年新农合的筹资标准每人每年 530 元，2017 年度新农合的筹资标准从每人每年 530 元提升到每人每年 570 元。其中，政府补助从 410 元提升到 420 元，个人缴纳部分从 120 元提升到 150 元。

对于参加新型农村合作医疗，绝大多数的农民都表示了非常大的积极性，只有极少数的人没有参加。对于其他形式的医疗保险，被调查的农民就很少参加了。很多人就根本不知道那些形式，更别说参加。

表 9 - 11 被调查户参与保障程度的统计

是否参加农村社会医疗合作			是否参与城镇医疗保险		是否参与各种商业医疗保险	
	调查人数	占总人数的比例	调查人数	占总人数的比例	调查人数	占总人数的比例
参加	480	89.72	5	0.93	9	1.68
没参加	35	6.54	385	71.96	501	93.64
未回答	20	3.74	145	27.11	25	4.68
合计	535	100	535	100	535	100

数据来源：南安市农民土地保障问题研究问卷调查表统计整理。

在 535 个被调查者中，参加农村社会医疗合作的占 89.72%，有 480 个被调查者；而参加城镇医疗保险有 5 人，参加各种商业医疗保险只有 9 人。2016 年南安市新农合参合人数达到 129.18 万人，其中个人缴费部分由市财政负担的"民政、计生、残联"优惠对象人数达到 8.85 万人，按照人均 148 元的补助标准，以及财政需要负担的个人缴费部分计算，南安市财政需投入 20181 万元，比 2015 年的 17911 万元增加了 2270 万元。

9.5 土地制度的稳定诉求与土地保障的公平诉求之间的冲突分析

9.5.1 失地人员的土地保障缺失严重

从调查可知，2.08% 的失地农民失地后，收入水平有了很大的增加；16.04% 的收入水平有些增加；20.21% 的收入水平变化不大；30.63% 的收入水平有所减少；31.04% 的收入水平严重减少。究其原因，收入水平有增加的，可能是一些利用得到的征地补偿款进行自主创业的人和掌握了新技能的年轻人，他们能较好地融入城市生活，在城市中谋生路。而收入减少的大多是年龄较大的、文化程度不高的农民，他们的社会竞争力不强，在失地后沦为弱势群体。南安市失地农民社会保障情况如下：

（1）最低生活保障方面，南安市普通农民（包括保留农民户籍的失地农民）只要达到条件，均能享受最低生活保障，2011 年最低保障标准为每户 150 元/月，2012 年为每户 200 元/月，2013 年为每户 230 元/月，2014 年为每户 250 元/月。但是没有额外的失地农民最低生活保障。

（2）医疗保障方面，南安市普通农民（包括保留农民户籍的失地农民）均能参加新型农村医疗保险，没有额外为失地农民参保的医疗保险。

（3）养老保障方面，南安市施行新型农村养老保险、城镇居民养老保险和被征地农民养老保险"三保合一"的养老保险办法，全市共有 21.8 万人参加失地农民养老保险，2011 年开始 60 岁以上参加失地农民养老保险的人每月可领取 95 元（其中新农保基础养老金 55 元，被征地农民养老保障金 40 元）；2012 年 1 月起提高到 145 元（其中新农保基础养老金 55 元，被征地农民养老保障金 90 元）；从 2013 年 1 月起提高到 160 元（其中新农保基础养老金 70 元，被征地农民养老保障金 90 元）；2014 年 1 月起提高到 190 元（其中新农保基础养老金 70 元，被征地农民养老保障金 120 元）。

（4）就业保障方面，南安市政府一是制定政策、搭建就业平台，依托劳动保障事务所、市劳动力中心市场牵线搭桥，介绍推荐就业，通过举办被征地农民务工招聘会，解决失地农民就业问题。二是建立培训基地，提高就业能力。目前，南安市已建立南安技术学校培训基地、水头东升石材公司石材加工培训基地、南益集团针织培训基地、诗山文化技术学校电子钟表和电车工培训基地、仑苍水暖器材制造培训基地、洪濑鞋帽生产制作培训基地等，为失地农民掌握就业技能创造了良好的条件。三是因地制宜安排从事第三产业。对城镇近郊的被征地农民，根据需要和要求，优先安排市场摊位和摊点，让被征地农户就地从事第三产业等。

在调查中，有 4.17% 的失地农民对政府征地表示非常满意，9.79% 的失地农民对政府征地表示满意，22.92% 的失地农民表示基本满意，30.21% 的失地农民表示不满意，32.91% 的失地农民表示非常不满意。总体来看，62.31% 的失地农民对征地不满意。究其原因，可能在于农民失地后生活水平普遍下降。

9.5.2　土地流转

随着中国对农业发展的大力扶持，制定农业发展政策，带动了农村经济的发展，实施的土地流转政策，将农业发展中的土地资源进行优化配置，提升农业发展经济实力。为了有效的实施土地流转政策，国家将农业发展中的相关制度、法律等进行完善，为土地流转的实施提供保障。当前人们对土地流转的认识在不断深化，将土地带来的经济效益提升，在农业发展中具有积极的作用。

实施土地流转，促进农业的规范发展和经营。在农业发展中，实施土地流转政策，可以产生巨大的经济效益，将土地分配中产生的问题有效解决。农村土地，多以户为主，土地分布相对的分散和零碎，单一进行土地的耕种已经无法满足人们的需求，为此很多农民开始进行土地承包，实施大规模的农业耕种，将农业种植规模进行扩大，实现农业种植的经济效益，而土地流转为农业的规范发展和经营，提供了良好的有力的发展条件。

在农业发展中实施土地流转政策，促进了农村经济的发展，有效地提升了农民的经济收入。土地流转之后，农民可以放心地到其他行业、产业中发展，而农村进行农业种植的农民，其生产范围也得到了较大的扩展。土地流转将农业种植中的机械化水平提升，实现了农业的快速高效发展。近年来国家在农业发展中的财政投入在不断增加，对机械的直接和间接投入也在不断地提升。农业生产机械、种植机械的应用，提高了农业的种植效率和生产效率，进而提升了中国农业发展的经济效益。

土地流转实现了农业的特色化发展和规模化发展，将农民土地流转后，进行农业产业结构的调整，实施集中管理和集中经营，形成农业种植特色，促进农业的规范化管理。在新时期，国家的经济发展，需要和时代发展相适应，努力地向国际上其他国家的经济实力靠拢。在国家经济发展中，影响其发展速度的就是农业、农村、农民，为了提高国家的经济发展实力，需要再大力地进行农业发展，将三农问题解决，提升农业发展的经济实力。实施土地流转，将农业发展中的资源进行优化配置，提高土地产生的经济效益，进而将农业、农村等相关问题解决，为中国经济的发展做出了贡献。

9.5.3 征收土地收益不公平

2011 年南安市的人均耕地面积为 0.3669 亩，按征地补偿标准 31200 元/亩计算，2011 年南安市人均征用耕地补偿费 11447.28 元。南安市 2011 年城镇居民人均消费性支出为 17087 元，农村人均消费性支出为 7966 元。按这个消费支出计算，2011 年南安市人均耕地补偿费只能维持一个城镇居民 0.67 年的日常生活，一个农民 1.44 年的日常生活。按同样的方法计算，2012 年南安市人均耕地面积 0.3468 亩，人均耕地补偿费只能维持一个城镇居民 0.65 年的日常生活，一个农民 1.39 年的日常生活；2013 年南安市人均耕地面积 0.3243 亩，人均耕地补偿费只能维持一个城镇居民 0.64 年的日常生活，一个农民 1.38 年的日常生活；2014 年南安市人均耕地面积 0.3029 亩，人均耕地补偿费只能维持一个城镇居民 0.37 年的日常生活，一个农民 0.7 年的日常生活。虽然南安市的征地补偿标准在提高，但也仅能维持不到两年的人均消费，且随着人均生活消费性支出的增长，征地补偿费能维持农民生活的时间越来越短。可见，南安市现行的征地补偿标准过低，侵害了农民的利益。

征地前，农村经济带有自给给足的特点，土地是农民最基本的生产和生活资料，农民的很多食品消费及收入都可以从土地上获得，尤其现在农业结构调整，农民从土地上获得的收益也随之增加，可以说土地为农民构建了一个生活安全网。农村这种自给自足的生活方式成本相比于城市生活较为低廉。征地后，失地农民只得到一次性的货币补偿安置，有的失地农民可以很好地运用补偿资金进行自主创业，生活水平提高。但绝大部分失地农民不得不离开农村往城市务工，而由于我国传统的二元社会结构，加上被征地农民年龄结构和文化程度等原因导致农民社会竞争力不强，找不到稳定的工作，无法融入城市，成了新的社会弱势群体，生活水平普遍下降。

第十章 昌吉市与南安市农村土地社会保障功能对比分析

为了摸清楚昌吉市和南安市两者的农村土地社会保障功能程度，并对它们两个做个相对的定位，本章将它们两者进行横向比较。

10.1 对比分析的理由

从区位来看，昌吉市位于天山北麓、准噶尔盆地南缘，地处亚欧大陆中心，是昌吉回族自治州州府所在地，也是古丝绸北道上的重镇，东距首府乌鲁木齐市 35 公里，距乌鲁木齐国际机场 18 公里，312 国道、第二座亚欧大陆桥和乌奎高速公路穿境而过，是通向北疆各地的交通要道。南安市位于福建省东南沿海，晋江中游。昌吉市在北方，南安市在南方，一南一北，一东一西。另外，两者都是县级市，其农村土地社会保障具有一定的可比性。

从地形地貌来看，昌吉市受天山雪水滋育，绿洲连绵，是宜牧宜耕之地。昌吉地势南高北低，由东南向西北倾斜，南部是富庶的天山山地，中部为广袤的冲积平原，北部为浩瀚的沙漠盆地。南安市整个地势西北高、东南低，以西南的云顶山为最高点（海拔高度 1175.2 米），其次为东田镇芹山（海拔高程 1095.4 米），第三高峰为北部的五台山（海拔高程 1080.4 米）。从西北向东南由中低山依次过渡为丘陵台地、河谷洼地及沿海小平原。南安市以构造剥蚀地貌为主，由构造侵蚀高丘陵构成。从西部往东南方向逐步为中低山剥蚀地貌、高丘陵、低丘陵台地侵蚀地貌以及沿海地带的堆积地貌。以中低山、低山丘陵为主的构造剥蚀地貌，为地质灾害发育创造了有利条件。

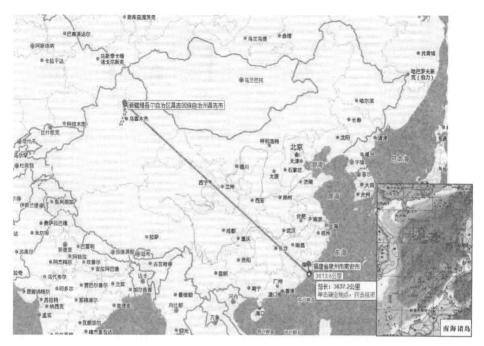

图 10 - 1　昌吉市与南安市位置示意图

10.2　对比分析

10.2.1　社会经济发展程度

从经济发展来看，昌吉市 2015 年 GDP 为 383.9 亿，而南安市为 843.3831 亿元（见图 10 - 2）。南安市经济比昌吉市经济更为发达，无论是经济总量还是三次产业，通过比较经济发展地区与经济发达地区的农村土地社会保障程度，来反映东部和西部农村土地利用情况，进而反映东西部农民生活情况。

2015 年南安市 GDP 比昌吉市多 452.4231 亿元，南安市是昌吉市的国内生产总值的 2 倍多。从第一产业来看，2015 年南安市是 247.201 亿元，昌吉市为 39.91 亿元，南安市比昌吉市多了 207.291 亿元，南安市比昌吉市的第一产业总值高 6 倍多。南安市的经济比较发达，第二、三产业比较发达，农民有更多选择就业的机会，其经济收入也就更多，导致对农村土地的依赖性就较少。而对于昌吉市的农牧民来说，该地区经济不发达，只能更多地依靠土

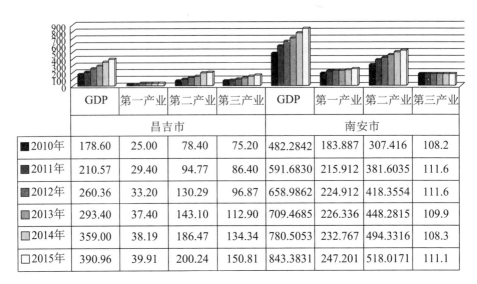

	GDP	第一产业	第二产业	第三产业	GDP	第一产业	第二产业	第三产业
		昌吉市				南安市		
■2010年	178.60	25.00	78.40	75.20	482.2842	183.887	307.416	108.2
■2011年	210.57	29.40	94.77	86.40	591.6830	215.912	381.6035	111.6
■2012年	260.36	33.20	130.29	96.87	658.9862	224.912	418.3554	111.6
■2013年	293.40	37.40	143.10	112.90	709.4685	226.336	448.2815	109.9
■2014年	359.00	38.19	186.47	134.34	780.5053	232.767	494.3316	108.3
□2015年	390.96	39.91	200.24	150.81	843.3831	247.201	518.0171	111.1

图 10 - 2　昌吉市与南安市 GDP 及三次产业数据（单位：亿元）

资料来源：昌吉市和南安市统计年鉴（2011—2016 年）。

地收入来维持生活或进行发展，从这个角度说，昌吉市的农村土地社会保障程度比南安市更为重要。

从社会发展来看，2015 年末，昌吉市总户数 129404 户，比上年增加 737 户；总人口 37.14 万人（其中地方人口 34.71 万人，兵团人口 2.43 万人）。常住人口中，非农业人口数 22.94 万人，农业人口 14.20 万人。汉族人口 26.87 万人，占总人口的 72.3%；少数民族人口 10.27 万人，占总人口的 27.7%。其中，回族人口 6.44 万人，占总人口的 17.3%；哈萨克族 2.02 万人，占总人口的 5.4%；维吾尔族 1.12 万人，占总人口的 3.02%。昌吉市农业人口 14 万左右，人数较少。其民族构成比较多，牧民思想观念陈旧，"等、靠、要""小进则满，小富即安"的思想根深蒂固；市场意识比较差，主动参与区域经济发展的意识比较淡薄；而且在牧区先进思想理念一时难以形成，突出反映在牧民普遍重养殖、轻出栏，重数量、轻质量，自然经济的痕迹比较明显，生活封闭，守家守业守摊子，故土难离思想严重。牧民们普遍缺乏开拓创新意识，对县乡决策心存疑虑，眼光只盯在传统的养殖上，再加上缺乏必要的劳动技能，牧民外出打工人员比较少。调查发现，昌吉市的牧民外出打工所获得的收入，不到农民外出打工收入的 1/2。

昌吉市的农业资源较为丰富。独特的光热水土条件，令农产品资源品质较好。最适宜种植番茄、葡萄、小麦。昌吉境内野生动植物资源种类众多，数量丰富，所以昌吉市农牧民对于土地的依赖性更强。南安市的农民成分比较单一，农业资源没有昌吉市那样丰富，但南安市开放程度比昌吉市高。南安市农民接触新鲜事物和农业技术、市场信息更容易，使得农民有更多的机会从事二三产业的工作，从而可以减轻农民生活对于农村土地的依赖。

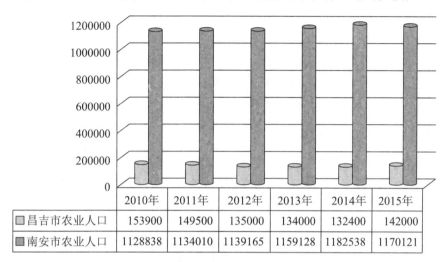

	2010年	2011年	2012年	2013年	2014年	2015年
昌吉市农业人口	153900	149500	135000	134000	132400	142000
南安市农业人口	1128838	1134010	1139165	1159128	1182538	1170121

图 10 - 3　昌吉市和南安市农业人口对比图

资料来源：昌吉市和南安市统计年鉴（2011—2016 年）。

10.2.2　农民收入及消费

处于北疆的昌吉市，有良好的各种资源可以利用，其中农牧民收入增长较快。特别是近年来，昌吉市不断加大农业种植结构调整力度，大力发展设施农业和陆地蔬菜，积极推广"多熟制"高效种植技术，即"一年两熟""一年多茬"的种植模式。为了达到增产增效的目的，在小麦和早熟玉米收获后，种植大白菜或青萝卜、甘蓝等经济作物，实现保持粮食产量稳定增长的同时，进一步优化作物配置比例，解决作物结构单一、棉花种植面积大、轮作倒茬困难和病虫害加重的矛盾，变一季为多季，变常规栽培为立体栽培，达到资源利用的最大化。该市通过"多熟制"高效种植技术，实现农民人均增收 60~120 元。

2010 年昌吉市农牧民人均纯收入为 9408 元，2011 年为 11242 元，比2010 年增加了 1834 元，增长了 19.49%；2012 年为 12136 元，比 2010 年增加了 2728 元，增长了 29%，2013 年为 14344 元，比 2010 年增加了 4936 元，增长了 52.47%；2014 年为 15999 元，比 2010 年增加了 6591 元，增长了

70.06%；2015 年为 16889 元，比 2010 年增加了 7481 元，增长了 79.52%，由此可见昌吉市农牧民收入增长较快。2017 年第二季度，昌吉市预计农牧民人均可支配收入达到 5073 元，比上年同期增加 155 元，增长了 3%；其中种植业人均收入 1751 元，比上年减少 283 元；畜牧业人均收入 2960 元，比上年增加 142 元，增长 5%；林业人均收入 158 元，比上年增加 12 元，增长 8%；渔业人均收入 88 元，比上年增加 3 元，增长 3%；第二产业人均收入 1054 元，比上年增加 67 元，增长 7%；第三产业人均收入 1429 元，比上年增加 105 元，增长 8%；外出劳务人均收入 863 元，比上年增加 61 元，增长 8%；其他收入人均 272 元，比上年增加 49 元，增长 22%。

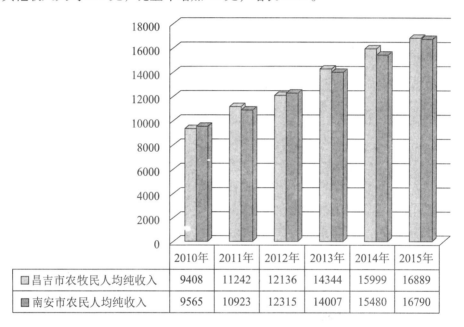

	2010年	2011年	2012年	2013年	2014年	2015年
昌吉市农牧民人均纯收入	9408	11242	12136	14344	15999	16889
南安市农民人均纯收入	9565	10923	12315	14007	15480	16790

图 10 - 4 昌吉市和南安市农（牧）民人均纯收入对比图（单位：元）

资料来源：昌吉市和南安市统计年鉴（2011—2016 年）

南安市 2010 年农民人均纯收入为 9565 元，2011 年为 10923 元，比 2010 年增加了 1358 元，增长了 14.20%；2012 年为 12315 元，比 2010 年增加了 2750 元，增长了 28.75%；2013 年为 14007 元，比 2010 年增加了 4442 元，增长了 46.44%；2014 年为 15480 元，比 2010 年增加了 5915 元，增长了 61.84%；2015 年为 16790 元，比 2010 年增加了 7225 元，增长了 75.53%。

通过比较昌吉市和南安市两地农（牧）民的人均纯收入，可知昌吉市的增长速度要快于南安市。其原因可能是，昌吉市农牧民拥有的土地面积远远超过南安市，而昌吉市农民的人均纯收入其主要来源农业方面，对于土地的依赖性更强，其丰富的农业资源是其增长的主要的源泉，昌吉市 2015 年种植业收入 1829 元，占 43%，牧业收入 1136 元，占 26.7%，种植业收入与畜牧业收入相差 693 元；2017 年增长来源种植业、畜牧业，而后才是第三产业和第二产业。对于南安市来说，其农业方面的优势并不明显。从表 10－1 可知，2014 年南安市农民工资性收入为 8830.52 元，占了很大比重，为可支配收入的 57.04%；来自农业方面的第一产业经营性收入为 353.91 元，占可支配收入的 2.29%，可见农业方面的收入对于农民的可支配收入增加没有多大作用。南安市农民的工资性收入增长，除了近年来劳动力价格上涨导致工资水平提高的情况之外，农村劳动力转移人数不断增加也拉动了农民收入的增长。转移净收入成为今年农民增收的亮点。2014 年南安市农民转移净收入 1912.47 元，增长较快。而转移净收入大幅增长主要得益于外出从业人员寄带回来的收入和离退休人员养老金的增加，以及南安市 2014 年新农保发放标准的提高。此外，经营净收入也是农民增收的稳定支撑。

表 10－1　南安市农民主要收支项目（2014 年）

项目	金额（元）	项目	金额（元）
可支配收入	15480.36	消费支出	12073.07
一、工资性收入	8830.52	一、食品烟酒	4541.14
二、经营净收入	5004.18	二、衣着	608.86
（一）第一产业经营净收入	353.91	三、居住	2777.38
1. 农业	251.81	四、生活用品及服务	803.33
2. 林业	－3.49	五、交通通信	1370.74
3. 牧业	73.62	（一）交通	613.68
4. 渔业	31.97	（二）通信	757.07
（二）第二产业经营净收入	725.53	六、教育文化娱乐	852.21
（三）第三产业经营净收入	3924.74	（一）教育	573.46
三、财产净收入	21.8	（二）文化娱乐	278.75
四、转移净收入	1623.87	七、医疗保健	548.11
（一）转移性收入	1912.47	八、其他用品和服务	571.3
（二）转移性支出	288.61		
收入减支出：	3407.29		

资料来源：南安市统计年鉴（2011—2016 年）。

10.2.3 耕地情况

昌吉市的农区所处地理位置大多水土光热条件比较好，可耕地多，多年的种植和经营也使当地的农民积累了丰富的致富经验。而牧区牧民居住地大多比较偏僻、分散、可耕地少，且居住的基础条件也较农区差。2015 年昌吉市人均耕地 6.4 亩，2 个牧业乡的人均耕地只有全市人均耕地的 1/3，而且由于自然形成的劣势：土壤耕作土层薄、坡降大、盐碱较重等，真正能种植的耕地更少。在这种自然条件下，发展牧区小城镇建设和实现富裕劳动力转移以及人均收入增加，难度相当大。土地资源：有可耕地 120 万亩，良田 60 万亩，森林资源总面积 46.12 万亩，其中山区林地面积 21.9 万亩；天然草场1203 万亩，可利用草场面积 819.23 万亩。水资源：水储总量 19.88 亿立方米，为昌吉市的天然固体水库。地下水储量 2.15 亿立方米，年均实际开采利用 0.35 亿~0.5 亿立方米。

南安市的人均耕地面积近年来锐减。南安市从来就是人多地少之区，现在人口猛增，劳动力猛增，人均耕地面积进一步减少。通过对南安市调查，就拿省新镇来说，2015 年全镇面积 61 平方公里，下辖 11 个行政村，全镇总人口 45015人。旅外侨胞、港澳同胞 2 万多人。地形为丘陵地带，平均海拔 44.9 米以上。

表 10 - 2　南安市省新镇户数、人口、外出人口、耕地面积等情况

乡镇	户数（户）	总人口（人）	外出人口（人）	耕地面积（亩）
省新镇	11525	45245	7000 ~ 8000	11341
省新镇省身村	1905	7508	1000 ~ 2000	1520
省新镇满山红村	1435	6596	1000 ~ 1050	1020
省新镇丹清村	436	1548	200 ~ 300	290
省新镇新厅村	302	347	50 ~ 100	500
省新镇南金村	1054	3441	1000 ~ 1200	520
省新镇垵后村	398	2320	100 ~ 600	537
省新镇园内村	596	1902	140 ~ 710	300
省新镇省东村	1818	7068	1000 ~ 2400	2200
省新镇西埔村	1521	5850	1000 ~ 2510	1542
省新镇檀林村	1125	5500	1200 ~ 2100	1695
省新镇油园村	935	3165	1200 ~ 1500	1217

资料来源：南安市省新镇相关资料收集整理。

表 10 - 3　南安市各乡镇耕地情况（2015 年）

乡镇	耕地	乡镇	耕地
翔云镇	8654 亩	蓬华镇	9094 亩
金淘镇	2.4 万亩	码头镇	1.85 万亩
英都镇	1.78 万	九都镇	2300 多亩
诗山镇	1.3 万亩	乐峰镇	8600 多亩
仑苍镇	7446 多亩	罗东镇	14000 多亩
东田镇	1.8 万亩	梅山镇	18588 亩
霞美镇	8000 多亩	洪濑镇	2.1 万亩
官桥镇	10270 多亩	洪梅镇	12258 亩
水头镇	8600 多亩	康美镇	21093 亩
石井镇	7250 多亩	丰州镇	1.15 万亩
省新镇	11341 亩	眉山乡	9315 亩
向阳乡	5895 亩		

资料来源：相关统计资料汇总得到。

　　全市 2015 年总农户数 469222 户，全市土地总面积 2033.4 平方公里，耕地面积 395220 亩。如省新镇拥有耕地 11341 亩，人均耕地 0.25 亩。在南安市九都镇新峰村调查时，村民黄仲州家里有 10 口人，人均耕地只有 0.9 分。英都镇，土壤肥沃，雨量充沛，水源丰富，农业基础扎实，被誉为南安的"粮仓"。英都属双季稻作区，全镇耕地面积也只有 1.78 万亩，人均耕地面积 0.31 亩；山林面积 7.199 万亩。向阳乡耕地 5895 亩（人均 0.4 亩），山地 68650 亩（人均 5 亩），其中果园 1 万亩（人均 0.7 亩），群众收入以农业为主，劳务收入为辅（表 10 -2）。其他乡镇的耕地也不多（表 10 -3）。

　　通过对昌吉市和南安市的对比，可以发现南安市的耕地面积少，人均耕地面积一般为 0.5 亩以下，昌吉市的耕地面积大，人均拥有的耕地面积也很大，这也导致两地农（牧）民对于土地社会保障程度产生不同。就拿南安市的九都镇来说，该镇山水资源丰富，全镇山地面积 64630 亩，其中国家级生态公益林 36257 亩，商品林包括经济林 28373 亩，主要种植有马尾松、湿地松、杉木、灌木等水涵林，以及龙眼、柑桔、橄榄、茶、毛竹等商品林，森林覆盖率达 70%。耕地面积 2300 亩，主要农作物为水稻、甘薯、花生和其他蔬菜。经过多年的发展，全镇水果面积达到 8000 多亩，养殖专业户 100 多户，养殖肉鸽 6000 多对、牛蛙 20 多万只，培育了 4 个千亩水果示范基地

（新峰千亩柑桔基地，新民和金圭的千亩龙眼基地，美星千亩龙眼基地，和安、林坑千亩橄榄基地），2 个养殖示范基地（彭林和墩兜的乳鸽、牛蛙养殖基地，新峰牛蛙养殖基地），1 个杂优水稻示范基地（新峰、新民）。新民村位于南安市九都镇中部，传统农业是村的主要经济来源，该村人均耕地仅0.16 亩。新民村是山美水库库区移民村，位于九都中部，距政府所在地 2.5公里，村委会设在新民街。下辖 8 个生产小组，全村人口 556 户，1837 人，现有耕地 286 亩、山地 3937 亩。该村无落地企业，主要以外出贸易经商为主，留居农民以农林牧为主。全村工农业总产值三千多万元，人均纯收入与全镇接近，达 12500 元。

10.2.4　参加社保情况

2015 年，昌吉市年末养老保险参保 43459 人，征缴基金 27919 万元；年末城镇基本医疗保险参保 143343 人，征缴基金 17552 万元；年末失业保险参保 28316 人，征缴基金 1969 万元；年末工伤保险参保 57822 人，征缴基金1239 万元；年末生育保险参保 31213 人，征缴基金 903 万元。城乡居民养老保险参保率达 100%，续保率达 96.13%，新增发放社会保障卡 28061 张。目前，全市已有 10 个村启动实施被征地农民养老保险试点工作，参保 4203 人，享受待遇 936 人，人均 417 元/月。

2015 年，昌吉市提高城乡低保标准，城市从 360 元/人/月提高到 390 元/人/月；农村从 2072 元/年提高到 4680 元/年。截至年末，累计发放低保金974.179 万元。调整救助标准，救助上限由 2 万元提高到 3 万元，救助门槛由自付部分 5 万元降低为 3 万元，进一步扩大了救助面及救助比例。截至 2015年末，已对 3058 人次实施医疗救助，救助资金达 424 万元。统一城市三无人员和农村五保户供养标准，分散供养标准由原来的 333 元/人/月提高至 400元/人/月；集中供养标准由原来的 520 元/人/月提高至 660 元/人/月；新增为二级以上失能、半失能残疾老人补助 2000 元/人/月。全年累计发放五保供养金 179.11 万元，城市"三无"人员供养金 60.06 万元，累计发放孤儿基本生活费 73.8 万元。

而南安市 2016 年新型农村合作医疗参保人数 1324004 人，农村人口1365548 人，占农业人口的 96.96%；新型农村社会养老保险参保人数 890624人，占农村人口的 65.22%；农村居民最低生活保障人数 25958 人，占农村人口的 1.90%。

表 10-4　南安市农民参加社保情况

行政单位	新型农村合作医疗参保人数（人）	新型农村社会养老保险参保人数（人）	农村居民最低生活保障人数（人）
溪美街道	36 130	35 703	723
柳城街道	58 219	40 810	1 180
美林街道	64 739	40 611	1 307
省新镇	43 200	26 828	695
东田镇	45 495	24 727	1 100
仓苍镇	42 654	30 501	320
英都镇	51 926	34 662	824
翔云镇	23 778	15 927	613
金淘镇	74 356	48 363	1 381
眉山乡	22 122	11 077	644
诗山镇	76 913	48 236	1 748
蓬华镇	19 673	12 675	370
码头镇	62 638	41 885	1 339
梅山镇	55 395	33 765	1 116
九都镇	15 342	13 603	393
向阳乡	13 206	66 56	450
乐峰镇	34 525	16 350	710
罗东镇	55 680	35 687	1 079
洪濑镇	68 197	47 216	1 751
洪梅镇	45 478	30 296	911
康美镇	50 950	33 197	1 000
丰州镇	37 147	29 745	855
霞美镇	60 092	40 072	1 036
官桥镇	95 123	88 327	1 694
水头镇	104 383	66 468	1 448
石井镇	66 643	37 237	1 271
总计	1 324 004	890 624	25 958

资料来源：南安市统计年鉴（2016 年）

2017 年度新农合的筹资标准从每人每年 530 元提升到每人每年 570 元。其中，政府补助从 410 元提升到 420 元，个人缴纳部分从 120 元提升到 150

元。城乡居民养老保险缴费标准依然为每人每年 100 元至 2000 元，每 100 元为一个缴费档次，城乡居民可根据经济状况任意选择缴费档次。如果缴费 100 元，政府将补贴 30 元，在此基础上，每提高一个缴费档次，政府补贴相应增加 10 元；选择 800 元及以上缴费档次的，政府补贴均为 100 元。参保人员可按上年度缴交标准续交保费，也可先到附近农商银行营业网点办理变更缴费档次，再按变更后的缴费金额存入农商银行账户中。凡持有南安市户籍的居民均可自愿"以户为单位"参加居民医保，社区居委会、集体户居民必须全部参加居民医保；镇政府所在地村委会、三个街道 35 个村委会的居民可选择参加居民医保或新农合，但只能选择一种参加，不能交叉参加。新农合方面，以缴费前公安户口为依据，凡持有南安户籍人口，未参加城镇职工基本医疗保险和城镇居民基本医疗保险的农村居民，均"以户为单位"参加新型农村合作医疗。凡未按规定整户一次性参合者，不能享受新农合医药费用补偿待遇。通过调查发现，南安市农民的参加社保积极性较高，但没有实现 100% 的人口参保，这说明个别农民对社会保障不了解，或依赖自己的收入或土地收益进行相关保障。

10.3 比较结果

以上比较说明，土地的保障功能在不同的地区发挥着不同的效用。对于土地保障功能程度的评判也不能以偏概全，这与各个地区的经济发展水平和社会保障制度密切相关，也跟农民对社会保障制度了解程度有关。在经济发达地区，农民非农收入高，社会保障体系完善，土地保障功能作用不大，农民对土地依赖性不强，土地资源合理配置，合理流转，规模化经营，土地产出提高，能充分发挥土地的经济功能。而在昌吉市，土地依然是农民最后的依靠，对农民生活的各个方面起到一定的保障的效果。当然，过分强调土地的社会功能，使得昌吉市的土地的经济功能受到了一定的影响，流转的程度和范围受到影响，小块分散的土地经营，使得规模经济无法发挥，小农经济在昌吉依然占据着主要的地位，严重影响了昌吉农村经济发展。而在南安市第二、第三产业发达，农民的工资性收入较高，从土地获得的收益不占主要，但是现代的社会保障制度也没有市县 100% 地全覆盖，可能是个别农民的思想认识不同造成的。

第十一章 转型时期我国农村土地保障功能存在的问题

11.1 土地细碎化对农村土地保障功能的影响

我国农村土地田坎和地块界线过多，在一定程度上造成耕地的浪费，农村土地细碎，对农村土地保障功能产生影响，也对农业生产不利。据调查，土地细碎化浪费了中国农地有效面积的 3% ~ 10%（Zhang and Huang, 1997）[1]，使生产每吨谷物的劳动力成本增加了 115 元（按 2000 年研究区域劳动力影子价格计算，平均地块大小为 0.71 亩，户均早稻种植规模为 5 亩，分成 7 块。若消除土地细碎化，则每生产 1 吨谷物将节约 115 元劳动力成本），土地生产率则降低了 15.3%（谷物产出）（Wan and Cheng, 2001）[2]。土地细碎化的存在影响农业产业结构的调整，并不利于农户对土地进行长效投入，极大地削弱了农业的发展后劲。

据统计，我国人均耕地占有量相当于世界人均值的约 1/3，不足 1.35 亩。改革以来，我国实行公平原则，农村承包地块按照人口多少和质量差异进行均分，导致户均经营面积过小且分散无序。为了明晰自己的地块，农户必然要拿出一部分土地用做边界的划分，导致有效生产耕地减少，在一定程度上造成了耕地浪费。有关调查研究表明，耕地细碎化浪费了我国 3% ~ 10% 的有效耕地，这种浪费主要是由田坎和边界造成的。如南安市，其地形为丘陵，

---

[1] ZhangL., J. Huang, S. Rozelle. Land policy and land use in China [J]. Agricultural Policesin China, 1997

[2] WanGuangH., Chen Enjing. Effects of land fragmentation and returns to scale in the Chinese farming sector [J]. Applied Economics, 2001, 33: 183 – 194.

地块分散，面积狭小，有些面积 2.333hm² 地块被分割成了 9 块，每条界线面积就有 0.0037hm²，共计 0.0333hm²。此外，存在这样的边界，不仅会导致田间管理的困难，而且会加剧因边界造成的人际摩擦，使农业生产不利。

表 11 - 1 各国耕地平均大小及户均地块

国家/年份	平均地块大小（公顷）	户均地块数	家庭经营规模（公顷）
印度/1960 - 1961①	0.46	5.7	2.6
荷兰/1950②	2.3	3.2	7.4
比利时/1950	1.1	6.8	7.5
西德/1949	0.7	10	7
罗马尼亚/1948	0.9	6.6	5.9
希腊/1950	0.5	5.6	2.8
西班牙/1945	1.6	7	11.2
中国/1929 - 1933③	0.38	5.6	2.1
中国/1999④	0.087	6.1	0.53

资料来源：①Minhas 1970；Table 9：115. ②Dovring 1960；Table 1：43. ③Buck 1937 c 1964；Table 13 转引自 M. F. Mcpherson，1983. ④中共中央政策研究室、农业部农村固定观察点办公室，2001。

农民依靠土地进行农业种植，但由于耕作地块细碎，不利用农业机械化应用，也不能实行规模化经营，农户农业生产经营收益低，使得农村土地保障功能不高。以耕地细碎化为基础的农业生产，耕作效率也很低下。有研究表明耕作效率随着地块面积的增加而提高。狭小的耕作地块，阻碍农业机械生产效率的提高，而且由于耕作地块细碎，机械在不同地块转移困难，同时也抑制了农业生产对先进机械的采用。因此就出现了农业生产规模和机械化的现实矛盾。结果使得农户生产经营收入不高。

耕作地块细碎，不利于土地规模经营，对农村土地社会保障功能不利。耕地细碎化降低了农业生产效率，提高了生产成本，在一定程度上促成农户对耕地经营规模的需求。近些年，南安市农村一些农户通过自发力量在亲戚和朋友之间流转土地，虽然有了大量土地，但生产仍然形不成规模，劳动生产率没有得到提高，究其原因就是地块过于分散，连片地太少。农户仍然沿用传统的耕作方法，只是以量的优势掩盖了效率的优势来提高收入，并没有从根本上挖掘土地生产的潜力，从土地规模经营中得到实惠。从调查中发现，90% 农户不愿意承包土地的原因就是地块细碎，农业投入成本较高，使得农民在种地过程中，其时间和精力耗费更多，土地的社会保障功能减弱。

另外，土地细碎化是影响耕地复种指数的重要因素之一，使得农民收入减少，造成农村土地社会保障功能减弱。土地细碎化程度越高的农户，其耕地复种指数越低。在土地流转中转出土地的农户的复种指数要显著低于没有转出土地的农户。据此可以推断农户转出土地之后，剩余部分土地大多只种植一季，主要是用来满足家庭对粮食和各种蔬菜的需要。而转入土地对农户耕地复种指数的影响并不显著。土地细碎化是影响平均土地综合产出率的重要因素之一。土地细碎化加大了农户的耕种难度，不利于农户对土地进行投资，进而影响了平均土地综合产出率。在土地流转中，转入土地的农户平均土地综合产出率要高于没有转入土地的农户，转出土地的农户平均土地综合产出率要低于没有转出土地的农户。

农村土地的细碎化，使得农民收益不高，也使得原本依靠农村土地进行基本生活维持、就业、医疗和养老功能的社会保障功能减弱。虽然新疆昌吉市的农村土地面积较大，但我国其他很多地方都存在这种土地细碎化情况，使得农村土地保障功能弱化。

11.2　土地的生产功能与保障功能存在矛盾

如同前文所述，农村土地主要是进行农业耕作，具有生产功能，从而获得经济收入，而社会保障功能是附加的，有些人也不认可农村土地的社会保障功能。农村土地生产功能为主，兼有社会保障功能，而且农地社会保障功能对生产功能的影响。

在我国社会经济不发达的时候，农村土地生产功能也发挥了主要功能，也对农民社会保障起了重要作用。随着农业生产力发展，农地保障功能与农地利用效率之间的矛盾日益突出。现有的农地保障，即农民通过耕种土地获得收益来保证基本的生活资料，必须通过确保农民切实享有承包权来实现。按人口平均分配土地，土地规模效益低，土地对农民仅具有维持基本生活的意义，并使农村长期贫困。虽然目前的土地制度解决了农民的温饱问题，但是土地保障是一种低水平的保障，小规模的家庭经营不可能解决农民进一步发展的问题。农业的比较利益低，小规模土地经营的获利空间极其有限，单纯的种养业无法使农民致富。由于土地收益不仅不能满足农村居民的日常支出，也不能构成农村居民收入的大部分，所以大部分农户的现金收入来自于非农业，只把农地作为提供家庭粮食的来源。即农民大多依靠土地提供口粮即可，甚至只作为外出工作的退路，宁可粗放经营甚至撂荒弃耕，也不愿意放弃土地承包权。这种土地使用权分配模式导致了土地资源的耗散与农业资本的流失以及土地资源以家庭为单位被零碎化分割，阻碍了规模经营。

农村改革以来，农地是农村社会保障体系的核心，为农民提供了一道最底层的保障线。这种保障主要表现为一种心理的保障，可以应付在当时情况下的社会风险，获得类似正常社会保障一样的作用。农地小规模经营导致农业生产收益率低下又导致大量土地抛荒。在经济欠发达地区，大量农业劳动力无法稳定地转移到非农产业，农业社会化服务也比较落后，农地便成为农民的基本收入来源和重要社会保障，使得农民对土地具有极大的依赖性，导致土地流转十分困难。在经济较发达地区，虽然农业收入对当地农民已经不十分重要，但由于社会保障的后顾之忧未能消除，加上土地承包经营权不能以合理价格转让，打击了农民对土地流转供给的积极性，农民宁愿抛荒土地，也不愿轻易放弃所承包的土地。从而在农村中就会出现"土地短缺和土地闲置"并存，"土地利用不足和过度利用"并存的情况。陈信桂（2009）认为，在土地流转的社会背景下，如何以使用权的流转为契机构建和完善中国农村的社会保障体系，这是农村社保工作乃至整个"三农"问题解决工作中的一个重要内容①。

11.3　当今社会风险在增加，农地社会保障功能在减弱

如今社会迅猛发展，各种社会风险在增加，而农民还是靠着土地进行社会保障，显然相比而言，其保障功能在减弱。

土地只是一种生产资料，不是人们可以直接享用的生活资料，须由农民从事农业生产，取得土地收获物供给生活资料。这意味着，在经济保障性方面，土地保障的"可兑现性"弱。在如今社会总体风险在增加，农民遭遇疾病、伤残、灾害等风险时，并不能期望从土地上即期获得物质救助，弥补损失，度过难关。农民年老时，土地上也不可能有现成的产出，供养其基本的衣食住行。所谓土地的养老保障功能，实际上是一种凭借土地收入的代际转

---

① 陈信桂. 对农村土地流转制度的几点思考 [J]. 法制与经济，2009，204（5）：14-15

移实现的家庭养老。至于土地的医疗保障功能，只不过是说农民可以依靠土地收益支付一定的医疗负担。从这种意义上说，土地为农民的社会保障提供了条件，而非就是农民的社会保障本身。既然仅作为一个条件，土地保障作用的发挥有赖于与劳动力要素和自然生产过程等条件相结合。土地转化为保障生活的物质财富过程，一方面可能因其他条件不具备而无法完成，另一方面可能因各种条件的契合度而影响转化率。前者比如农民在年老体衰、重病缠身、遭遇天灾人祸等丧失劳动能力情况，或外出打工等，土地与劳动力与农业自然生产过程相分离的条件下，承包的地块虽在，却起不了实际的养老、医疗、低保、失业保障的作用。后者比如过多劳动力投入到有限且不断减少的耕地资源上，新增产出所能转化形成的边际经济保障递减，劳动者得自土地的平均"失业保险"水平将持续弱化直至从土地上"失业"。

另外，土地经济保障功能的强弱取决于土地实际收益。当前户均土地农业收益由于以下几方面原因趋于下降：一是农业生产比较收益率持续低下，二是土地配置劣化，三是人口的扩张和土地非农化进程造成人多地少局面突出，户均保有土地的数量和质量缩减。相对于不断攀升的基本生存成本，土地收入对农民生存的支持程度日益"摊薄"，土地的保障作用正日渐式微。

现在农村还存在一部分失地农民。农民土地被征收，政府也不能为失地农民安置就业，所以失地农民的就业问题就突显出来。目前，各级政府采取的征地补偿为一次性领取补偿费，然后自谋职业，这是一种一次性货币安置。尤其社会主义市场经济对企业实行优胜劣汰，所以企业在用工方面对求职者的年龄、知识、技能和市场竞争意识要求较高，而失地农民由于文化程度不高，劳动技能单一及年龄构成等一些因素，在就业竞争上优势不明显，只能从事一些体力劳动岗位，收入少且不稳定。失地农民的社会保障内容单一且保障水平较低。失地农民失去承载社会保障功能的土地后，只能享受失地农民的社会保障制度[1]，即养老保险、医疗保险、失业保险、最低生活保障这四个方面的内容。而从南安市推行的失地农民社会保障实际来看，保障内容单一且保障水平较低。最主要的是提供一定程度的养老保障，而医疗保险则是参加新型农村医疗保险（没有额外提供失地农民参保的医疗保险），最低生活保障也是普通农民最低生活保障，没有额外提供失地农民参加的最低生活保障，失业保险等其他保障则鲜有涉及。

---

[1]　马晓妹.法律视野下的失地农民权益保护［D］.西南交通大学，2009.

第十二章　转型时期我国农村土地保障功能存在问题的原因

12.1　制度和现实方面

由于土地的保障功能来自土地，而我国农村土地细碎化比较严重。土地细碎化现象在许多发展中国家尤为显著，阻碍了农业科技发展和农业现代化的实现，造成了较大的浪费。对于土地细碎化形成的原因，学者主要从供给和需求两个角度来进行理论解释。供给方面是将土地细碎化理解为农户行为的外生变量（主要是由历史延续和变革、地理地貌分布与差异、人口压力与人地矛盾、继承制等引起的土地稀缺造成）；需求方面是将土地细碎化认为是农户行为的选择变量（主要是由农户在缺乏保险和信贷的情况下，进行多元化种植来规避市场和自然灾害等不可抗力，即土地细碎化的私人受益大于私人成本而形成）。我国中国土地细碎化的成因既有供给面的影响又有需求面影响。前者主要源于家庭联产承包责任制的实行；后者主要是因为采用了根据土地质量的好坏和地块离家远近按人口均分土地的形式。家庭承包责任制在实行之初对消除农村普遍存在的饥饿和贫困起了非常重要的作用。二十多年后的今天，虽然承包制的优点（如激发农户的劳动热情）在许多依然比较贫困的地区继续发挥着作用，但它在广大地区所引发的弊端也日渐暴露，其中最为明显的就是导致了土地的分散化、细碎化经营及其对农业生产和农村发展的影响。这些弊端自 20 世纪 80 年代以来就引起了政府部门的重视，于是从沿海地区开始发起了规模经营及土地整理运动，然而效果不甚明显。"跟土地整理之前相比，土地细碎化状况没有得到明显改观"，目前只有 6％ 的耕地属于"规模耕作"（黄贤金等，2001）①，农村土地经营从整体上看"依然过细、过散而不利于农业生产率的提高（杜润生，1996）②"。许多地区为适应人口变动而进行每隔三、五年调整一次土地（有些地方甚至一年一调）的现象十分频繁，这在某种程度上加剧了土地的细碎化程度（陈华，1992）③。而农村地区自发的土地租入租出又在某种程度上缓解了细碎化状况。

中国目前的土地细碎化主要受供给面因素影响。较高的人口压力影响了村级平均地块大小，但没能影响村级地块总数。此外，地貌特征和市场情况对土地细碎化程度也有影响。研究中主要的需求面因素——土地市场的参与度在村级水平对土地细碎化的影响不显著。可能的解释是目前调查区农村土地市场的形成尚不普遍，且已有的土地交易多出现在亲戚或朋友间而非相邻地块间，且租入时间较短，这就减少了土地合并的可能性。农户层次土地市场的参与状况对土地细碎化程度有显著影响。每亩土地的租入租出会从总体上减轻土地细碎化状况，使地块数减少 0.22，同时平均地块的大小增加 0.01亩。农户层次土地细碎化研究的另一个发现是大家庭拥有更多和更大的地块，家庭中农业劳动力比例对地块数有明显影响而对平均地块大小影响不明显，表明土地主要是按照家庭人口均分的。这意味着农村劳动力和土地资源之间的配置存在着效率损失。

众多学者从历史变迁、制度改革、不同土地的利用状况、村级和农户选择等角度对土地细碎化的成因进行分析。我国作为发展中国家，人多地少、人地矛盾极为突出，土地细碎化现象较为严重，深入分析其成因，对于规模经营和农业现代化的发展有一定积极意义。结合我国具体国情分析其形成原因如下：

（1）农村土地社会保障功能形成的制度根源在于我国城乡二元社会结构。建国初期，为保证工业的优先发展，我国采取了"城乡分治"的策略。随着户籍管理制度以及与这种制度相配套的生活资料供给、就业和福利等制度的相继建立，我国社会结构以城市与乡村为单位显现泾渭分明的二元性。只有持有城市合法户口的居民，才能获得国家配给的基本生活资料，才能由国家安排就业，才有资格享有各种福利等。城市人的生活资料供给、就业及社会保障因此处于国家的有力支持之下，而缺乏就业选择机会、经济收入低下的

---

① 李树生．耕地细碎化与生产效率的研究——以河南省为例［D］．河南大学，2011
② 杜润生．中国农村经济改革［M］．中国社会科学出版社，1996
③ 陈华．有偿联产承包责任制的实践与体会［J］．中国农村经济，1992（7）

农民在无可奈何之下，只有把土地当做他们安身立命的根基。在这种城乡分割体制下，工人与农民、城市人和农村人具有不同的身份、待遇和社会地位，而且这种身份和地位存在不可转换性。在无条件或无能力改变自己的农民身份并最终加入专属于城市人的社会保障体系的情况下，土地不仅是农民的唯一保障形式，而且是一种作用显著的重要保障手段。并且，土地作为社会保障的物质手段是农村土地制度安排的依据和基础，土地的生产功能只能受制于它。农地的这种显著的社会保障功能说明，身份待遇平等、社会保障对接，即农民可以从以土地为载体的实物保障体系向基金式的现代社会保障体系自由转移，是农民放弃对土地的依赖，彻底向非农产业转移的关键因素。由此可知，农地具有显著的社会保障功能是由我国社会结构的二元性特征所决定的，也是广大农民为了生存和化解就业与社会风险在万般无奈之下所能做出的唯一选择。

（2）地形条件（Terrain）：指地球内部的地质构造等内力作用与地球外部的风化、剥蚀、搬运、沉积等外力作用造成地球表面不同的地貌格局，进而导致土地的不连续性，如山区或丘陵地区，地形高低不一，土地分散而细碎；平原地区地形变化较为平缓，土地细碎化主要由河流作用引起。地形引起的土地细碎化不可避免，故一般不在研究范围内。

（3）不在地地主现象（Absentee Landlord）。费孝通[1]等研究发现一些地主购买土地不是用做自己种植，而是用于投资或储蓄，他们在购买土地时无需考虑地段距离的远近程度，土地租赁给农户时出现了细碎化。但这种理论不是完全绝对的，调查显示自耕地的土地也是零星分布的。[2]

（4）人地比例（Labor land ratio）。Chao[3]从中国历史发展角度研究表明：农户获得土地的方式主要是继承或购买。从宋朝开始，中国人口指数增长，耕地扩张速度远低于人口增长速度，土地市场成为卖方市场。由于土地的稀缺性，万不得已时卖方切割土地，出卖其中小块土地；绝大多数买方农户没有收购大面积土地的能力，土地积累率很低，因此导致土地细碎化现象增加。之后土地所有权和经营权的分离，也是这种运作的后果之一。

[1] 费孝通．江村农民生活及其变迁［M］．兰州：敦煌文艺出版社，2004
[2] 王兴稳．农民间土地流转市场与农地细碎化——基于江苏兴化、黑龙江宾县两地调查分析［D］．2008年6月
[3] Chao, Kang,"Man and Land in Chinese History：An Economic Analysis,"Standard University Press, Standford, California, 1986, 95—97

（5）土地继承（Inheritance）。欧洲许多国家采取的是长子继承制，而我国主要采取诸子均分方式，这在很大程度上加剧了土地细碎化。赵冈[1]举例对此观念进行了反驳，他认为诸子均分减小农场的面积和规模，并没有增加住处与农田之间的距离。但土地并不是均质的，分配时也不会仅考虑面积大小均分，因此反驳并不成立。我国的土地诸子均分继承制导致土地细碎化的产生和加剧不容置疑。

（6）其他（Others）。随着农民受教育水平的提高，农业种植的多元化和经济作物种植技术不断推广，当农民认为土地细碎化的私人收益大于私人成本时，为了避免市场、农业风险、农村季节性劳动力过剩等，必然增加土地细碎化。[2] 当前土地整治过程中农用地、建设用地、农村居民点整理等工程的实施在一定程度上降低了土地细碎化。[3]

综上所述，中国由来已久的土地细碎化现象的产生是多种因素相互博弈的结果，其最主要原因是人口众多和土地稀缺，人地压力极高；而家庭财产（包括土地）的诸子均分制、均田制、家庭联产承包责任制等政策的实施加剧了土地细碎化程度；近代以来，投资或储蓄为目的的不在地地主的出现，不仅导致土地更加细碎化，而且导致所有权和经营权剥离。[4] 农业内部过高的人地比例和家庭联产承包制下的土地均分政策是我国土地细碎化形成的最主要原因。此外，张尹君杰等[5]研究发现由于当前土地交换市场运行机制尚不完善，交易费用普遍较高，也导致农村耕地细碎化问题一直无法得到有效缓解。

土地细碎化使得农户拥有多个地块，因而农户可以种植不同的农作物，可以合理地安排和统筹劳动时间的投入，因而这一现象有利于劳动时间的节约、农业生产效率以及产出的提高。但我们并不能就此得出一个结论，说土地细碎化有利于农户进行种植业的多种经营，而只能说农民开展种植业的多种经营，仅仅是被动地接受了家庭联产承包责任制所导致的土地细碎化这一

① 赵冈.历史上的土地制度与地权分配［M］.北京：中国农业出版社，2003
② 功奎.土地细碎化、劳动力利用与农民收入——基于江苏省经济欠发达地区的实证研究［D］.南京农业大学，2006年6月
③ 杨庆媛，涂建军，廖和平，等.国内外土地整理：性质、研究领域及借鉴［J］.绿色中国：49－52
④ 叶春辉，许庆，徐志刚.土地细碎化的缘由与效应——历史视角下的经济学解释［J］.农业经济问题，2008年第9期
⑤ 张尹君杰，卓建伟.土地细碎化的正面与负面效应的双重论证——基于河北省农户固定观察点资料的实证研究［J］，2008，7（4）

结果之后，而不得不做出的一个自然而然的反应或选择。因为即便农户仅仅拥有一整块大面积的土地，只要他们有开展种植业多种经营这样的需求，仍然可以主动地将其切割成很多小块。所以，虽然土地细碎化的存在有利于农户进行种植业的多种经营，但我们并不能在这两者之间建立起必然的因果联系。

农户进行种植业的多种经营其实从某种意义上而言，也是规避农产品价格风险的一个有效的方法，从而有利于种植业收入水平的稳定甚至提高。李功奎等（2006）的研究证明了土地细碎化与农户种植业的多种经营有着正相关的关系，土地细碎化增加了农户种植业的收入水平。[①] 而农户种植业收入增加，使得农民从土地获得的收益增加。从一个方面来说，由于土地细碎化，对农民的土地社会保障产生了影响；另一方面，由于土地细碎化的存在降低了农产品的产出水平。而就当今现实的情况而言，农业生产又是绝大多数农户的主要收入来源，因而，土地细碎化负面地影响了农户的收入水平。

因此，土地细碎化对于农民的收入产生的影响有正有负，但是其对农民的土地社会保障都产生了不同的影响。总体来看，农村土地细碎化对农民的土地社会保障正面作用大于负面作用。

12.2　生产力不发达

我国的农地具有双重功能：生产功能和社会保障功能。在生产功能上，土地是一种生产要素，是农业生产最主要的生产资料。在社会保障功能上，当农民没有充足的财富积累、没有足够的非农就业机会和非农收入时，就依靠土地收获物供给其基本生活资料，或者是以土地收入作为维持最低生活水平和抵御社会风险的手段。主要根源是我国生产力不发达。

土地生产功能的实现或是说生产要素的优化配置，客观上要求提高土地的经营效率，而提高土地经营效率首先要求土地经营规模的逐渐扩大，只有通过扩大现有耕地经营规模，走规模经济、集约经济的道路，才有可能获得规模经营效益，便于采用农业新技术，从而降低农产品的经营成本，提高耕地生产率和劳动生产率，使农业经营者获得较高的经济收益。然而，当土地

---

① 李功奎、钟甫宁.农地细碎化、劳动力利用与农民收入———基于江苏省欠发达地区的实证研究［J］，中国农村经济.2006（4）.

被作为农村人口的生活保障载体时，拥有一定数量的土地就成了每一个农村人口基本生存权利的诉求，因此在现阶段的农村，根据人口的变动情况对承包土地的不断调整也就成了一种必然的现象，而且，每一农户所拥有的那已然十分有限的承包土地也是按照土地的肥瘠、位置的远近被分割成了星星点点的若干小块，以保证每一村民在享受基本生存权利方面的公平，这种现象意味着要将土地集中起来搞规模经营以期提高土地收益并以此来强化土地的保障功能是不现实的。这就构成了我国现阶段农地双重功能之间的保障功能所存在的农地一家一户分散经营之间的矛盾，我们把这种矛盾归结为农地经营效率和农地社会保障矛盾。

（1）城乡二元经济结构是制约我国农村社会保障制度发展的根本原因。在二元经济制度框架下，我国的社会保障制度也呈现出明显的二元化特征：在城市，建立了面向企业劳动者的社会保险制度；在农村，则实行家庭保障为主与集体救助相结合的保障制度，作为现代社会保障体系核心内容的社会保险，未在农村完全建立，城镇居民具有的就业、医疗、住房、退休金等福利措施农民均无权享受。城乡二元经济结构日益强化的趋势促使我国城乡社会贫富差距进一步拉大，也促使城乡二元的社会保障制度非均衡发展。

（2）我国农村经济总体水平落后，经济发展缓慢。农村经济发展仍然十分缓慢，尤其是西部农村地区生产力更为低下。我国的农村社会保障是在经济发展水平比较低的条件下建立的，在一定程度上可以视为是工业化的前提或者组成部分，是社会主义国家为适应客观要求而自觉加以实施的，由于没有先例可循，存在许多的问题。

（3）农村社会保障制度缺乏法制保障。目前，我国与农村社会保障制度相关的法律较少，制度建设落后，颁布的一些法规、条例、规章也缺乏普适性。现阶段与我国法治发展进程相适应的社会保障法律制度还没有完全建立，尤其在农村社会保障制度的配套政策条例上仍有缺失。

（4）政府用于农村社会保障的资金投入相对不足，而农民的社会保障需求随着市场经济的发展、社会风险的加剧等有了明显的提高，财政供给不足和需求增长的双重压力制约了农村社会保障事业的发展。另外，我国各级地方政府对农村社会保障投入的积极性也不够高。

（5）农民自觉参与社保的意识薄弱。目前，我国农民对农村社会保障缺乏必要的了解，社会保障意识比较淡薄，参与不够积极。农民观念难以转变。许多农民持怀疑态度，少部分农民群众还对此不信任。除此之外，农民群众寻求保障的意识不强，无风险规避意识，尽管深知社保的好处，感觉自己可能用不上，就是不愿掏那份"不必要"的钱，更不愿眼看着自己出钱让别人用。

12.3　社会保障制度的缺陷

（1）农村社会保障水平低，覆盖面小。

农村社会保障无论是范围还是标准相对于城市来说是很低的。大外分乡镇企业和私有企业以及农村劳动力就业的国有企业、城镇集体企业、三资企业对农村劳动者的社会保障基本上是空白。这种情况，使国家无法对农村劳动者提供基本的生活保障，极不适应多种所有制并存的格局。

（2）农村保障体系不健全。

目前我国农村社会保障体系不健全的主要表现有四个方面：一是目前农村最低生活保障的标准仍然很低；二是农村社会养老保险资金的保值增值问题有待解决；三是一些地方因合作医疗解体而使早已被消灭或控制的地方病、传染病再度发生甚至流行；四是农村社会保障机构的组织效率低下。我国现行社会保险主要包括养老保险、医疗保险、工伤保险。生育保险和失业保险也是农村社会保险的重要组成部分，但是农村社会保险在这两方面基本上是空白的。

（3）社会保障管理分散，缺乏有效性。

我国农村社会保障的现状是城乡分割、条块分割、多头管理、各自为政。条块之间既无统一的管理机构，也无统一的管理立法。农村社会保障管理体制有待理顺，管理水平急需提高。农村社会保障的机构协调是远远不够的，经办机构薄弱，管理的高成本抵消了制度的积极功效。监督体制还不完善，很多项目实际上还处于主管部门的自我监督状态，农民作为受益主体参与管理监督社会保障事务的问题还未受到足够的重视。

（4）农村社会保障法制不健全。

农村社会保障法律制度建设滞后，农村社会保障制度的差异太大，不符合公平原则、保障内容不全面，系统的可操作性不强。我国农村社会保障基金在管理上缺乏法律保障，很难保证基金的保值、增值。

（5）社会保障资金筹集难度大。

1991年民政部在部分地方开始试点的《县级农村社会养老保险的基本方

案》规定：农村社会养老保险在资金筹集上要坚持以"个人缴纳为主，集体补助为辅，国家给予政策扶持"的原则。这种政策从我国穷国办大福利的实际国情出发，规定了筹集养老保险资金的不同渠道，三方分担，个人为主。另外这种社会保障资金的缴纳强调的是自愿原则，在没有国家和集体补助的情况下，保障缴费成了农村社会保险很难解决的问题，没有强制性手段，没有现实的经济利益刺激，也就没有了农民投保的积极性，最终损害的不只是发展与完善中的农村社会保障制度，更是农民自己的切身利益。

失地农民失去承载社会保障功能的土地以后，有的户口已经转为城市居民，他们已经成为"新市民"，理应享受到我国城镇居民的社会保障制度，但是由于我国长期以来形成的城乡分割的二元社会结构给失地农民市民身份的转换带来障碍，使得有些失地农民户口虽转为城市居民，却不能享受到我国城镇居民的社会保障制度，只能享受失地农民的社会保障，而从推行的失地农民社会保障实际来看，保障内容更是单一且保障水平较低。最主要的是提供一定程度的养老保障，而医疗保险则几乎都是参加新型农村医疗保险（没有额外为失地农民参保的医疗保险），失业保险和最低生活保障等其他保障方式则鲜有涉及。

（6）现行的土地征收制度不合理。

第一，农地征收的公共利益界定不明。

我国宪法规定，国家为了公共利益的需要可以依照法律对土地实行征收或者征用。土地管理法和物权法也有类似规定。但是什么是公共利益？公共利益是一个抽象的概念，它的范围有多大，边界在哪里，我国有关法律都没有一个明确的界定。这就使得"公共利益"的概念被人为地扩大化，也为政府征地权的滥用提供了法律空子。在实践中，地方政府为追求政绩，打着公共利益的旗号滥征土地，大量的经营性项目用地尤其是房地产项目用地被冠以"公共利益"的头衔得以强制征收。正是由于我国对"公共利益"范围的界定不清，导致政府征地权滥用，也助长了政府土地"寻租"腐败行为和开发商"圈地运动"的出现，加速了农民失地的进程，最终损害到农民的利益。

第二，征收补偿标准偏低。

根据我国法律相关规定，征收的土地按原用途补偿而没有考虑土地征收后的用途。征收耕地的补偿费用包括三个项目，即土地补偿费、安置补助费和地上附着物、青苗的补偿费。征地补偿费最高不能超过土地被征收前三年平均年产值的三十倍。笔者认为，我国以土地被征收前的三年平均年产值作为基础来确定征地补偿标准的方法是不合理的，这种以产值倍数法确定补偿标准的计算方法形成于计划经济时代，符合当时计划经济的特点，与当时经济水平发展相适应，有效保护了当时失地农民的合法权益。然而当我国实行社会主义市场经济以后，土地价格不仅应该体现土地价值，还应该尊重市场规律。而形成于计划经济时代的这种测算征地补偿标准的方法不仅没有将土地的预期收益计算在内，而且完全没有反映出土地所在地区经济发展水平、土地区位、被征用土地的市场价格等影响土地价格的经济因素，及预期到农民失去土地后的间接损失，如农民的再就业成本、未来增加的生活成本、社会保障成本等，没有最大限度地体现失地农民的损失，不能有效地保护农民的权益。失去土地后的农民，按这个方法测算出的补偿标准难以满足其生产和发展，对于农民来说无异于"杀鸡取卵"。以南安市为例，2014年每亩耕地平均年产值1600元，征地补偿费仅为4.16万元，而南安市土地出让价格每亩有的高达数十万元，甚至上百万元，这中间的增值是巨大的，但是失地农民却不能从增值中获利。

第三，农地征收程序不合理。

首先，农民征地知情权受到侵犯。在征地报批前，土地主管部门代表政府与村委会签订协议，并没有规定要与农民进行协商，从对土地征收与否、征收的目的和范围、土地征收补偿费的确定、分配和安置措施，农民都无法参与进来与政府进行实质性的协商。整个征地过程农民是处于一种不太知晓的状态，其知情权受到严重侵犯。在国土资源实务中就遇到很多群众信访反映对征地不知情。

其次，农民征地参与权受到侵犯。我国征地制度实行"两公告一登记"。第一次公告是在征地批准后，告知被征收人要来办理征地补偿登记。第二次公告是在征地补偿安置方案确定后。两次公告都是事后公告，对于既成的事实农民不具有否决权且实践中的公告都是在村委会公告栏中张贴，由于农民文化水平较低，对信息的敏感度不高，不会去关注公告栏，那么所谓的"公告"也就成了摆设。由于失地农民在征地过程中不能充分地行使自己对土地征收过程的参与权和知情权，导致土地稀里糊涂地被征收了，从而引起农民群众的极大不满。

第四，征地救济法律制度不健全。

不同的国家对土地征收纠纷都规定有不同的解决方式和机制，但有一点是相同的，即都规定了由司法机关或独立的第三方进行最后裁决。法国法律规定，征地方和被征地方如果补偿金额不能达成一致意见时，可向法院起诉，由法院来确定补偿金额。在美国，征地方和被征地方如果就土地征用补偿价格无法达成一致，一般会将案件送交法院处理。在我国，对征地决定不服的，可以申请行政复议，但行政复议的决定为最终裁决。而我国现行的法律法规并没有规定对土地征收裁决不服的救济途径，由于对土地征用制度没有规定明确的司法救济，使得土地权益人出现征地争议时，就没有向人民法院起诉的救济途径。且人民法院只审查具体行政行为的合法性，对于土地征收的目的是否合法这一抽象的行政行为，失地农民是不能向法院提起诉讼请求的。在这样的关系中，失地农民的救济权显然是缺失的。其次，对征地补偿标准有争议的，由县级以上地方人民政府协调；协调不成的，由批准征用土地的人民政府裁决。征地补偿安置争议不影响征收方案的实施。征地补偿及安置方案都是由政府批准的，对征地补偿标准不服又由政府裁决，这种又当运动员又当裁判员的裁决后果可想而知，这样的裁决机制形同虚设，如何能保护被征地群众的利益？而且我国有关法律既没有规定政府适用何种裁决标准、裁决应走怎样的程序，更没有规定裁决后是否可以提起诉讼，寻求司法保护，一系列的法律漏洞最终导致失地农民状告无门。

第十三章　关于农村土地保障功能的政策建议

13.1　创新经营方式和进行土地整治

13.1.1　创新农地经营方式

土地是农村社会的核心要素。一直以来，土地都是农民生活的唯一来源和最后保障。然而，随着城镇化的迅速发展，农用地转为非农用地的规模不断扩大，农用地规模缩小，失去土地的农民数量增加，从而降低了土地对他们生存发展的保障能力。农村土地的大量流失直接导致了土地保障功能的弱化。同时土地产出价值的偏低使得农民依靠土地收入来进行自我保障已经显得非常勉强，土地的保障功能极大弱化。

1. 农地经营权确权登记发证

减轻土地细碎化程度相关政策的制定应权衡供给面和需求面的影响，兼顾效率与公平。据此，在保持现行土地分配制度 30 年不变的情况下，给农民以可交易的土地产权，以便土地可在市场上自由地流转而农民的利益仍能得到保障。现行土地市场由于制度上的某些缺陷而对土地合并贡献不大。今后随着经济的发展、户籍制度的松动以及非农就业的增加，可交易的土地产权可望能有效地减轻土地细碎化程度。我国现在进行农地经营权确权登记发证。2013 年中央一号文件提出"建立归属清晰、权能完整、流转顺畅、保护严格的农村集体产权制度，是激发农业农村发展活力的内在要求。必须健全农村集体经济组织资金资产资源管理制度，依法保障农民的土地承包经营权、宅基地使用权、集体收益分配权"，为此，首先必须要全面开展农村土地确权登记颁证工作。该文件指出，要"用 5 年时间基本完成农村土地承包经营权确

222

权登记颁证工作，妥善解决农户承包地块面积不准、四至不清等问题。"据悉，南安市和昌吉市均将加快推进农村土地承包经营权确权登记工作，建立农村土地承包动态管理机制；充分发挥市、县农村产权交易平台等土地流转服务组织的作用，积极开展流转供求信息、合同指导、价格协调、纠纷调处等服务，鼓励引导农户土地承包经营权向家庭农场流转，探索建立土地承包经营权入股制度；并结合我市实际，针对农、林、牧、渔等不同类型，分别制定市、县级示范家庭农场评定机制，引导家庭农场在知识技能水平、经营管理能力、物质装备条件、生产发展规模、生产经营效益等方面不断提高，发挥示范带动作用。

2. 创新农地经营

加快培育发展家庭农场，优先扶持参与特色的家庭农场、农民专业合作社，积极培育家庭农场，以便破解当前农村土地"细碎化"经营、劳动力数量减少、农业效益提升缓慢等问题，加快推进现代农业规范健康发展。

南安市和昌吉市可以以现代农业示范区、"菜篮子"和林业生态经济产业为重点，按照"主体职业化、规模适度化、管理规范化、生产标准化、经营市场化"的要求，加快培育发展家庭农场。鼓励农户、专业大户等通过土地流转，创办自主经营、自我发展和规模适度的家庭农场，培育新时期的职业农民。优先扶持参与粮食生产功能区、草食肉牛羊养殖、现代农业园区建设的家庭农场和农民专业合作社，尤其是甘蔗"双高"基地建设达到"五统一"，以及养殖肉牛肉羊的家庭农场、农民专业合作社。

同时，各地积极出台扶持农民专业合作社和家庭农场发展的奖励办法，明确凡经工商注册登记的家庭农场，优先安排直接从事种养业家庭农场的设施用地。各级政府每年将安排扶持资金用于奖励家庭农场建设，优先扶持参与粮食生产功能区、草食肉牛羊养殖、现代农业园区建设的家庭农场，将家庭农场特别是示范家庭农场纳入现代农业生产发展、现代特色农业示范区建设、农业综合开发等支农政策扶持范围；将家庭农场列入农机购置补贴享受对象范围；对市、县两级示范家庭农场，通过贷款贴息、项目补助、以奖代补等形式予以支持；对家庭农场因生产所需的生产设施用地和附属设施用地，国土资源行政主管部门依法依规予以支持。

各地要鼓励金融机构创新金融产品，开展对家庭农场的授信活动，扩大家庭农场农业政策性保险范围和保费优惠额度，鼓励金融担保机构创新以家庭农场大型农用设施、流转土地经营权证为抵（质）押、动产质押、仓单和应收账款质押等新型信贷业务，优先为家庭农场提供贷款担保，降低家庭农场生产经营风险。

各级农业技术推广机构也把家庭农场作为重要服务对象，探索科技推广人员与家庭农场联场结对服务制度，有效提供农业技术推广、优良品种引进、动植物疫病防控、质量检测检验、农业机械、农资供应和市场营销等服务。

13.1.2 加强农村土地综合整治

大量研究证实土地整治有助于解决耕地细碎化问题。当地政府应以农业现代化为导向，整合涉农资金，结合当地实际情况，一方面从"田、水、路、林、村"层面进行土地综合整治，挖掘土地生产潜力，增加耕地面积，提高机械化水平，促进耕地规模化经营；另一方面，注重农户地权的整合和地块的调整或置换，扩大农民单位耕作面积的规模，充分发挥土地整治应用的作用。除此之外，在土地整治过程中，注重扩大公众参与度，不仅有助于实现土地整治从根本上满足农户从事农业生产需要的目标，还有利于土地整治工作的顺利实施。调查表明，土地整理能通过合并地块而有效地减轻土地的细碎化程度。尽管如此，研究结果显示，土地整理应着重在市场发达的地区开展，而在偏远地区，农户宁愿分散地块以便种植更多种类的作物来分散风险和劳动力的使用。在这类地区，应重视基础设施的修建以改善市场条件，从而减轻土地细碎化及农村贫困。

2014年，各地都在进行农村土地承包经营权确权登记颁证工作，针对二轮土地承包经营中的耕地地块分散、"见地拉条"等土地"细碎化"问题，积极探索，创新举措，在隆昌镇和花加拉嘎乡率先实施土地"细碎化"整理，分别采取"以土地数量平衡土地质量"和"以土地现金价值平衡土地数量"两种方法实现了土地的整合，为推进土地规模流转，发展农业适度规模经营奠定了良好基础。

一是统一思想，示范先行。为了保证土地整合工作顺利推进，顺应群众意愿，赢得群众支持，各地组织镇村两级干部进村入户，开展调研走访，摸清土地"细碎化"情况。同时，加大对中央一号文件、相关政策法规以及土地整合重要意义的宣传力度，通过资金、政策扶持，选取部分条件适合的村组先行示范，引导和鼓励农户整合土地、规模流转、集中经营，让群众充分认识到整合地块可以提高土地收益，规避风险，增强了群众标准化耕种、规模化流转、优质化经营的思想意识，激发其以土地整合促土地增值的内生动力。经过宣传引导和典型示范，使群众统一了思想，提高了认识，为工作顺利推进提供了有利保障。

二是尊重民意，规范程序。为充分尊重民意，符合村情，各地的土地整合工作坚持"政府把关指导、村级组织协调、代表评估丈量、群众全程参与"的总体原则，将村级班子作为第一责任人，负责土地整合工作的具体实施。村"两委"班子成立工作小组，组织召开村两委会议、村民代表会议、村民小组会议等几个层面的会议，在充分征求群众意见和建议的基础上，形成了土地整合的工作方案。以组为单位推选出具体工作人员，主要负责承包合同收集、台账整理、地界确认、地块测量、土地质量评估、纠纷调解等具体工作。做到村民全程参与、程序公开透明、制定办法合理合法，使土地整合工作扎实有序推进。

三是定档评级，确权登记。各地确定了以1997年二轮土地承包时的人口数为基准，按照"增人不增地，减人不减地"的前提，可采取用土地质量补齐土地数量的方式合并互换耕地。由村民小组会议选举产生的评议小组将各村民小组在册耕地根据地力、投入和收益等情况进行分等定级，在农户自愿的基础上，以二轮土地承包期截止为限，以村民小组为单位，按高等次地的质量用低等次地的数量平衡补齐办法互换整合，减少农民户均耕地块数，各农户的单块地块面积增大，从而实现土地整合。在具体操作中，将全小组水浇地划分为两个等级，如果一等地分1亩，二等地可以分1.2亩。通过现场抓阄的方式确定农户所得地块等级，再根据农户人口数分配土地，实现了公开公平合理。互换后，农户在换地协议上签字确认，并由村委会建立土地整合明细台账，待统一完成外业测量启动颁证确权时，以互换后实际情况为准推进落名颁证确权工作。

四是定价折算，均衡数量。为保障农户互换土地公平公正，该旗因村制宜，在花加拉嘎乡小营子按照"以土地现金价值平衡土地数量"的方法进行土地整合，该村由村民小组会议推选出估价小组，由估价小组依据土地的投入和产出，划分不同地类，根据不同地类确定承包价格。以二轮土地承包户数为基础，以二轮土地承包期截止为限，按现金价值平衡土地数量，划分土地到户，完成土地整合。以该村第一村民小组地块互换合并为例，该组共有32户135口人，水浇地780亩，将水浇地划分出三个等次价格，其中：一等110亩做价210元/亩，二等91亩做价200元/亩，三等119亩做价185元/亩。计算出土地总值，由135口人均分，农户通过现场抓阄确定等级，再按每户所得现金价值折算成应分得土地数量，将土地划分到32户，户均土地块数由之前的12块整合为4块。再如该村其他小组，鼓励小组内村民间自主互换耕地，若互换土地等级不同，土地互换差价依据估价小组确定的价格用现金补齐，实现土地公平互换。

13.2 将农地生产功能与保障功能脱钩

13.2.1 提高耕地利用比较利益水平，激活土地的保障能力

从当前来看，要提高农业的经营效益和比较利益水平，应该双管齐下。一方面，积极促进农业结构调整，引进先进技术和管理，采用现代化的农业机械耕种，加快农业的产业化经营；借此优化农业结构，提高农产品的价格竞争力和农产品的加工增值程度。另一方面，适应加入WTO以后农业政策调整和提高农业竞争力的需要，改善政府对农业的调控方式，优化农业的发展环境。特别是要根据"绿箱政策"的要求，加强政府对农业基础设施、农业科技、农产品营销等方面的支持，改善支持方式。

13.2.2 提高农村经济

（1）立足县域经济和社会发展全局，把农业和农村经济放到整个经济发展重中之重的位置统筹部署，把农村社会事业放到全面建设小康社会进程中统筹安排，把农民增收放到广大人民群众共同富裕和新农村建设中统筹考虑，形成促进农业和农村持续健康发展的长效机制。一是要进一步规范农业生产资料市场，加强对农业生产资料供应、价格、质量等问题的监管力度，从而降低农民的经营风险和经营成本，提高农业生产效益，确保农民增产增收。二是加大农业的投入力度，积极争取国家项目建设资金，逐步改善农村基础设施条件，搞好农村水、电、路、通讯、医疗等与群众生产生活相关的设施建设，切实改善农村吸收外来资金的硬环境。三是加大农业技术推广和培训力度，提高农民的科学技术水平。要充分利用好国家扶持发展农业机械化的政策，加快发展农业机械化，减轻农民劳动强度，提高农业生产力，增加农民收入。通过培训，培育他们的市场意识，提高他们的整体素质，努力培养造就一大批知识型农民，使之成为适应市场所需的劳动者。

（2）大力发展农村非农产业，促进农村劳动力快速转移。当前农村劳动力非农就业依然不充分，主要原因：一是农民外出务工信息不灵，缺乏对劳务市场用工信息的了解；二是大量的农村劳动力素质总体不高，就业受到各种限制；三是本地农村二三产业发展步伐不快，对富余劳动力的吸纳能力有限；四是农民外出务工的组织化程度偏低，农村劳动力转移与就业工作仍然任重道远。因此，一是要在新农村建设中加快推进农村城镇化进程。促进乡镇企业相对集中，带动农村第三产业发展，引导农民向小城镇转移，逐步减少农业人口。二是大力发展民营经济，积极鼓励和扶持农村有一定经济实力的能人兴办各种类型的个体私营企业和组织，彻底打破所有制界限，对现有乡镇企业实行多种形式的所有制改造，经营方式实行多元化，提高乡镇企业对农民工的吸纳能力。三是要继续积极发展劳务输出。政府要把劳务输出作为最快的富民产业来办，提高工资性收入对农民收入增长的贡献率。针对劳务经济发展中的问题，建议采取成立维护农民工权益的办事机构，从组织上保障农民工利益，建立和完善以劳动合同管理为中心的企业劳动管理机制，加强农民工法律意识培训。四是鼓励农民发展二、三产业。充分发挥利用当地的自然资源优势，引导农民发展个体私营经济和非公有制经济。充分利用国家对农村商贩减免税收等优惠政策，鼓励农民从事农产品营销活动，壮大农村经纪人队伍，提高带动能力，使更多的农民增加收入。

13.3　增强社会风险抵抗能力

13.3.1　建立农村社会保障制度

我们在构建中国农村社会保障制度时，必须从现阶段我国农村的现状入手，统观全局，必须考虑到农村的城市化和工业化的发展大势，促进农业现代化的实现。但是，根据国际先进经验和社会保障制度发展的必然趋势，城乡社会保障制度必将走向统一。农村社会保障制度的建设，必须从农村的历史背景和现实情况出发，必须抓住农村的土地使用权流转改革的有利契机，一方面促进土地生产力的恢复和农民生产积极性的提高，另一方面最大程度上改进和完善农村的养老、医疗、事业、社会救助、社会福利和最低生活保障等保障项目。通过上述章节内容的分析，我们认为，当前构建农村的社会保障制度体系，必须以农村的土地使用权流转改革为基础，达到实现土地的规模化经营和农村社会保障制度建设的双重目的。通过农村土地使用权的流转方式的多样化和流转市场的规范化，使农民通过土地出让获得收益，进而提取一定的收益转入农村社会保障基金。达到土地流转和社会保障制度建设的双重收获。

在经济社会的发展过程中，公民个人权利的享受是以履行同等条件的义务为前提的。所以，农村的社会保障制度建设也是如此，不能仅仅是国家的一项福利措施。由于当前阶段，我国政府的财政积累还不足承担全部或大部分的农村社会保障制度建设的资金要求，所以为了保证农民的需要，在现阶段必须坚持农民个人缴费为主，政府予以财政补贴和政策支持。这也就明确了在农村养老保险、新型农村合作医疗保险等农村社会保障项目的保障资金坚持个人缴纳为主的原则。但是，农村的社会救助、社会福利和最低生活保障应该由政府出资，体现政府的社会责任。依靠土地使用权的流转改革的深入发展，在一定程度上满足了农民的保障需求，促进了农村社会的稳定。但是，随着全国经济的迅速发展，国家工业化和城市化的实现，政府必须在经历的过渡时期后，为城乡居民建立统一的社会保障制度，让土地回复真正的生产资料的作用。

13.3.2 完善农地产权制度

（1）坚持和完善集体土地所有制。

我国学者们对集体土地权利主体虚置缺陷的研究很多，并提出了许多的解决办法，如"村民委员会说""股份合作社说""集体经济组织说""农村社区法人说"等观点。笔者比较倾向于"股份合作社说"。首先，要开展农村集体土地所有权确权登记，明确农村集体土地所有权的层级范围。我国幅员辽阔，地域差别大，农村经济发展水平不一、文化差异明显，各层级农村集体经济组织占地情况各不相同，因此应当坚持实事求是、因地制宜的原则，采取地籍调查和实地核实相结合的办法，明确农村集体土地中乡（镇）、村、组三级对农地的所有权边界，并通过乡（镇）、村、组三级集体经济组织核发农民集体经济组织产权证。其次，完善土地股份制。将土地的所有权和经营权分开，一方面根据土地价值的高低将农民现有土地量化为股权的多少，即每个农民所占的股份，使每个农民成为实在的农地所有者，并将股权证发给每个农民；另一方面，让农村集体经济组织成为农地的实际经营者，农地的各种经营活动由农村集体经济组织具体负责。在此基础上，可以成立具有独立完整财产权利的法人——"土地股份合作社"。土地股份合作社在法律规定的范围享有对农地的占有权、使用权、收益权和处置权，负责经营管理集体土地资产，并对农民发放股权证明。农民根据土地股份合作社营运情况每年分得红利，红利随土地股份合作社效益变化而变化，且股权可以转让。

（2）继续稳定家庭承包责任制。

农村土地家庭承包责任制是符合我国农业发展实际的，是符合广大农民的根本利益的，也是适合我国农村和农民实际的，得到了广大农民的拥护，既有利于农民增收和农村稳定，也能促进我国农业发展，应该予以维护。只有继续稳定家庭承包责任制，才能更加促进社会稳定和发展。

（3）允许在一定时间一定范围内对农村土地承包关系有所调整。

摒弃三十年"生不补，死不退"的土地承包政策。为了确保土地资源的公平分配，应该允许各地在每隔五年对农村土地承包关系进行微调。为了确保农民的利益，防止村干部借机损伤农民的利益，可考虑：第一，允许由各村村民讨论，召开村民大会来决定是否需要五年进行一次调整。第二，对于下列情况之一的，可以要求退出承包土地：① 死亡的；② 大中专毕业参加工作，且参加了养老保险的；③ 外出打工经商造成土地荒芜，经劝告不予纠正的；④ 因结婚或其他原因迁出本村或本社，不在本村生活的。第三，对于按照计划生育政策应该分配土地的和从本村以外迁入并在本村生活的农村人口可以分配土地；第四，如果在二轮土地延包后每隔五年，各村集体讨论需要调整土地的，对于应该退出的应要求退出承包地。进退土地必须整份进退，不允许打乱重来搞平均分配。如果应该承包土地的人多于应退的，按时间先后顺序承包。

因此要解决昌吉市无地人员的问题，只有坚定不移地抓好计划生育，大力发展农村工商业，增强农村经济，大力转移农村剩余劳动力。

13.3.3　失地人员的保障措施

政府按照法律规定的程序和批准权限，将农村集体所有土地征为国有土地后，依法给予被征地农民和农村集体经济组织合理补偿，并将80%的土地补偿费和全部的安置补助费作为被征地农民的基本生活保障资金，同时政府再安排土地出让金中列支的配套资金，建立被征地农民基本生活保障资金，纳入同级财政专户管理，作为被征地农民基本生活保障基金，专项用于被征地农民的基本生活保障。被征地农民划分为基本生活保障三个年龄段，分别采取"发放一次性生活补助、社会保险或生活保养"的办法，确保被征地农民的基本生活保障。被征地农民第一年龄段即16周岁以下的，领取一次性补助，年满16岁后，纳入城镇就业和社会保障范围；第二年龄段为征地劳动力，男16周岁至54周岁，女16周岁至49周岁，为刺激就业，实行社会保险和政府保养相结合的办法（但不能重复享受社会保险和政府保养），未就业的，最长可申领不超过24个月的生活补助费，达到保养年龄的，按月领取保养金。第三年龄段男54周岁、女49周岁，按月领取保养金。

根据规定，被征地农民基本生活保障基金来源包括这样几个部分：一是不低于80%的土地补偿费和全部的安置补助费；二是从新增建设用地的土地出让金等土地有偿使用收益中列支的政府出资，并明确不同地区分别不低于1.3万元和1万元；三是被征地农民基本生活保障资金的利息及其增值收入；四是农村集体经济组织历年积累的资金等。市和辖市（区）政府出资的基本生活保障资金由财政部门在征地补偿安置方案批准之日起三个月内足额进入社会统筹账户。

13.3.4 广开渠道促进失地农民就业

一是建立健全失地农民再就业培训机制。各级政府拿出一部分土地出让金专门用于失地农民的定期再就业培训，具体可由乡镇政府和街道办事处来组织实施。政府在贷款、税收、场地等方面对自谋职业和自主创业的失地农民应提供优惠政策。金融部门应适当放宽信贷条件，降低贷款门槛，鼓励和扶持失地农民发展生产。失地农民申请个体工商经营，在一定年限内享受城镇下岗工人的税费待遇等。

二是建立留地安置制度。由村民组织自主开发和经营，对土地征用面积超过一定数量的村，可以在征地以后给农民留下一定面积的居住地、经营地，由村集体按照统一规划，鼓励农民用留下的土地建设自有厂房或开发其他经营项目，使农民有长期稳定的收入。对于城郊农民而言，出租房屋已经成为他们一个稳定的收入来源，这是他们维持生计的重要途径。在昌吉市个别被征收土地的村集体还充分利用集体积累，通过兴办农副产品批发市场、农民入股分红以及为被征地农民购置商业门面房等方式解决失地农民的生活问题。

13.3.5　建立失地农民社会安全网

为失地农民建立社会保障是保障失地农民权益的根本途径。在保障资金筹集方面，应坚持政府、集体、个人共同出资的原则。要改变一次性货币安置为主的做法。征地地价一部分发放给失地农民，保障其当前的生活需要，一部分要作为失地农民的社会保障基金。土地非农转用后增值收益巨大。政府从土地出让收益中按一定比例注入失地农民社会保障基金，这是建立农民社会保障基金的主要来源。被征地的集体经济组织也应从本集体的积累资金或土地补偿费用中抽调一定的资金注入失地农民社会保障基金。

建立失地农民社会安全网，应允许各地因地制宜，制定具体实施方案。对完全失地的农民，应鼓励加入城镇居民社会养老保险体系。对部分征地的农民，应加快建立包括最低生活保障、养老保障和医疗保障在内的失地农民的社会保障，也可以鼓励失地农民参加商业保险。

13.3.6　改革土地征地政策

1. 以保障农民权益为核心改革征地制度

对农民给予公平的补偿。为保证被征地者原有的生活水准不至于降低，在很多国家，法律都要求政府必须给予被征地者公平合理的赔偿。我国并不是按土地的实际价格对失地农民进行补偿，而是按征用土地的原用途进行补偿，以征地前耕地若干年的产值为标准，征地补偿费明显偏低，这不仅损害了农民的利益，也不利于保护耕地。为了切实保护农民利益，征地补偿必须以土地的市场价值为依据，不能以侵害农民利益为代价降低建设成本。给被征地农民的补偿，应当包括对生产资料的补偿和对生活保障的补偿。

2. 完善农民土地征收救济制度

（1）健全行政复议和行政诉讼制度。

土地征收行政复议指失地农民或农村集体经济组织认为行政机关的土地征收行为侵犯其合法权益时，可以向有关机关提出行政复议申请。由于行政复议的执行力较强，一定程度提高了征地纠纷的解决率。但我国法律没有规定行政复议期间土地征收行为应停止。笔者认为在行政复议期间，为避免造成损失，例如拆除房屋等等，应停止征收行为。我国《行政复议法》第30条第2款规定了土地征收行政复议终局裁决制度，这种将损害失地农民权益的征收行为排除在诉讼范围外的做法是不利于保护失地农民的权益的。笔者认为，司法是解决纠纷的"最后一道防线"，我们不仅要修改土地征收行政复议终局裁决的规定，保证失地农民拥有充分的诉权，还要设立专门的土地法庭和扩大人民法院土地争议案件的受理范围。失地农民在征地过程中因对征收的行政行为有异议的，都可以向人民提起行政诉讼。在土地征收行政行为诉讼期间，土地征收行为也应停止。

（2）为失地农民尽可能地提供法律援助。

在土地征收过程中，失地农民在政府公权力面前明显处于弱势地位。且由于失地农民大多数文化水平不高，知识欠缺，经济条件差，而诉讼成本高，就很容易出现农民放弃司法诉讼救济，采取闹访、静坐等过激或者非理性的方式解决问题，破坏了我国社会的和谐稳定。笔者认为，我国可以设立专门的法律援助机构和援助基金，为失地农民和农村集体经济组织诉讼提供法律援助和经济支持，也可以采取法院诉讼费用减免等方式，帮助失地农民诉讼，这样不仅降低了失地农民的诉讼成本，也维持了社会的安定稳定。

（3）制定科学合理的征地补偿机制。

① 提高征地补偿标准。

我国现行征地补偿标准的测算方法仅仅是按照被征地的前3年平均产值倍数为标准进行计算的，而没有考虑土地所在地区的经济发展水平、土地区位、被征用土地的市场价格等影响土地价格的经济因素，没有预期到农民失去土地后的间接损失，如农民的再就业成本、未来增加的生活成本、社会保障成本等。政府从征地中获得了巨额级差地租，而失地农民只获得每亩几万元的一次性补偿，这些补偿都不足以安置其失地后生活，这些两种价格的落差也容诱发失地农民心理上的不满，是失地农民上访的主要原因。原国土资源部部长徐绍史指出：完善征地补偿制度，补偿标准的确定要符合市场经济规律。因此笔者认为，对于公益性用地，在保证失地农民原来的生活水平不降低的原则下，建立农地价格评估体系，聘请有资质的土地估价师对被征地进行评估确定土地价格，评估应充分考虑被征地的地理区位、供求的情况等因素，通过征地评估机制，实现农地的真实市场价值，提高农地征收补偿标准，保障被补征地农民的权益。非公益性用地则引入"市场价格"机制。改变传统的政府作为征地补偿的唯一主体，政府作为土地供需双方的中介，协调用地单位和失地农民通过平等协商、谈判等手段，按照市场供求关系来确定征地补偿标准，提高失地农民的收益，维护失地农民的利益。

② 建立多元化的征地补偿机制。

在实践中，我国主要实行一次性货币补偿安置，从长远看，由于失地农民文化水平不高，缺乏就业技能和谋生手段，有限的一次性安置补偿费难以解决他们的长期生活问题，仅用这种安置方式将会带来更多的社会问题。笔者认为，可以建立多元化的补偿机制，例如就业补偿安置、入股补偿、土地折价入股等。这些补偿安置的方式都各有优缺点，适用条件也各有差异。所以我们要实事求是，因地制宜，让失地农民选择对自己最有利的办法进行补偿。

第十四章　研究结论与展望

14．1　研究结论

　　土地是农民的衣食之本、生存之源。土地是农民的基本生产资料，具有生产功能和经济功能，实际上也发挥着社会保障的功能。农村土地的社会保障是社会保障的特殊形式，是农民权利实现的基本保障，在维护着农民权利、社会稳定、经济发展中发挥重要作用。

　　本文在大量的采访、调查过程中，对于新疆昌吉市和福建南安市的农村情况进行研究，探讨了两地农村土地的社会保障情况，从基本生活保障、医疗保障、养老保障和就业保障四个方面展开。在研究过程中，采用比较研究法，对昌吉市和南安市两地农村土地社会保障情况进行横向对比，找出当前农村土地社会保障存在的问题，究其原因并提出相应建议，为完善我国农村社会保障提供绵薄之力。通过以上研究，我们可以得到以下结论：

　　（1）农村土地的保障功能要大于土地的其他功能。

　　土地是一种自然和社会经济综合体，具有多功能性，如经济、社会、基本生活、养老、就业、医疗、生态环境、馈赠等不同功能。通过对新疆昌吉和福建南安市的调查分析，可知目前农村土地的保障功能，如基本生活、就业、养老和医疗等社会保障功能，要大于生态环境、馈赠等其他功能。特别是农村的耕地，对于农民的社会保障功能更为突出。

　　（2）土地的产出表现为一种实物，剩余部分才是经济收入。

　　土生万物。土地的生育功能，使得土地养育着我们人类。农民依靠土地进行农业耕作，从土地上获得食物，从而养活自己家人，这种从土地获得食物，是维持农民家庭成员基本生活的一种基本手段。其后才会把收获的农作

234

物卖掉，赚取经济收入。因此农村土地的社会保障功能，首先是维持基本生活，其次才是经济功能，以及医疗和养老等保障功能。

（3）农村的土地保障给农民提供着一种心理保障作用。

农村的土地保障功能，在一定程度上维持着农民家庭的生存，但更为重要的是土地为农民提供着一种心理保障作用。这种保障作用对兼业或失业的农民工而言，土地起到了一种心理上的稳定作用，所以我国社会没有出现大的社会动荡。很多农民工从沿海打工回去，虽然最后不一定回到土地上去，但土地成了一种心理意义上的社会保障。

（4）农村土地的社会保障功能有弊有利，但利大于弊。

由于农村土地承担着诸多保障功能，致使农户要将土地牢牢握在手中甚至要不断将土地细分，不利于土地流转以形成土地的规模经济，阻碍了土地效率的提高。中国土地承担的过多保障功能，对土地的生产功能产生了强烈的挤出效应。由于中国土地的产出效益低下，土地的生产功能日益降低，土地只是作为保障功能而单独存在。这其中最明显的表现在于许多从事非农生产的农民对土地的粗放经营，或者是一些劳动力输出的省份存在大量的土地撂荒的现象。这种情况不但影响了土地的效益发挥同时也制约了农村经济的发展。虽然农村土地的社会保障功能有不利的方面，但其中利还是大于弊，维系了农村社会次序，维护了国家稳定，维持了农民生活等，不至于出现社会动荡。

（5）农村土地的社会保障能力在弱化。

作为第一产业的农业生产周期长、收效低，加上农村小农经济的特点，分散经营的农民承担着规模不经济带来的隐性成本。中国农业产业化不足带来的农业附加成本收益少，但农产品生产成本却在不断增加。没有谈判能力的小农经济市场竞争能力很弱，市场运作观念淡薄、流通渠道不畅等原因造成了农业经营绝对收益越来越少，甚至在某些地区农业经营出现亏本。造成土地效率低下的另外一个原因是农民的土地负担越来越多，尽管近年来实行了税费改革，试图减轻农民的负担，但很多地区由于种种原因反而出现了越减越重的现象。所有这些造成了土地产出效率低下，土地难以负担诸多的保障。农村土地的社会保障功能在弱化。

（6）农村土地的社会保障出现新情况。

首先，土地提供的较低的保障难以应对农村人口老龄化的问题。21世纪是人口老龄化的时代。中国于1999年就进入了老龄化社会，老龄人口占全球老年人口总量的五分之一。而且中国老龄化出现城乡显著倒置的特点，较城市而言，农村老龄化程度更高，老龄问题压力更大。2000 年，农村老年人口为 8557 万人，占老年人口总数的 65.82%，农村老龄化程度比城镇高 1.24 个百分点。随着农村计划生育政策的实施，农村家庭规模日渐缩小，类型日趋核心化。这样农村养老的负担就日益加重。农村养老主要依靠土地保障为主的传统农家养老方式，绝大部分地区尚未建立社会养老保险制度，农村新型合作医疗制度目前还处在试点阶段，农民的养老、医疗都缺乏必要的社会保障。在这么严峻的老龄化情况下单纯依靠土地发挥养老保障能力，是远远不够的。

其次，随着农村经济的发展，农民的群体也不断进行分化。土地提供的较低的保障难以满足不同群体的需求。农村中出现兼业和纯粹进行商业的农户，尤其是对非农就业机会较多、非农收入不断增加的农户来说，土地所能起到的保障作用已经日益弱化。另一方面，随着经济的发展，社会分层加剧，局势的变化，农民在收益的同时也面临着各种风险的巨大挑战，他们迫切需要得到保障。但仅仅依靠土地提供的基本保障，农民一定难以抵抗社会发展所带来的风险。而且农民是一个由异质性很强的不同群体所组成的综合体，农民之间难以形成自发的合作的社会保障体系。同时又因为有了土地提供基本的保障，反而束缚了农民在城市的扎根，使农民像候鸟一般来回迁徙于城乡之间，由此造成了国家和农民对保障需求的认识不足。

最后，伴随着城镇化的发展，大批农用土地变成非农用土地，大量以土地为生的农民变成了失地农民。在这个过程中由于国家垄断了农村土地的一级市场，土地流转市场的不完善，有相当一部分的土地农转非是以不规范的方式进行，地方政府和开发商合谋赚取大量利润，而与此紧密相关的利益相关者农民却只能得到有限的利益，他们的利益受到侵害，不仅失去了土地，还面临着失业的风险。这种情况下土地就更难以发挥它应有的保障功能。

（7）破解农村土地社会保障问题的对策。

针对目前我国农村土地的社会保障出现的各种不足，我们不是要完全取消土地的社会保障功能，而是要顺应历史，在土地社会保障的基础上，创新经营方式并进行土地整治，将土地细碎化问题解决掉，大力进行土地整治；进行农地经营权确权登记发证，建立农村土地承包动态管理机制；充分发挥市、县农村产权交易平台等土地流转服务组织的作用，积极开展流转供求信息、合同指导、价格协调、纠纷调处等服务，鼓励引导农户土地承包经营权向家庭农场流转；创新农地经营，加快培育发展家庭农场，优先扶持参与有特色的家庭农场、农民专业合作社，积极培育家庭农场，以便破解当前农村土地"细碎化"经营、劳动力数量减少、农业效益提升缓慢等问题，加快推进现代农业规范健康发展；将农地生产功能与保障功能脱钩，大力提高耕地利用比较利益水平，激活土地的保障能力；提高农村经济；大力发展农村非农产业，促进农村劳动力快速转移；积极建立农村社会保障制度，增强社会风险抵抗能力；完善农地产权制度，继续稳定家庭承包责任制，允许在一定时间一定范围内对农村土地承包关系有所调整；建立失地人员的保障措施，广开渠道促进失地农民就业；建立失地农民社会安全网；改革土地征地政策，完善农民土地征收救济制度等。

14．2　研究展望

农村社会保障内容繁多，层次多样，各学科都从不同角度对农村社会保障问题进行了研究，在实践上取得了丰富的经验，在理论上也积累了大量的文献资料。本书研究只是从某个方面来论述，在研究过程还存在不少问题，敬请各位读者批评指正。

一是调查、数据与研究方法还有待加强。目前我国还没有关于农村社会保障问题的专项调查，由于调查目的所限，可用的数据比较分散。如2000年的"中国城乡老龄人口状况一次性抽样调查"涉及老年人的养老保险和医疗保险问题，但调查对象仅局限于老年人群体，而且该调查是一项包括老年人经济状况、健康状况、社会参与状况等内容的综合性调查，有关社会保障的调查项目比较有限。再如1993年、1998年和2003年三次"国家卫生服务调查"对农村人口的医疗保障问题进行了调查研究，然而这是一项针对"卫生服务"的调查，因此对其他社会保障项目没有涉及。数据的局限性也带来了研究方法的单一，且仅限于定性分析。因此未来研究首先要从调查、数据和研究方法等方面进一步加强。

二是城乡社会保障制度的衔接问题。学界普遍认为城乡社会保障制度衔接是需要进一步研究的问题之一，也是近年来学者关注的焦点之一。学界提出了农村社会保障制度和城市社会保障制度有效对接的必要性。城镇社会保障制度应当具有包容性，逐步把离开土地与农村的劳动力人口吸收进来。中国城乡社会保障制度的长远目标模式应该是高度统一、社会化和法制化的现代社会保障制度。这些都是对建立城乡统一的社会保障制度的有力探讨。

　　三是如何更进一步地减弱土地社会保障，加强正规的社会保障。其中最重要的就是农村社会保障的筹资模式。究竟政府在农村社会保障中作用有多大？许多研究者都提出应当在农村社会保障基金筹集时增加政府扶持的力度。但是，这个"力度"多大比较合适，既能充分调动农民投保的积极性，政府又能承担得起？社会公平与经济效率之间的替代关系如何？对于这些问题，都缺乏明确的定量分析，甚至连定量分析的框架也没有。所以这也是未来农村社会保障研究的重点。

参考文献

国外著作

1. D. 盖尔·约翰逊（D. Gale. Johnson）. 经济发展中的农业、农村、农民问题［M］. 商务印书馆. 2013. 9

2. D. 盖尔·约翰逊. 经济发展中的农业、农村、农民问题［M］. 商务印书馆，2004. 9

国外论文

1. Case，A. Deaton，A.（1998），"Large cash transfers to the elderly in South Africa，The Economic Journal，Sept，108（2）：1330—1361.

2. Posel，D. Casale，D.（2003），"What has been happening to internal labour migration in South Africa，1993—1997，South African Journal of Economics，71（3）：455—479.

3. Jensen，R.（2003），"Do private transfers displace the benefits ofpublic transfers? Evidence from South Africa"，Journal of Public Economics，88（3）：89—112.

4. Attanasio，O. P. & Brugiavini，E. A. Social security and households saving. Quarterly Journal of Economics，2003，3：1075.

5. Bovenberg，Lans，Anja，vail，der，Linde，（1997），"Pension Policies and the Aging Society"，Organisationfo，. Economic Cooperation andDevelopment. The OECD Observer，Apr/May.

6. Rozelle Scott，Brandt，Loren，Jikun Huang，Guo Li. Land Rights in China：Facts，Fictions，and Issues. " China Economic Review，No. 47，2002.

7. WORLD BANK，INDIA：ACHIEVEMENTS AND CHALLENGES IN RE-

DUCING POVERTY, at v（1997）.

8. 阿萨・胡塞恩，崔存明，王立志. 中国农村社会保障的现状与趋势 [J]. 国外理论动态，2006（12）：49—54

9. Chao, Kang, "Man and Land in Chinese History: An Economic Analysis," Standard University Press, Standford, California, 1986, 95－97.

10. Putterman, L. and A. F. Chiacu. （1994）, "Elasticity and Factor Weights for Agricultural Growth A ccounting : A Look at the Data for China". China Economic Review, 5（2） : 191—204.

11. Glibber A, The Cost and Benefits of Illegality and Irregularity in the Supply of land in the Transformation of land Supply Systems in Third World Cities. London: Gower Publishing Company, 1990.

12. Rozelle Scott, Brandt, Loren, Jikun Huang, Guo Li. Land Rights in China: Facts, Fictions, and Issues. " China Economic Review, No. 47, 2002.

13. Turner, M. , L. Brandt and S. Rozelle（2000）, Local Government Behavior and Property Right Formation in Rural China. , Working Paper, Department of Economics, University of Toronto

14. Li, G. Rozelle. . Huang—Jikun. Land rights, farmer investment in centive and agricultural production in China. Working paper—department of agricultural and Resource Economics（2000）, No. 00－0247.

15. Andrew W. Horowitz : Time Paths of Land Reform, A Theoretical Model of Reform Dynamics. The American Economic Review, 1993, Vol. 4.

16. Kung Kaising, Choice of land tenure in China: The case of a country with quasi—private property right. Economic Development and Cultural Change, （2002）, 50（4） : 793—817.

17. Giles, J. "Off Farm Labor Markets, Insecurity, and Risk Aversion in China", Mimeo, Department of Economics, University of California, Berkeley, 1998.

18. Plattner, Stuart. , Economic Anthropology, Stanford University Press, 1994.

19. ZhangL. , J. Huang, S. Rozelle. Land policy and land use in China [J]. Agricultural Policesin China, 1997

20. WanGuangH. , Chen Enjing. Effects of land fragmentation and returns to scale in the Chinese farming sector [J]. Applied Economics, 2001, 33: 183—194.

国内著作

1. 费孝通．乡土中国［M］．北京：中华书局，2013.

2. 国际劳工局社会保障司．社会保障导论［M］．北京：劳动人事出版社，1989.

3. 崔乃夫．《中国民政词典》．上海：上海辞书出版社，1990.

4. 亚伯拉罕·马斯洛（Abraham H. Maslow）．马斯洛论管理（珍藏版），北京：机械工业出版社，2013.

5. 中国国家统计局．中国城市统计年鉴（2007—2009 年）［M］．北京：中国统计出版社，2007—2009.

6. 许学强，周一星，宁越敏．城市地理学［M］．北京：高等教育出版社，1997：123—124.

7. 费孝通．江村农民生活及其变迁［M］．兰州：敦煌文艺出版社，2004年．

8. 赵冈．历史上的土地制度与地权分配［M］．北京：中国农业出版社，2003.

9. 卢现祥．西方新制度经济学（修订版）［M］．北京：中国发展出版社，2003.

10. D·诺思．经济史中的结构与变迁．上海［M］：上海三联书店、上海人民出版社，1994.

11. 郑功成等．中国社会保障制度变迁与评估［M］．北京：中国人民大学出版社，2002.

12. 杨翠迎．中国农村社会保障制度研究［M］．北京：中国农业出版社，2003.

13. 梁鸿．中国农村现阶段社会保障的经济学分析［M］．上海：上海百家出版社，2000.

14. 卢海元．走进城市：农民工的社会保障［M］．北京：经济管理出版社，2004：189—200.

15. 林善浪．中国农村土地制度与效率研究［M］．北京：北京经济科学出版社，1999.

16. 张凤荣．中国土情［M］．北京：开明出版社，2000.

17. 孔祥智．聚焦"三农"：180 专家学者破解"三农"难题［M］．北京：中央编译出版社，2004.

18. 王克强. 中国农村集体土地资产化运作与社会保障机制建设研究〔M〕. 上海：上海财经大学出版社，2005.

19. 李迎生. 社会保障与社会结构转型——二元社会保障体系研究〔M〕. 北京：中国人民大学出版社，2001：161.

20. 杨俊孝等. 新疆征地实证分析与征地制度改革研究〔M〕. 乌鲁木齐：新疆出版社：64—65.

21. 许学强，周一星，宁越敏. 城市地理学〔M〕. 北京：高等教育出版社，1997：123—124.

22. 杜润生. 中国农村经济改革〔M〕. 北京：中国社会科学出版社，1996.

国内论文

1. 秦晖. 中国农村土地制度与农民权利保障〔J〕. 探索与争鸣，2002（7）：15—18.

2. 王世玲. 劳动保障部官员反驳"土地社保论". 21世纪经济报道，2006年12月1日，第005版.

3. 孔喜梅、杨启智. 质疑农村土地的社会保障功能〔J〕. 中国土地. 2004（1-2）. 47—48.

4. 杜润生. 谈股份合作制〔J〕. 上海农村经济。1994，（5）.

5. 王梦奎. 现代化进程中两大难题：城乡差距和区域差距〔Z〕. 2004年中国高层发展论坛，2004.

6. 童星，赵海林. 影响农村社会保障制度的非经济因素分析〔J〕. 南京大学学报（哲学·人文科学·社会科学版），2002，39（5）：13—19.

7. 钱忠好. 农地承包经营权市场流转：理论与实证分析——基于农户层面的经济分析〔J〕. 经济研究，2003（2）：83—91.

8. 万厦，海平，利痕. 城市扩展中政府应如何帮助失地农民实现身份转变〔J〕. 理论前沿，2003，（21）：30—31.

9. 赵锡斌，温兴琦，龙长会. 城市化进程中失地农民利益保障问题研究〔J〕. 中国软科学，2003（8）：158—160.

10. 陈希勇. 农村土地社会保障功能：困境及其对策分析〔J〕. 农村经济，2008（8）：85—88.

11. 姜长云．农村土地与农民的社会保障［J］．经济社会体制比较，2002，（1）．

12. 吴军华．浅析中国农村土地政策及与农村社会保障的关系［J］．广西农学报，2002，（2）．

13. 钱文艳．建国后土地与农民社会保障问题的历史演变［J］．安敬史学，2002，（3）．

14. 杨鹿村，冯春阳．我国征地制度下对失地农民保障和补偿问题研究［J］．商，2013（13）：157—158.

15. 刘昶亮．城镇化进程中失地农民利益保障制度研究［D］．中共湖北省委党校，2015.

16. 杨云霞，王琼．城市化进程中失地农民权益保障研究［J］．湖南财政经济学院学报，2015，31（6）：122—127.

17. 程丽芬．我国失地农民的社会保障问题研究［D］．吉林大学，2008.

18. 王克强．经济发达地区地产对农户多重效用模型及实证分析———以浙江省海宁市为例［J］．中国软科学，2000（4）：6—8.

19. 王克强，刘红梅．经济发达地区农地市场中农户土地供给和需求双向不足研究［J］．经济地理，2001（s1）：239—243.

20. 郭贯成，吴群．土地社会保障功能探析［Z］．中国土地学会2003年学术年会．2003年8月1日.

21. 蔡霞．中国农村土地的社会保障功能分析［J］．广西经济管理干部学院学报，2010，22（1）：22　26.

22. 胡沐．国内农村土地保障相关研究综述［J］．河北北方学院学报（社会科学版），2012，28（4）：56—59.

23. 韩芳．中国农村土地养老保障功能研究综述［J］．河北农业科学，2008，12（9）：145—148.

24. 郑建君．农村社会保障的现状及其满意度影响因素分析——基于陕西省汉中市农民群体的实证研究［J］．哈尔滨工业大学学报（社会科学版），2014（6）：10—17.

25. 谢东梅．土地保障与农村社会保障制度创新研究［J］．西北农林科技大学学报（社会科学版）》，2004，4（5）：33—37.

26. 汪洋．集体土地所有权的三重功能属性［J］．比较法研究，2014.

27. 黄军军．基于公平补偿的农地社会保障价值研究［D］．四川农业大学，2013.

28. 楼喻刚，蔡永飞. 土地征用补偿中应包含养老保障因素 [J]. 人口与经济，2002（2）：76—78.

29. 蔡永飞. 能否把土地承包经营权变为养老金卡 [J]. 调研世界，2002（4）：36—39.

30. 徐琴. 农村土地的社会功能与失地农民的利益补偿 [J]. 江海学刊，2003（6）：75—80.

31. 王克强，刘红梅. 农村土地对农民多重效用及地区差异性研究——以甘肃、湖北、江苏和上海为例 [Z]. 全国中青年农业经济学者年会，2005.

32. 刘红梅，王克强. 中国农村土地对农民多重效用的分布及年龄差异实证研究——以甘肃、湖北、江苏和上海为例 [J]. 生产力研究，2006（4）：96—100.

33. 双文元，杨红. 土地对昌吉市农民基本生活保障功能分析 [J]. 经济视角：下，2008（10）：24—27.

34. 解霄椰. 新疆昌吉地区回族失地农民就业保障现状分析 [J]. 当代经济，2016（34）：116—117.

35. 王国军. 建立农村社会保障制度的现实条件与必要前提 [J]. 理论导刊，2004（6）：44—47.

36. 徐唐奇，杨俊，张安录. 农地社会保障功能与现代农业发展的现实矛盾与化解途径 [J]. 农业现代化研究，2010，31（6）：641—645.

37. 李超. 农地生产功能与社会保障功能：矛盾及其化解 [J]. 中国商界，2009（2）：173—174.

38. 李夏男. 农地社保功能与生产功能的矛盾及其解决对策 [J]. 现代农业科技，2010（22）：392—394.

39. 侯修升. 农村土地社会保障功能弱化问题研究 [J]. 农业科技与装备，2016（6）：70—72.

40. 柳建平，闫然. 中国农村土地制度及改革研究——基于对"土地社会保障功能"的思考 [J]. 兰州商学院学报，2012，28（3）：20—26.

41. 邓大才. 承包土地经济功能和社会功能的矛盾与协调 [J]. 南京经济学院学报，2002，112（1）：21—23.

42. 曾芬钰. 我国农村土地双重功能向单一功能演变的必然趋势 [J]. 财贸研究2005.3：12—15.

43. 程承坪，张晓丽. 农村土地制度改革：分离保障功能与经济功能 [J]. 学习与实践，2015（11）：27—33.

44. 韩松. 农地社保功能与农村社保制度的配套建设 [J]. 法学. 2010 年第 6 期：63—74.

45. 王瑜，黄蓓，杨翠迎. 农地社会保障功能弱化与农村社会保障制度建设 [J]. 农村金融研究，2011（4）：59—62.

46. 蔡少琴，李郁芳. 提出土地保障对农村社会保障替代性分析 [J]. 商业研究，2013.436（08）：202—207.

47. 秦晖. 农村土地问题实质是保障农民公民权问题. 光明网，2006—8—15.

48. 段林春，王晓燕. 中国农村土地制度历史变迁分析 [J]. 北方经济，2010，（19）68—70.

49. 张海丰. 论我国农村土地制度的历史变迁 [D]. 广西：广西师范大学，2008.

50. 龙花楼，刘彦随，邹健. 中国东部沿海地区乡村发展类型及其乡村性评价 [J]. 地理学报，2009，64（4）：426—434.

51. 宋小青，欧阳竹. 耕地多功能内涵及其对耕地保护的启示 [J]. 地理科学进展，2012，31（7）：859—868.

52. 龙花楼，刘彦随，邹健. 中国东部沿海地区乡村发展类型及其乡村性评价 [J]. 地理学报，2009，64（4）：426—434.

53. 宋小青，欧阳竹. 耕地多功能内涵及其对耕地保护的启示 [J]. 地理科学进展，2012，31（7）：859—868.

54. 宋小青，欧阳竹，柏林川. 中国耕地资源开发强度及其演化阶段 [J]. 地理科学，2013，33（2）：135—142.

55. 宋小青，吴志峰，欧阳竹.1949 年以来中国耕地功能变化 [J]. 地理学报，2014，69（4）：435—447.

56. 宋小青，欧阳竹. 中国耕地多功能管理的实践路径探讨 [J]. 自然资源学报，2012，27（4）：540—551.

57. 刘彦随，刘玉，陈玉福. 中国地域多功能性评价及其决策机制 [J]. 地理学报，2011，66（10）：1379—1389.

58. 杨雪，谈明洪. 北京市耕地功能空间差异及其演变 [J]. 地理研究，2014，33（6）：1106—1118.

59. 杨雪，谈明洪. 近年来北京市耕地多功能演变及其关联性 [J]. 自然资源学报，2014，29（5）：733—743.

60. 甄霖，曹淑艳，魏云洁，等. 土地空间多功能利用：理论框架及实证研究 [J]. 资源科学，2009，31（4）：544—551.

61. 马晓妹. 法律视野下的失地农民权益保护 [D]. 西南交通大学，2009.

62. 王兴稳. 农民间土地流转市场与农地细碎化——基于江苏兴化、黑龙江宾县两地调查分析 [D]. 2008 年 6 月.

63. 功奎. 土地细碎化、劳动力利用与农民收入——基于江苏省经济欠发达地区的实证研究 [D]. 南京农业大学，2006 年 6 月.

64. 杨庆媛，涂建军，廖和平，等. 国内外土地整理：性质、研究领域及借鉴 [J]. 绿色中国：49—52.

65. 叶春辉，许庆，徐志刚. 土地细碎化的缘由与效应——历史视角下的经济学解释 [J]. 农业经济问题，2008 年第 9 期.

66. 张尹君杰，卓建伟. 土地细碎化的正面与负面效应的双重论证——基于河北省农户固定观察点资料的实证研究 [J]，2008，7（4）.

67. 张正河，武晋. 论农村生产要素的准城市化. 农业经济问题，2001（7）：22.

68. 王克强. 土地对农民基本生活保障效用的实证研究——兼论农民对土地决策基础从生存伦理向经济理性的转移. 社会科学战线，2005（2）：76—81.

69. 吴华军. 浅析中国农村土地政策绩效与农村社会保障的关系. 广西农学报，2002（2）：13—16.

70. 王勇，付时鸣. 我国农地制度具有"社会保障"功能吗. 经济学家，2006（1）：70—76.

71. 刘乐山. 我国土地使用权流转机制的缺陷与完善. 当代经济研究，2002（3）：65.

72. 姚洋. 集体决策下的诱导性制度变迁. 中国农村观察，2006（2）：11—19.

73. 郭贯成. 土地社会保障功能价值评估研究. 房地产评估. 2004（1）：31—35.

74. 曹信邦. 关于土地保障的质疑. 江苏劳动保障，2003（8）：38—40.

75. 梁鸿．苏南农村家庭土地保障作用研究．中国人口科学，2000（5）：32—39．

76. 朱冬亮．土地调整：农村社会保障与农村社会控制．中国农村观察，2002（3）：23—26．

77. 王梦奎．中国现代化进程两大难题：城乡差距和区域差距．中国经济时报：2004—03—16．

78. 钟水映．土地的保障功能与中国农村养老保障体系的建设．武汉大学社会保障研究中心网站：2006—1—17．

79. 宋士云．中国农村社会保障制度结构与变迁（1949—2002）．江汉论坛 2007（9）：257—258．

80. 徐广义．中国现阶段农村土地制度的社会保障功能分析［D］．中央党校，2003．

81. 孙战文．农村土地社会保障功能研究——以山东省为例［D］．山东农业大学，2006．

82. 邓大才．承包土地经济功能和社会功能的矛盾与协调．南京经济学院学报，2002（1）：37—39．

83. 杜静静．农民工社会保障体制构建的路径选择——以土地保障为基础．南华大学学报（社会科学版，2007（6）：11—13．

84. 杜方，周葆生，张文锦．论农村土地保障功能的弱化．安徽农学通报，2007（13）：31—34．

85. 郭江平．农村土地保障及其功能再造．咸宁学院学报，2003（10）：47—48．

86. 国家计委宏观经济研究院社会保障课题组．不要把农民的保障仅系于土地．社会保障制度，2002（5）：12—16．

87. 孔祥斌，张凤荣．中国农户土地利用阶段差异及其对粮食生产和生态的影响．地理科学进展，2008（2）：112—120．

88. 赵海林．论农村土地产权制度对农村社会保障制度的影响．农村经济，2005（1）：38—41．

89. 赵常华．论农村土地的社会保障功能．中国房地产，2004（8）：42—44．

90. 韩小蕊．土地保障与农村社会保障制度的完善．边疆经济与文化，2006（1）：36—37．

91. 秦晖．农村土地问题实质是保障农民公民权问题．光明网，2006—8—15．

92. 徐琴．农村土地的社会功能与失地农民的利益补偿．江海学刊，2003（6）：75—80．

93. 姜木枝，余群英．土地保障功能与农村社会保障制度建设．四川行政学院学报，2005（2）：59—60．

94. 姚洋．中国农地制度：一个分析框架．中国社会科学，2000（2）：51—53．

95. 孔喜梅，杨启智．质疑农村土地的社会保障功能．中国土地，2004（1）：47．

96. 孙战文．试析农地保障功能的演变趋势——基于山东省的调查．山东省农业管理干部学院学报，2008（3）：33—35．

97. 常进雄．土地能否换回失地农民的保障．中国农村经济，2004（5）：56—61．

98. 樊桦．土地医疗保障功能及其对农户参加合作医疗意愿的影响．中国人口科学，2002（1）：51—58．

99. 蒋省三，刘守英．土地资本化与农村工业化——广东省佛山市南海经济发展调查．管理世界，2003（11）：87—97．

100. 鲍海君，吴次芳．论失地农民社会保障体系建设．管理世界，2002（10）：37—42．

101. 赖盛中．土地保障与农村社会保障．柳州师专学报，2003（3）：54—56．

102. 沈晓丰．农村土地的社会保障功能与产出效率分析．重庆师院学报，2003（3）：112—115．

103. 钱忠好．农地承包经营权市场流转：理论与实证分析．经济研究，2003（2）：83—91．

104. 周其仁．国家和所有权关系的变化：一个经济制度变迁史的回顾．中国社会科学季刊（香港）194，（夏季卷）．

105. 吴华军．浅析中国农村土地政策绩效与农村社会保障的关系．广西农学报，2002（2）：115—119．

106. 高帆．我国农村土地的保障功能应逐步弱化．经济纵横，2003（6）：4—7．

107. 姜长云．农村土地与农民的社会保障．经济社会体制比较，2002（1）：49—55．

108. 樊小刚．土地的保障功能与农村社会保障制度创新．财经论丛，2003（4）：8—12．

109. 李郁芳．试析土地保障在农村会保障制度建设中的作用．暨南学报（哲学社会科学），2001，（6）：59—65．

110. 马小勇．中国农村社会保障制度改革：一种"土地换保障"的方案．宁夏社会科学，2004（3）：59—63．

111. 蔡永飞．能否把土地承包经营权变为养老金卡．调研世界，2002（4）：36—39．

112. 袁春瑛，薛兴利，范毅．现阶段我国农村养老保障的理性选择——家庭养老、土地保障与社会养老相结合．农业现代化研究，2002（6）：434—437．

113. 徐广义．现阶段社会保障型农村土地制度的副作用．中国党政干部论坛，2003（12）：49—50．

114. 钱文艳．建国后土地与农民社会保障问题的历史演变．安徽史学2002（3）：80—83．

115. 祝果毅，等．试论我国农村社会保障状况及其三大关系问题的处理．中共四川省委党校学报，2003（1）：71—76．

116. 楼喻刚等．土地征用补偿中应包含养老保障因素．人口与经济，2002（2）：76—78．

117. 赵健杰．土地关联：家园依托与社会保障．工会理论与实践，2004（4）：19—24．

118. 赵蓉．对甘肃省农村以土地为核心的社会医疗保障的现实调查和反思．甘肃政法学院学报，2005（5）：100—107．

119. 左平良，余光辉．土地承包经营权抵押与农村金融担保制度创新．学术论坛，2005（8）：129—132．

120. 杜吟棠．农村土地的社会保障功能分析——以江苏、甘肃两四村的农户调查为例．中国哲学社会科学网：2008—2—25．

121. 赵锡斌，曾若冰．我国农地生产功能和保障功能状况的调查与思考——兼论农地经营体制的创新．中国农村研究网，2004—06—18．

122. 陈莉霞，曲宁．我国农村土地保障陷入困境分析．科技创业月刊．

2006（12）：99—101.

123. 高伟. 从土地保障到社会保障. 中央国家机关工委研究室中央国家机关构建社会主义和谐社会优秀调研成果专辑. 2008—05—06.

124. 潘莉，常洪钧. 我国农村社会保障问题研究述评. 江汉论坛，2006（6）：135—138.

125. 黎翠梅. 土地资本化与农村土地保障制度的创新. 财经论丛，2007（1）：43—47.

126. 张红春. 土地保障能力的提高与农民社会保障体系建设，中国科技信息，2005（18）：50.

127. 王斌. 试论土地对农民的医疗保障功能. 国土资源，2007（5）：28—30.

128. 刘红梅，王克强. 中国农村土地对农民多重效用的分布及年龄差异实证研究——以甘肃、湖北、江苏和上海为例. 生产力研究，2006（4）：45—47.

129. 张金玲. 新疆农村的养老保障问题. 边疆经济与文化，2008（3）：33—34.

130. 杨洁. 完善农村社会保障的新思路——论土地保障制度的建立. 开发研究，2004（4）：49—50.

131. 赵小军. 对土地私有化之批判——兼论农村土地的社会保障功能. 河北法学，2007（1）：90—93.

132. 卢伟，宋晓维，陈晶. 我国土地社会保障功能的法律制度. 行政与法，2008（2）：46—48.

133. 黎翠梅. 基于农地保障功能区域差异视角的探讨. 求索，2007（9）：24—26.

134. 何旭开，董捷. 农村土地保障模式创新：保障与效率共赢. 经济体制改革，2008（2）：93—96.

135. 张金玲. 中国农村土地保障的述评. 特区经济，2008（5）：181—182.

136. 张维龙，张莉. 多层次农村医疗保障制度的构建性探讨. 经济体制改革，2005（01）：91—93.

137. 张润清，石会娟. 无地农民问题形成的制度分析及对策研究. 乡镇经济，2008（7）：42—45.

138. 王萍，单宏洁. 土地保障与现行农地产权制度关系探析. 改革与战略。2008（7）：51—55.

139. 王茂军，曹广忠，赵群毅，等. 基于距离与规模的中国城市体系规模结构［J］. 地理研究，2010，29（7）：1257—1268.

140. 蔡云龙，霍雅琴. 中国耕地价值重建方法与案例研究［J］. 地理学报，2006，61（10）：1084—1092.

141. 陈信桂. 对农村土地流转制度的几点思考［J］. 法制与经济，2009，204（5）：14—15.

142. 李树生. 耕地细碎化与生产效率的研究——以河南省为例［D］. 河南大学，2011.

143. 陈华. 有偿联产承包责任制的实践与体会［J］. 中国农村经济，1992（7）.

其　他

1. http：//www.chinairn.com/news/20141020/151639212.shtml 目前农村耕地保护耕地撂荒现象突出 2014 年 10 月 20 日.

2. 新疆昌吉市统计局. 新疆昌吉市统计年鉴. 北京：中国统计出版社，2005—2007.

3. 新疆昌吉回族自治州统计局. 昌吉统计年鉴. 北京：中国统计出版社，2005—2007.

4. 新疆维吾尔自治区统计局. 新疆维吾尔自治区调查年鉴. 北京：中国统计出版社，2006—2007.

5. 中国国家统计局. 中国城市统计年鉴（2007—2009 年）［M］. 北京：中国统计出版社，2007—2009.

附 录

农民土地保障问题研究问卷调查表

（学生实习调查表）

本问卷仅用于学术研究，对问卷内容进行保密。谢谢合作！

调查者及编号	
调查日期	2008 年____月_____日
调查时间范围	2007 年 6 月底～2008 年 6 月底

一、农户基本情况   问卷编号：

（一）农户家庭所在地

地区：_____市（县）：_____乡（镇）：_____；

行政村名：_____自然村名：_____村民小组_____；

受访者性别：A 男　B 女　年龄_____；户口所在地_____；务农时间_____年

（二）调查时间内农户家庭总人口_____人　从事非农生产人口_____人

（三）家庭类型：（1）一般农业　（2）农、副兼营　（3）非农业

（四）2007 年 6 月—2008 年 6 月，你家是否有临时雇工？（1）有，____元/日　（2）没有

（五）您家有 60 岁以上老年人口_____人

二、农户土地经营情况

（一）农户现有农业用地总面积：_____亩；块数_____；

（二）地形地貌：（1）平原　（2）丘陵（3）山丘　（选择您认为对的，打"√"）

一年来种植类型		面积（亩）	农户土地农用途转化和土地转入或转出			
			此前经营方式	用途转化	土地转入面积	土地转出面积
耕地	水稻					
	小麦					
	油菜					
	玉米					
	棉花					
	蔬菜					
	其他（　）					
自留地	蔬菜					
	其他（　）					
林地	（　）					
草地	（　）					
园地	（　）					
	（　）					
鱼塘	（　）					
四荒地开发	荒地（　）					
	荒山（　）					
	荒水（　）					
	荒滩（　）					
	其他（　）					
畜禽养殖						
其他	（　）					

注：用途转化是指：一年来，是否有鱼塘、部分园地、林地改为耕地，或者耕地改为畜禽养殖等等情况。总面积中不包括复种面积，注意填写时分清。

经营方式分为：委托代耕、转包、租赁、受让、入股、四荒拍卖、换地、其他等。

（三）您家是否有土地转入？是（　　　），否（　　　）；是否有土地转出？是（　　　），否（　　　）。

1. 转出原因：（1）人口减少；（2）家庭搬迁；（3）劳动力外出打工，缺乏劳动力；（4）土地相对收益低，如农需品价格（化肥、农药、种子、技术服务、水电费等）上涨等；（5）土地面积过少；（6）自然灾害；（7）离家太远，耕种不方便；（8）转让所得比自己种的收益高；（9）乡镇统一反租倒包；（10）乡镇修路等公益性征地；（11）乡镇办开发区、企业等经营性的统一流转；（12）有了其他更好的就业机会；（13）其他_____

对土地转出者相关意愿的调查：

A. 当前情况下是否愿意再转出土地？（1）是　（2）否，原因是_____

B. 未来3~5年内是否愿意再转出土地？（1）愿意　（2）不愿意　（3）不知道

愿意的原因是：（1）家中会有人员减少　（2）会有人出去打工，劳动力减少　（3）年龄大了，种不动了　（4）怕国家对农地政策有所变动　（5）怕农产品的价格下降，种地无利可图　（6）没有更好的土地经营方式（7）村里的土地政策一天一个样，变化太大　（8）其他_____

不愿意的原因是：（1）会有新人进门，人口增加　（2）感觉农产品价格还会上涨，种地还是有利可图的　（3）可能国家对种粮的支持会更大更多，会大幅度提高种粮补贴　（4）会有人退休，劳动力增加　（5）有更多的地心里踏实　（6）年龄大了，无其他的就业机会，身体也还好　（7）其他_____

C. 愿意采取哪种方式？（1）转包　（2）转让　（3）租赁　（4）入股　（5）换地　（6）其他

D. 如果您已经能够通过务工经商或其他工作获得了很高的、稳定的非农收入，您愿意放弃土地承包权吗？（1）愿意，达到_____元/年时愿意（2）不愿意　（3）不一定

2. 转入原因：（1）扩大经营规模；（2）人口增加，粮食不够吃；（3）发展其他农业项目；（4）村组分配；（5）给亲戚朋友帮忙；（6）耕种土地还是有利可图的；（7）其他_____

对土地转入者相关意愿调查：

A. 当前情况下是否愿意种更多的地？（1）是　（2）否

愿意的原因：（1）种地还是有利可图的　（2）无其他的就业机会（3）喜欢种地　（4）地多心里觉得有保障，有安全感　（5）村里很多人都有多种地的愿望和行为　（6）预期国家的政策变动，对种地的补贴或者其他的支持会增加　（7）其他_____

不愿意的原因是：（1）怕国家政策变动　　（2）自身经济实力不足（3）家里没有足够的劳动力　　（4）担心土地经营权（收益权）得不到有效保护（5）没有好的收益高的种养殖品种（6）担心农产品价格太低（7）村里土地调整、征用及其他的事情太多，有地也不保险（8）其它（请具体说明）：＿＿＿＿＿

B. 未来3～5年内你家愿不愿意再转入土地？（1）愿意　　（2）不愿意（3）不知道

愿意的原因是：（1）会有新人进门，人口增加　　（2）感觉农产品价格还会上涨，种地还是有利可图的　　（3）可能国家对种粮的支持会更大更多，会大幅度提高种粮补贴　　（4）会有人退休，劳动力增加　　（5）有更多的地心里踏实　　（6）年龄大了，无其他的就业机会，身体也还好　　（7）其他＿＿＿＿＿＿

不愿意的原因是：（1）没有足够的劳动力　　（2）年龄大了，种不动了（3）怕国家对农地政策有所变动　　（4）怕农产品的价格下降，种地无利可图　　（5）没有更好的土地经营方式　　（6）村里的土地政策一天一个样，变化太大　　（7）其他＿＿＿＿＿＿＿

C. 愿意采取哪种方式？（可多选）（　　　　　　　　）

（1）从他人那里私下转包　　（2）更多地承包集体土地　　（3）通过集体从他人那里转包　　（4）购买土地（如果土地能够买卖）　　（5）与他人合伙　　（6）其他＿＿＿＿＿＿

D. 如果您愿意通过从他人处私下转包来扩大土地耕种面积，您愿意支付的最高租金是多少？＿＿＿＿＿＿＿元/年＊亩

E. 如果有人出很高的价格承租你的土地，您愿意租给他吗？（1）愿意（2）不愿意　　（3）不知道　　如果您愿意，出多少租金，您才愿意：＿＿＿＿元/年＊亩。

您希望租金如何支付？（1）分年度以现金支付　　（2）一次性全部以现金支付　　（3）按一定数量的粮食支付　　（4）以一定数量的粮食为标准，折合现金支付

三、现有承包土地的状况

土地类型	块数	一年来种植品种	面积（亩）	产量（斤/亩）	农产品价格（元/斤）	产值（不填）	是否愿意再多承包（1 是；2 否；3 无所谓）
耕地							
林　地							
草　地							
园　地							
渔　塘							
四荒地							
其他							

四、调查时间段农户的农业经营成本

经营成本类型	经营成本（元）																	
	豆类		小麦		油菜		棉花		玉米		亚麻		草地		果木		其他（ ）	
	亩均	合计	亩均	合计	亩均	合计	亩均	合计	亩均	合计	亩均	合计	亩均	合计	亩均	合计	亩均	合计
种 子																		
化 肥																		
农 药																		
柴 油																		
地 膜																		
租用农业机械（含自有）*																		
雇佣劳动力（工日）																		
换工																		
农业技术服务																		
土地转入成本																		
各种税费 灌溉水费																		
各种税费 灌溉电费																		
各种税费 一事一议费																		
各种税费 河工费																		
各种税费 其他税费																		
农业贷款利息																		
其他（ ）																		
单位生产成本																		
总成本																		

五、调查时间段农户家庭收入情况（以年末计算单位，单位：元）

收入来源		面积（亩/头）	产值			出售部分销售收入	收入来源（净收入）		现金	物品折算
			总产量（斤，头）	市场价格（元/斤，元/头）	产值					
农业生产	豆类						农业生产	种粮补贴		
	小麦							租出农业机械		
	玉米							其他（　）		
	棉花							其他（　）		
	蔬菜							合计		
	甜菜						非农生产	个体经营收入		
	花卉							本村企业打工收入		
	果树							本村内给人雇工		
	经济作物							外出打工		
	畜禽养殖							人情或馈赠收入		
								土地转出收入		
								借款利息收入		
								换工收入		
								退休工资		
								养老金		
	其他							其他		
	合计							合计		

注：其他非农业收入包括（调查时间段内有总额填总额，无总额折算总额）：退休金、抚恤金、五保户、利息收入、租金收入、征地补贴、家庭在外人员寄带回收入等等。

六、家庭支出情况

支出项目名称	现金支出费用（元）		物品支出折合现金（元）	养老支出
	每月	每年		
农业生产成本（不填）				
食品消费（吃饭）				
日常生活水电费				
住宅（建房/装修等）				
交 通				
教 育				
医 疗				
服装及其他日常用品消费支出				
家电				
有线电视				
电话费（含上网费）				
人情礼物费用				
保险（农业保险或养老保险或其他险种）				
其他支出				
全年各项支出合计（不填）				

七、无地人员情况

无地人口数	造成的原因	无地人口现在情况	无地人口救济情况
	①新生人口　②超生人口 ③外来媳妇　④上门女婿 ⑤其他新增人口 ⑥非农户口	①长期外出　②户口在外 ③自愿放弃　④抛荒收回 ⑤非农职业　⑥其他	①最低生活保障 ②养老保险　③灾害救济 ④其他形式　⑤优抚金 ⑥计生补贴

八、观点性问题（请选择您认为对的，打"√"）

1. 您认为土地对您的作用有哪些？

（1）最低生活保障　（2）就业机会　（3）养老　（4）医疗　（5）直接经济效益　（6）其他（征地补偿等）

2. 如果给您家庭成员转为城镇居民，提供社会保障，您是否愿意放弃土地？（1）是　（2）否

3. 目前，您参加哪些社会保障项目？（1）最低生活保障 （2）就业（3）养老 （4）医疗（5）其他

4. 您家耕种土地，是因为：（1）收入稳定 （2）没有别的获得收入的途径 （3）确保全家生计安全 （4）可以增加家庭收入 （5）种不种无所谓，只是不愿抛荒 （6）其它_____

九、农户农业经营对农地流转行为响应（请选择您认为对的，打"√"）

（一）由于家里的农地面积改变，家中原有的种植方式是否发生改变？（1）是 （2）否

1. 种植方式的改变由谁决定？ （1）村里统一规定 （2）农户自行决定

2. 你自己愿意做什么？

（1）种植大田作物（小麦、水稻、玉米等销售单价较低的作物）（2）种植经济作物（蔬菜、花卉、大葱、大豆、西瓜、药材等销售单价较高的作物）（3）发展水产养殖业（4）发展畜禽养殖业 （5）其他用途（比如建房、开办企业、商店、浴室等）_____

3. 选择这种经营方式的原因是：

（1）满足了大田作物规模经营，节约生产资料投入成本，提高农业生产收入 （2）增加经济作物种植，价格高，收入高 （3）水产养殖业的收入高 （4）畜禽养殖业的比较收益高 （5）其他_____

（二）在什么情况下你愿意改变种植结构？

（1）农产品差价比较大、比较收益明显 （2）耕地面积发生改变（3）村集体要求 （4）土壤质量发生变化（5）家庭人口发生变化 （6）土地承包期延长 （7）土地私有 （8）土地可以自由流转 （9）土地可以自由交易 （10）其他_____

（三）按目前的状况，您愿意在土地上进行更多投入（劳动时间、化肥、技术等）吗？

（1）愿意 （2）不愿意 （3）不知道

1. 愿意投入什么？ （1）劳动时间 （2）化肥、农药 （3）对作物精耕细作 （4）田间平整、沟渠管理 （5）优良品种 （6）其他

2. 愿意的原因是：①地块少，面积大，投入划算 ②土地质量好，稍加投入回报较高 ③耕地规模大，要求多投入 ④不为别的，只为了能增加产出 ⑤没事做，多在田里干干活 ⑥承包期长，投入后自己受益 ⑦其

他＿＿＿＿＿＿＿＿

（四）在什么情况下您愿意在单位面积土地上进行更多投入（资金、劳动力、化肥、技术等)？

（1）土地私有　（2）承包经营权永久化　（3）农产品价格上升，农业生产收益明显增加　（4）土地规模扩大　（5）耕种比较收益较高的农产品

（6）土地可以自由交易，而且土地质量好租金高　（7）老了，没有其他的事情做了　（8）没有什么，只要有钱、可以做到就增加投入，做不到就算了　（9）其他＿＿＿＿＿＿＿＿

（五）土地抛荒而不流转的原因：

（1）担心承包权丧失　（2）担心地收不回来　（3）农地的相对收益太低　（4）面积太小，不值得　（5）其他＿＿＿＿＿＿＿

（六）现行征地补偿标准下，您是否希望耕地被征用：

（1）希望　（2）不希望　（3）无所谓

（七）如果征地补偿标准提高了，您是否希望耕地被征用：

（1）希望　（2）不希望　（3）无所谓

（八）您希望耕地被征用的原因：

（1）种地没有出息或种地没钱赚　（2）可以一次性获得一定的现金（3）家里生活需要钱　（4）其他原因

（九）您不希望耕地被征用的原因：

（1）征用后生活没有保证　（2）给子孙后代留下保障

（3）提高的补偿标准依然很低　（4）耕地越来越少，种地将获高收益

（十）您是否知道农村社会医疗保障：（1）未回答　（2）知道　（3）不知道

（十一）您是否了解农村医疗合作社：（1）未回答　（2）知道　（3）不知道

（十二）您是否了解其他商业形式医疗保障：（1）未回答　（2）知道（3）不知道

（十三）您是否参加农村社会医疗合作：（1）参加　（2）没参加（3）未回答

（十四）您是否参与各种商业医疗保险：（1）参加　（2）没参加（3）未回答

（十五）您是否参与其他形式的保险：（1）参加　（2）没参加　（3）未

回答

十、开放式问题（请选择您认为对的，打"√"，可多选）

（一）如果给您提供"农转非"的条件，您会选择会放弃土地，来城市居住，请选择（　　）

（1）有份经济收入比较稳定的工作　（2）有房子住　（3）户口转为非农户口（4）享受与城镇人口一样的社会保障　（5）集体或国家对自己放弃土地给予经济补偿　（6）其他

（二）您心目中"农转非"的困难有（　　）

（1）经济收入比较稳定的工作　（2）房子贵　（3）转为非农户口难（4）社会保障没有或不足　（5）集体或国家对自己放弃土地不会给予经济补偿　（6）一旦找不到工作生活就没有保障　（7）不习惯城镇生活（8）其他

非常感谢您对此次调研活动的支持和帮助！